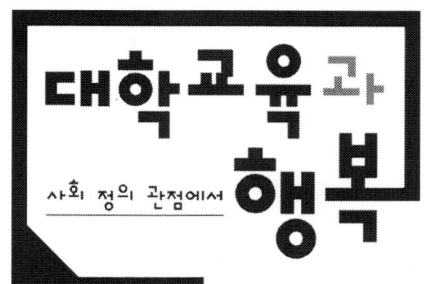

대학교육과
행복

사회 정의 관점에서

대학교육과 행복

사회 정의 관점에서

이정규 지음

한국학술정보(주)

정의는 죽지 않는다(지혜서 1:15)

행복을 마음 밭에 심고 가꾸는
올바른 사람들과
마음이 가난하고 깨끗한 사람들을 위해서……

:: 책을 펴면서(序詩)

행복*

-이정규-

그대는 아는가
행복이 있는 곳을
보일 듯 말 듯한 잎새 곁에
잡힐 듯 말 듯한 가지 위에
산 넘고 물 건너
수평선 지나
무지개 너머
새털구름 위에

그대로부터
가까이 아님
멀리 있을 것 같은
행복 나무가
바로
이 순간
그대 마음 밭에
하느님의 사랑으로
자라고 있는 것을

---

* 『참 소중한 당신』 2012년 1월호 pp.20~21에 게재된 저자의 시를 소개하였음을 밝힌다.

::책 머리글

행복은 미덕과 일치하는 영혼의 활동이다
(아리스토텔레스의 니코마케안 윤리학, 2권 3장 1104b).

저자는 회갑을 넘기고 칠순을 향해 가는 현재까지 학문의 왕도를
걸어왔다. 순탄치 않은 삶의 여정에서도 학문의 끈을 놓지 않고 한국,
독일, 캐나다, 미국의 고등교육기관에서 여러 학문 분야를 공부하고, 연
구하며, 가르치고, 행정 실무를 경험한 후 한국으로 다시 돌아와 경상북
도 영양군의 한 산촌에서 삶의 둥지를 틀고 포도나무 심고, 닭 키우고,
텃밭 가꾸면서 아직도 '보기에 좋지 않은' 나의 학문을 틈틈이 다듬고
있다. 그동안 여러 나라의 고등교육기관 및 연구기관에서 생활하면서
필자는 대학과 대학교육이 개인과 사회 및 국가에 무엇이며 어떤 가치
가 있는가를 번번이 숙고하였다.

대학은 나에게 무엇이며 왜 대학에서 공부해야 하는가? 대학은 개
인의 덕성을 함양하고 자아실현을 이룰 수 있는 곳인가? 대학의 신임장
(학위 혹은 졸업장)이 실로 사회자본 혹은 실용적 보증수표로서 보다 나
은 사회적 지위와 가치 있는 삶을 보장해줄 수 있는가? 대학이 과연 행
복을 위한 황금열쇠인가? 대학교육이 개인에겐 행복한 삶을, 사회엔 나
눔과 공동선(共同善)을, 국가엔 복지와 번영을, 세계 인류엔 평화와 공
영(共榮)을 가져다줄 수 있는가? 대학교육만으로 개인의 행복, 사회의
복지, 인류의 평화를 이루는 데 한계가 있다면 그 대안은 무엇일까? 저
자는 대학과 대학교육이 이런 문제들을 해결하는 데 일조할 수 있다는

신념을 가지고, 지난 5년간 한국과 캐나다를 오가며 교육과 행복 관련 주제를 주 관심 분야로 연구하고 있다. 그간 산출된 몇 편의 논문들은 UN, UNESCO, ERIC을 비롯한 국제기관과 국내 및 국제 학술지에 게재되었다. 그러나 이 연구주제는 선배 현학자(街學者)들과 마찬가지로 필자에게도 여전히 난제(難題)이며 미제(謎題)이다.

특히 동서고금을 통하여 수많은 현학자들이 행복을 사색/탐구하고 나름대로의 생각과 결론을 이야기하고 있지만 만인에게 적용될 수 있는 원리 혹은 진리는 아직 학문적으로 도출되지 못하고 있다. 그러므로 이 책에서 비록 필자가 신학/종교와 철학적인 영역을 간간이 기웃거리면서 대학교육과 연관하여 행복을 논리적으로 석명(釋明)하고 있지만, 만인에게 공감을 주지 못하는 또 하나의 어리석음만을 범하는 것이 아닌지 모르겠다.

그러나 이 책을 통하여 한 구절 혹은 한 단어만이라도 몇몇 독자 제위의 마음 밭에 뿌려져 싱싱한 초아(草芽)가 되어 건전한 행복 나무로 깊이 뿌리 내릴 수 있다면 그동안 이 분야를 연구하고 사색한 것을 큰 보람으로 생각한다.

앞에서 간단히 언급하였지만 저자는 미국 오스틴 소재 텍사스대학교(The University of Texas at Austin) 교육대학원에서 고등교육행정학으로 철학박사학위를 획득한 후, 한국을 포함하여 몇몇 서구 선진국의 연구기관과 고등교육기관에서 고등교육행정 분야 연구자와 교수로서 대학과 대학교육 행정의 이론을 연구하고 가르치며, 그리고 대학행정 책임자로서 실무를 경험하였다.

대학교육의 이론적 실제적 경험을 바탕으로 저자는 다음과 같은 가설을 설정해보았다.

> 도덕적 삶이 행복을 목표로 하고, 정의로운 삶이 도덕적 삶이라면, 정의로운 삶은 곧 행복을 목표로 한다는 논법이 성립될 수 있다. 그러므로 무엇을 위해 어떻게 살아야 하고, 왜 대학에서 공부해야 하는가에 대한 해답은 행복을 위해 직장과 직업을 가지고, 미덕을 가꾸고 올바르게 살아야 하고, 행복하게 살기 위해서라고 말할 수 있다.

위의 가설을 유의미하게 받아들인다는 전제하에 저자는 이 책에서 대학교육과 행복을 사회정의의 관점에서 논의하고자 한다. 연구주제가 광범위하고 여러 학문 분야를 포괄하고 있기에 연구 부제를 다음과 같이 대별하고 한정하였다. 이를 논리적으로 탐구하기 위해, 먼저 제1장에서 한국의 대학과 대학교육, 무엇이 문제인가라는 문제를 제기하고, 제2장은 이론적 배경으로 사회정의와 사회정의 교육을 기술하며, 제3장에서는 무엇을 그리고 누구를 위한 대학교육인가라는 문제를 제시하고, 제4장에서 앞 장의 논의에 깊이를 더하여 대학교육이 삶을 행복하게 할수 있느냐는 연구문제에 대한 담론을 분석하고 논술한다. 그리고 제5장에선 인터넷 시대의 대학교육과 행복을 논의하고, 제6장에서는 대학교육과 행복 그리고 정의로운 사회와의 관계를 석명하고 평가한다. 마지막으로 제7장에서 미래 대학교육의 방향과 이상적 사회와 국가(유토피아)를 기술한다.

저자는 이 책이 미덕, 진리와 정의, 그리고 평화와 행복을 추구하는 대학과 대학인들 및 고등교육 정책입안자와 행정가들에게 앞으로 올바른 대학교육 정립을 위한 기초이론서 내지 유용한 길잡이로서 도움이 되길 바란다. 또한 일반 독자들에겐 대학의 목적과 사회정의 그리고 행복의 의미를 한 번 더 생각해보고 자신의 삶을 더욱 가치 있고 풍요롭게 만드는 데 조그마한 보탬이 되길 바란다.

끝으로 이 책이 세상 빛을 볼 수 있도록 저자에게 출판/편집을 맡아준 한국학술정보(주) 직원 여러분들, 직간접적 지식과 정보를 인용할 수 있도록 문헌을 남겨주신 선조/선배 현학자(衒學者)분들, 저자의 삶의 행로에서 직간접적으로 기도와 도움을 아끼지 않은 모든 분들과 삶의 고비 때마다 용기와 길을 열어주신 하느님의 은총에 감사드린다. 그리고 저자를 낳아 키워주시고 배움의 문을 열어주신 부모님, 삶의 여로에서 즐거움과 괴로움을 함께한 사랑하는 아내, 행복과 교육의 의미를 일깨워준 사랑하는 딸 기림, 내 마음의 위안이 되어준 동생 정완, 또한 오랜 세월 닫혀 있던 신앙의 문을 다시 열고 아내와 함께 영성(靈性)과 영생(永生)을 찾게 해주신 자비로운 주 하느님과 새롭게 신심(信心)을 심어주신 경북 청송군 소재 진보성당 콜베 신부님, 이냐시아 수녀님, 그리고 교우 여러분들에게 감사드린다.

이 책을 마음이 가난하고 깨끗한 사람들에게 두 손을 크게 펼쳐 정성을 다하여 나의 마음 그릇에 담아 바친다.

2011년 대림 첫 주일(11월 27일)에
아내의 세례와 우리의 혼인성사를 감사하며
산촌에서
이정규 씀

::밝힘

저자는 이 책에서 국내외 학술지, 대학 관련 신문, 신앙잡지 등에 게재된 저자의 글을 전문 혹은 일부 편집하여 각 장에 삽입하였다. 그 글들의 출처와 목록은 다음과 같다.

* 책을 펴면서(序詩): "**행복**"은 가톨릭 신앙잡지『참 소중한 당신』(2012 년 1월호) pp.20~21에 게재된 저자의 작시(詩)이다.

* 제1장: 한국의 대학과 대학교육: 무엇이 문제인가? 중에서 "'**반값 등록금' 그 실현 가능성은 있는가?**"는 『한국대학신문』제811호 (2011. 9. 12.~9. 17.), 10면에 [제언]으로 게재된 저자의 글을 일부 개편 · 증보하였다.

* 제5장: "**인터넷 시대의 대학교육과 행복**" 전문(全文), 이 논문은 영 국 Tyrrell Burgess Associates Ltd.에서 발간되는 국제학술지 『Higher Education Review』 2011년 여름호, Volume 43 Number 3, pp.70~79 에 게재된 저자의 영어논문 "Higher Education and Happiness in the Age of Information"를 일부 개정 및 보완하여 번역한 것이다. 그리고 저자가 한글로 번역한 이 국문번역본은 한국대학교육협의 회 [대교협]의 2011년 8월, 『학술 Position Paper』(RM 2011-32-443)로 작성/발행되었다. 이 한글번역본 전문을 인용 게재하였다.

이 영어논문의 한글번역본은 영국에서 발간되는 국제학술지『Higher Education Review』의 편집장인 Dr. John Pratt으로부터 이 책에서 번역문을 전문 인용 출판하도록 허락받았음을 밝힌다.

* 제7장: "미래의 대학교육과 유토피아" 중에서 제2절 **"미래의 고등교육"**은 한국대학교육협의회 발행,『대학교육』(2011, 05~06), Vol. 171, pp.71~74에 게재된 저자의 글 전문을 인용 게재하였다.

* 제7장: "미래의 대학교육과 유토피아" 중에서 제3절 **"행복추구대학과 대학교육"**은『대학교육』(2012, 봄), Vol. 176, pp.66~68에 게재 확정된 저자의 글을 일부 가필, 정정, 보완하여 전문 재인용하였다.

* 책을 마감하면서(結詩): **"신(神)이 있는 영성과 신(神)이 없는 지성"**은 가톨릭교회 안동교구 월간 정기간행물『틔움』2012년 2월호, p.29에 발표된 저자의 작시를 인용 게재하였다.

::목차

Chapter 1

한국의 대학과 대학교육: 무엇이 문제인가? / 19

Chapter 2

사회정의와 사회정의 교육 / 69

Chapter 7

미래의 대학교육과 유토피아 / 221

Chapter 1

한국의 대학과 대학교육: 무엇이 문제인가?

:: 제1절 서론

우리 한국인에게 대학은 크나큰 의미를 지니고 있다. 오히려 절대적인 가치를 지니고 있다고 말할 수 있다. 한국의 문화사에서 볼 때, 오랜 세월 불과 한 세기 전까지만 하더라도 학문은 지배세력의 전유물이었으며, 고등교육은 상류계층의 정치적 힘과 사회경제적 지위와 이익을 유지하고 도모하는 수단이자 도구였다. 또한 고등교육기관은 당시 우리사회의 엘리트교육 조직으로서, 한편으로 국가 사회 질서와 기강을 확립하고 선도하는 지배계층 내지 상류계층의 엘리트를 양성하고 배출하는 단체이자 기관이었고, 다른 한편으로 국가 사회의 문화와 전통을 계승 발전시키는 매체이자 동력이었다.

그러나 우리의 유일한 국공립고등교육기관인 성균관이 일본제국주의자에 의해 문을 닫게 됨으로써 후자의 기능을 상실하게 되었다. 일제에 의한 조선왕조 종식과 조선사회의 신분제도 타파로 인해 일제에 의해 설립된 국공립고등교육기관은 기존 상류계층의 전유물에서 벗어나 새로운 친일 세력계층과 매판자본 세력계층 그리고 신구 재산가의 전유물로 탈바꿈되었다. 1945년 일제의 세력이 한반도에서 물러가게 된 후 미국 군정과 한국의 일부 지식인 및 재력가에 의해 비로소 한국의 고등교육기관은 동시대의 미국식 고등교육 체제를 도입하고 사회 지위나 계층에 차별을 두지 않고 모든 사람에게 문호를 개방하였다.

그 후 한국 고등교육은 현재까지 괄목할만한 발전을 하였다. 고등교육의 급격한 팽창과 더불어 오늘날 대한민국은 민주화 및 산업화를 이루었다. 1960년에 1인당 국민소득 미화 79달러로 세계에서 최빈국그룹에 속하였으나 불과 반세기(2011년 현재) 만에 약 263배 신장하여 1인당 명목상 국민총소득(GNI)이 20,759달러에 이르고(PPP: Purchasing Power Parity-구매력 평가지수 기준, 29,004달러) 세계 10위권의 경제규모를 갖춘 나라로서 선진산업 국가그룹인 경제협력개발기구(OECD: Organization for Economic Co-operation and Development)의 회원국이 되었고, 정보통신기술(Information Communication Technology: ICT) 분야의 선두그룹 주자로서 세계 정치/경제를 선도하는 국제협력논의체인 G-20(Group of Twenty Finance Ministers and Central Bank Governors) 국가의 일원이 되었다(기획재정부, 2012; 한국대학교육협의회, 2011b; 이정규, 2003; 통계청, 2011; 한국은행, 2011). 또한 2010년 영국의 『이코노미스트(The Economist)』지가 발표한 세계 167개국의 민주주의 실태 조사결과에 의하면 한국은 '성숙한 민주주의(Full Democracy)'를 이룬 26개국에 포함되었다(재인용, 사회통합위원회, 2011).

1950년 한국전쟁 이후 약 60여 년 동안 한국은 정치, 군사, 경제, 사회적으로 많은 시련과 도전이 있었다. 그럼에도 불구하고 오늘날 이와 같은 놀라운 성과를 이루어내었다. 그렇다면 이러한 성과를 가져온 동력은 과연 무엇일까? 여러 가지 중요한 요인을 열거할 수 있겠으나 교육의 힘, 특히 국민의 교육열을 주요 결정요인으로 지적하지 않을 수 없다.

한국에서 교육은 전통적으로 입신공명과 정치/경제적 권력과 재화를 획득하는 가장 최적의 도구이자 수단이었다. 교육을 통한 권력세습과 신분 보존/향상은 곧 정치/사회적 지위 유지/상승과 경제적 이익으로 귀결되었고 이를 한국인 모두가 오랫동안 직간접적으로 체험 혹은 인지하고 있었다. 더구나 학문을 극진히 숭상하는 유학의 전통과 원리는 사회 전반에 학력의 가치를 극대화시켰고 정치권력과 맞닿은 학문의 파벌은 학벌의 울타리를 넘어 정쟁과 정파의 산실이 되었다. 이런 맥락에서 볼 때, 한국인은 오래전부터 소위 '교육의 자본화'와 '교육투자의 효율성'을 그 어느 국가의 사람들보다 먼저 깨닫고 있었다고 볼 수 있다.

오늘날 한국의 놀라운 경제발전에 대한 공로를 일부 사람들이 특정 정치인의 지도력이나 국가경제개발정책, 국민의 근면성, 새마을운동 및 몇몇 재벌들의 기업활동으로 돌리고 있지만, 무엇보다도 중요한 기여요인으로 유교의 학문숭상의 원리와 바탕이 된 교육과 이의 급속한 팽창과 발전을 도외시할 수 없다. 우수한 인적자원을 양성하고 숙련된 노동력을 제공하는 교육의 확대와 발전은 국가산업화의 동력과 추진력이 되었고, 이러한 힘의 원천은 한국인의 심저에서 타오르고 있던 교육열로부터 기인한다고 볼 수 있다.

그러나 미처 준비되지 못한 갑작스러운 정치 사회 체제의 변화, 급속한 경제발전, 분출된 교육열로 인한 교육의 팽창은 한국사회에 빛과 그림자, 양지와 음지를 동시에 파생시켰다. 이 여파에서 고등교육 또한 자유로울 수가 없었다.

이 연구에서는 고등교육에서의 이러한 파장과 문제를 검증하고 석명(釋明)하기 위해 첫째, 한국 대학과 대학교육의 실상과 허상을 다음과 같은 부제에 초점을 맞추어 논술한다. 한국교육사의 맥락에서 동시대 한국 대학의 빛과 그림자에 대한 대략을 기술하고, 구체적 사안으로 교육열과 학력 과잉, 그리고 한국의 대학교육과 학력/학벌 사회를 중심으로 논증하고 평가한다.

둘째, 오늘의 한국 대학에서 진리의 불꽃은 타오르고 있느냐는 연구문제를 다음 두 가지 부제 중심으로 비판한다. 부제는 한국의 대학생들, 과연 자유를 만끽하고 지성을 노래하고 있는가? 그리고 한국의 대학, 진리는 살아 있는가이다. 셋째, 한국의 대학과 대학교육 무엇이 문제인가라는 질문에 여러 가지 중요한 문제점이 제시되어 논의될 수 있으나 본 연구에서는 현재 한국사회에 이슈를 던지고 있는 다음과 같은 몇 가지 주요한 사안을 검증과 비판의 주제로서 제시하고 이에 렌즈를 맞추고자 한다. 대학의 비용과 성과, 등록금 문제, 교육 양극화와 학벌 세습, 유교적 가치와 대학의 리더십/조직문화, 온정주의에 초점을 두고 논의한다.

끝으로 이 연구를 요약하고 마감하면서 미래 한국 고등교육 발전에 일조할 수 있는 저자의 견해를 기술한다.

:: 제2절 한국의 대학과 대학교육, 그 실상은 어떠한가?

　　현대 한국 고등교육사에서 볼 때, 일제로부터 해방 이후 지금까지 고등교육은 놀라운 팽창과 발전이 있었다. 먼저 양적인 면에서 볼 때, 『교육통계연보』(한국교육개발원, 1999; 2010)에 의하면, 1945년에 한국 고등교육의 학교 수 19개교, 학생 수 7,819명(전 인구 대비 0.04%), 교원 수 1,490명이었던 것이, 2010년엔 학교 수 345개교, 학생 수 2,951,282명(전 인구 대비 약 6%), 교원 수 71,275명으로 팽창하였다. 해방 이후 65년 동안 대한민국의 총 인구수(통계청, 국가통계포털 2010년 현재: 약 48,875천 명)는 약 2.5배 증가하였으나, 학교 수는 18배, 학생 수는 377배, 교원 수는 48배로 대폭 증가하였다. 2010년도 교육통계 고등교육기관 전체 현황에서 제외된 기술대 14개교, 원격대 15개교, 방송통신대 1개교, 일반대학원 155개교, 대학원대학과 특수 및 전문대학원 983개교를 포함시키면 학생 수와 교원 수는 더욱 크게 증가한다.

　　위에서 제외된 대학을 포함하여 집계한 한국대학교육협의회(2011b)에서 발간한 『2010 대학교육 현황 분석 자료집』에 의하면, 2010년 현재 고등교육기관의 학교 수 411개교, 학생 수 3,644,158명, 교원 수 77,697명으로 나타나고 있다. 그리고 이 자료집에는 기술대 1개교, 원격대 17개교, 산업대 11개교, 교육대 10개교, 일반대학원 167개교 등으로 나타나 있다. 위의 두 연구기관 통계자료에서 고등교육기관 유형별 집계가 다소 달리 나타나고 있으므로 정확한 자료를 알 수 없음이 유감이나 위의 두 통계자료 모두 획기적인 한국 고등교육의 양적 팽창을 입증하고 있다. 이런 양적 팽창의 결과는 2010년 OECD『교육지표조사』(Education at a Glance)에서 잘 드러나고 있다. 이 조사에 의하면, 성인 인구(25~64세) 고등교육 이수율(37%)은 OECD 평균(28%)을 상회하고 있으며, 25~34세 청년층의 고등교육 이수율(58%)은 OECD 평균(35%)을 훨씬 상회하여 OECD 국가 중에서 1위를 보여주고 있다.

이 같은 급격한 양적 팽창뿐만 아니라, 질적인 면에서도 놀라운 발전을 하였다. 고등교육 국제지표상으로 나타난 한국 고등교육의 연구성과와 국가경쟁력에 관련된 교육경쟁력이 이를 잘 입증하고 있다.

먼저 국제지표상으로 나타난 연구성과에서 한국대학교육협의회(2011b)에서 작성한『2010 대학교육 현황 분석 자료집 RM-2011-1-410』에 의하면, 과학기술 및 사회과학 학술분야의 연구실적을 가늠할 수 있는 과학논문색인(Science Citation Index: SCI)과 사회과학논문색인(Social Science Citation Index: SSCI)의 2009년도 미국 과학정보연구소(Institute for Scientific Information) 데이터베이스(Data Base) 분석결과 세계 총 논문 수 1,524,502편 중 38,651편으로 186개국 중에서 11위로 전체 논문 수의 2.54%를 차지하고 있다. 이는 2009년도 한국의 국내총생산(GDP)이 세계 182개국 중 15위임에 비해 학술분야 연구실적은 국가경제력을 앞서고 있는 것으로 평가되고 있다(한국대학교육협의회, 2011b).

국가경쟁력 면에서 살펴본다면 세계경제포럼(World Economic Forum: WEF or Davos Forum)이 142개국을 대상으로 2011년도 세계 각국의 국가경쟁력을 평가한 '세계경쟁력보고서(Global Competitiveness Report)'에 의하면 한국은 24위를 하였으나 고등교육 부분은 17위를 하였다. 그리고 국민의 질을 가늠하는 유엔개발계획(United Nations Development

Programme: UNDP)의 2010년도 인간개발지수(Human Development Index: HDI) 평가결과에서 한국은 인간개발지수 0.877로 12위를 차지하였다. 이는 HDI 평가에 중요한 영향을 주는 '평균교육연수'와 '기대교육연수'에서 OECD 국가들의 평균수치인 11.4와 15.9를 넘어서는 11.6과 16.8을 평가받았기 때문이다. 또한 세계경쟁력을 평가하는 스위스의 경영개발연구원(International Institute for Management Development: IMD)은 2010년도 조사에서 한국의 경쟁력을 23위로 발표하면서 발전 인프라의 한 부분으로 14개 평가항목에 의해 측정된 교육경쟁력 부문에서는 20위로 평가하고 있다.

한국 고등교육의 이 같은 놀라운 양적 및 질적 증가에 힘입어 한국의 국가경제력과 교육경쟁력이 획기적으로 신장되고 한국사회에 자유민주주의가 꽃을 피우게 되었다. 그러나 이런 빛과 양지의 뒤편에 그림자와 음지가 상존하고 있다. 이 문제를 다음의 부제에서 다루고자 한다.

1. 한국 대학의 빛과 그림자

한국은 봉건왕조 시대에서 식민통치 시대를 거쳐 자유민주주의 시대에 이르는 정치사회 체제의 급격한 변화와 자본주의 경제체제에서의 급속한 경제발전으로 빛과 그림자, 양지와 음지가 한국사회 전반에 공존하고 있다. 앞에서 간략히 기술한 것처럼 무엇보다도 고속 성장으로 인한 놀라운 국가발전의 성과 배후에, 사회계층 간 격차와 갈등심화, 가치관 및 이념갈등, 기회균등과 공정경쟁의 상실, 사회적 불신과 국론분열, 소득과 부(富)의 불평등과 불공정, 사회적 신뢰도 하락 및 공권력 실추, OECD 국가 중 최고의 자살률, 저조한 출산율, 저조한 고용률, 초라한 국민적 행복지수, 사회통합 및 사회적 자본의 취약, 미래에 대한 불확실성이라는 그늘이 널리 깔려 있다(기획재정부, 2012; 사회통합위원회, 2011). 더욱이 단 한 번의 대학입학 시험으로 인생이 결정되는 이상한 사회, 개인의 사고력과 개성의 발달보다 반복과 암기 위주의 기계적 학습으로 성적과 등위를 중시하는 경쟁적이고 비인간적인 교육제도, 학력/학벌 중심 교육에 사로잡혀 교육비에 등골이 휘는 보통 사람들, 황폐한 공교육과 학교폭력, 과도한 사교육과 학습에 지치고 몸과 마음이 병든 학생들 등 그늘은 도처에 짙게 깔려 몇몇 곳엔 이끼가 파생되고 있는 실정이다.

본고에서는 고등교육의 측면에서 교육열과 학력 과잉, 그리고 한국의 대학교육과 학력/학벌 사회문제에 초점을 맞추어 한국 대학의 실상을 진단한다.

2. 교육열과 학력 과잉

한국인의 교육에 대한 열의는 지난 60년 동안 활화산처럼 분출되어 고등교육을 엘리트 단계에서 보편화 내지 대중화 단계에 이르게 하였다. 『2010 대학교육 현황 분석 자료집』(한국대학교육협의회, 2011b)에 의하면 2009년 취학적령인구(18~21세) 2,505,820명 중에서 고등교육 취학률은 72.9%에 이르며, 2009년도 고등학교 졸업자 가운데 고등교육기관 진학률은 81.9%로 고등학교 졸업자 100명 중 82명이 대학을 진학하고 있다. 『2010년 교육통계연보』(한국교육개발원, 2010)에서 2010년 고등교육기관 입학자는 814,833명, 졸업자는 628,689명으로 나타나고 있다.

그리고 이러한 분출된 교육열은 대학의 학부과정 이수에 그치지 않고 급격한 학력상승을 지향하여 대학원교육의 확대로 이어지고 있다. 고급 전문인력 배출 현황을 가늠할 수 있는 전체 대학원 수와 학생 수는 1990년 이후 지속적인 증가추세를 기록하고 있다. 1990년 당시 대학원 학생 수는 86,911명이었으나, 2010년 현재 1,138개교 316,633명으로, 대학원생은 20년간 약 4배 증가하여 일반대학원 167개교 137,532명, 전문대학원 199개교 34,361명, 특수대학원 772개교 144,740명에 이르고 있다 (한국교육개발원, 2010; 한국대학교육협의회, 2011a). 『2010년 교육통계연보』(한국교육개발원, 2010)에 의하면 국내 고등교육기관에서의 2010년 석/박사 학위취득자는 87,870명으로 석사 77,328명, 박사 10,542명이며, 성별 비율은 석사의 경우 남자 51.0%, 여자 49.0%, 박사의 경우 남자 68%, 여자 32%이고, 박사학위취득자 전공구성비는 공학 21.9%, 의약학 20.4%, 자연과학 17.4%로 이공분야가 전체의 59.7%에 이르고 있다.

한국인의 교육열은 국내 고등교육의 접근과 투입에만 그치지 않고 보다 나은 학력상승과 실용가치가 높은 교육신임장 획득을 위해 국외까지 뻗치고 있다. 지식기반 경제시대가 도래된 21세기 초반 이래 지금까지 국가 사회의 경제발전에 힘입어 국외유학을 위한 출국 학생 수는 꾸준히 증가하고 있다.

한국대학교육협의회 '고등교육통계(2011a)' 자료에 의하면 국외 고등교육기관에 입학한 한국 유학생 수는 2008년에 216,867명으로 대학원 36,969명(전체 유학생의 17.0%), 대학 90,031명(41.5%), 어학연수 89,867명(41.4%)으로 집계되고 있다. 2008년 국외 고등교육기관에 입학한 총 유학생 수는 한국 전체 고등교육기관 학생 수(2008년: 약 350만 명)의 약 6%에 이른다. 한국 유학생들이 선택한 주요 국가와 구성비는 미국(28.8%), 캐나다(26.5%), 중국(8.0%), 일본(7.8%), 영국(7.7%) 순이다(한국대학교육협의회: 고등교육통계, 2011a).

그리고 2010년 현재 한국의 고등교육기관 교원 77,697명 중에서 박사학위 소지자는 62,608명이고, 이 중에서 국내박사 41,099명(65.6%), 국외박사 21,509명(34.4%)이며 주요 학위취득국은 미국(65.9%)과 일본(12.5%)으로 외국박사학위 교원의 거의 80%를 차지하고 있다(한국교육개발원: 교육통계연보, 2010).

국내외에 과열된 열기를 뻗치고 있는 한국인의 교육열의 근원은 무엇이며 어떤 요인에 의해 결정되고 있는 것일까? 저자는 이 문제에 관심을 가져 십수 년 전에 몇 편의 학술논문을 국내외 학술지에 발표한 바 있다. 먼저 이들 선행연구에 근거하여 간략히 기술하면, 한국인의 교육열의 근원은 한국의 문화사적 관점에서 학문숭상의 전통적인 유교원리에 기초한 학력(學力)중심주의와 엘리트주의에서 그 주된 근원을 찾고 있으며, 현대 한국사회에서의 교육열의 주요 결정요인은 정치, 경제, 사회의 시대적 환경변화에 따라 고등교육의 접근성이 소수 특권층에서 모든 계층으로 확대된 것, 그리고 교육의 잠재적 열망이 사회/경제적 상황의 변화와 출세 지향적 혹은 계층상승의 갈망으로 인해 분출한 것으로 평가하고 있다(이정규, 2010b; Lee, 2001; Lee, 2006).

교육열은 순기능과 역기능을 동시에 수반하고 있다. 국가/사회적 관점에서 주요한 순기능으로 국가경쟁력 신장과 경제발전의 동력, 정치의 관심 및 참여도 증가, 인간개발지수 상승, 고등교육 확대와 발전의 동인 등을 들 수 있다. 그러나 역기능으로 과도한 학력경쟁 가열과 경쟁사회 심화, 사교육 만발과 공교육의 황폐화, 학력 학벌 사회 가속화, 교육 인플레이션(과잉)과 대졸 실업자 양산, 교육의 자본화와 이기적 가족주의 심화, 교육 불평등과 사회계층 간 갈등 및 양극화 심화 등이다.

무엇보다도 과도한 교육열의 주요 역기능은 학력/학벌주의 사회를 조성하여 과도한 교육경쟁으로 인한 교육 과잉을 가져와 학력의 가치와 기능을 하락시켜 교육인플레이션을 야기하고, 취업구조의 하향화를 유발하여 저학력자들에게 직접적인 피해를 주고, 또한 사회 전반에 경쟁만능주의를 확산 심화시켜 사회갈등과 불평등을 초래하는 것이다. 현재 한국사회는 교육 과잉 내지 학력 과잉의 덫에 걸린 형국이다.

1997년 경제 환란 이래로 심각한 실업난, 특히 젊은이들의 극심한 구직난은 고학력자들의 하향취업을 유발하고 있다. 몇 년 전 일간신문에 게재된 학력 하향취업 사례를 소개하면, 먼저 환경미화원 모집 사례로 서울특별시 강서구 환경미화원 5명 공개채용에 총 63명이 신청하였는데 이 중 4년제 대졸 이상 학력자 11명, 전문대졸 이상 23명, 박사학위 소지자(국내 모 대학원에서 물리학 전공) 1명으로 고등교육 이상 학력자가 절반을 훨씬 상회하고 있다(문화일보, 2009년 1월 9일 자). 또 하나의 사례로 고등교육 학력이 크게 필요하지 않은 충북교육청 기능직(10등급) 공무원 모집에 대학원졸 73명(1.9%), 대졸 1,760명(45.7%), 전문대졸 1,147명(29.5%), 고졸 이하 894명(23.9%)이 지원하였다(조선일보, 2008년 4월 26일 자).

위의 두 가지 사례가 보여주듯 학력 과잉으로 인한 학력의 평가절하는 대중매체를 통하여 한국사회에 이미 널리 알려져 있기에 지금은 새삼스럽거나 놀랄 일이 아니지만, 한 국책연구기관(한국노동연구원)의 연구보고서가 지적한 대로 한국사회에서 학력 과잉은 위험수위에 이르고 있다. 한국노동연구원의 연구보고서 "청년층 고학력화에 따른 학력 과잉 실태 분석(2009)"에 의하면, 하향취업 실태는 2008년 말 현재 4년제 대졸취업자 중 49.5%가 고졸 학력만으로 충분한 업무를 수행하고 있고, 석사학위를 가진 취업자 10명 중에서 9명, 그리고 박사학위 소지자 44.8%가 하향취업을 하고 있는 것으로 밝혀지고 있다.

한국사회에서 교육열의 역기능으로 파생된 학력 과잉은 많은 문제를 노출시키거나 안고 있다. 이 문제에 대해서는 앞으로 연구과제로 구체적이고 경험적인 과학적 연구방법으로 다루어지길 바란다.

3. 한국의 대학교육과 학력/학벌 사회

앞에서 지적한 역사/문화적 배경과 요인 외에 현대 한국사회에서 그토록 한국인의 교육열을 분출시키고 달구는 배경과 요인은 무엇일까? 무엇보다도 먼저 한국의 학력/학벌주의 사회화를 절대요인으로 지적하고 싶다. 그러면 한국사회에서 학력/학벌주의의 사회화는 무엇이며 그 동인은 무엇일까? 학력주의 및 학력/학벌주의 사회화 관련 국내외 선행연구에 의하면, 학력/학벌주의의 사회화는 역사문화적인 총체적 과정에서 파생된 사회현상이며, 그 동인은 산업화와 자본주의화, 정치사회 체제의 근대화 및 현대화, 직업의 다양화 및 전문화, 개인과 집단 간의 정치/사회적 경쟁주의, 공교육 제도의 확립 및 교육체제의 확대, 국민의 과도한 교육열과 학력경쟁, 과잉교육과 고학력화, 소위 '명문대' 혹은 '일류대'의 총체적 가치와 효과 등의 복합적 요인으로 요약되고 있다(이정규, 2003, pp.22~56).

거의 10년 전 필자의 2003년도 저서 『한국사회의 학력/학벌주의: 근원과 발달』 머리말에서 기술하였듯이, 동시대 "한국사회에서 학력과 학벌은 개인의 삶의 기회뿐만 아니라 개인과 집단의 사회적 경제적 특권과 지위를 결정하는 중요한 도구가 되고 있다(이정규, 2003, p. v)." '개인의 삶의 기회'란 결혼과 취업뿐만 아니라 대인관계나 단체활동에 연관된 일상생활의 일부 영역까지 포함하며, '사회적 경제적 특권과 지위'란 정치/문화적 제 범주를 포함하는 국가 및 사회생활의 광역적 범위를 포함한다.

　한국사회에서 학력과 학벌은 이미 사회자본 혹은 문화화폐로서 널리 통용되고 있으며 준신분화되어 개인의 삶과 단체의 통념을 지배하고, 정치적 힘과 사회경제적 이권을 저울질하는 막강한 세력이 되고 있다. 학력/학벌주의 사회화를 이룬 한국에서 한편으로 학력과 학벌의 순기능으로 직업선택의 선별기능뿐만 아니라 경력이나 실력에 대한 신임장으로서 기능적 가치를 중시하여 교육확대, 문화확산 및 발전, 평등화 및 기회균등, 경제사회 발전, 산업화와 민주화에 기여하였으나, 다른 한편으로 역기능으로서 능력이나 실력보다 교육신임장 자체의 자격(학위), 출신배경(학교) 및 연고(지역)를 중시하는 상징적/형식적 가치에 무게를 두어 학력지상주의, 학벌만능주의가 사회 전반에 편만하고 있다. 한국사회에서 학력/학벌주의의 문제점은 역기능의 상징적 가치에 치중하는 경향을 나타내기 때문이다.

　10여 년 전 한겨레신문사가 실시한 '한국사회의 학력/학벌 문화에 대한 여론 조사(2000)'에 의하면, 학력으로 인해 취업기회(86.5%), 임금/소득 수준(83.4%), 직장에서의 승진(88.6%), 사회적 대우(86.1%) 등에서 차별을 받고 있으며, 그리고 학력/학벌이 좋지 않으면 성공하기 어렵다고 응답한 사람이 63.4%, 한국사회에서 성공하려면 일류대학을 나오는 것이 중요하다고 답변한 사람이 64.4%에 이르고 있다.

　현재 서울대학교(서울대)를 정점으로 한 학벌지상주의는 한국의 정치, 경제, 사회, 문화, 교육, 언론, 그리고 생활 전반을 지배하고 있다. 서울 소재 몇몇 사립대학들도 한국의 학벌주의 사회화에 일부 파장을 일으키고 있지만 서울대의 독과점적 영향력에 비하면 비교할 수 없는 수준이다. 필자의 경험으로 볼 때 개인 연구자로서 한국의 정치, 경제, 사회, 교육, 언론 등의 주요 조직이나 기관의 학벌실태를 정확하게 파악하는 것은 정보수집의 어려움이나 조사실행의 난맥상으로 인해 거의 불가능에 가까운 일이다. 이런 까닭으로 본 연구에서 동시대 한국사회에서의 학력학벌주의에 관한 실태파악은 최근에 조사된 자료가 아닌 몇 년 전의 과거자료를 인용하고, 학벌주의에 관한 논의는 기존의 선행연구 조사자료를 빌어 학벌주의의 정점에 있는 서울대에 초점을 맞추어 기술하고자 한다.

서울대 학벌지상주의 실태는 여러 해 전 몇 가지 조사결과와 지표에서 잘 나타나고 있다. 과거 어떤 행정부와 달리 학력/학벌 타파를 외치던 노무현 행정부의 '참여정부'도 청와대 장/차관급 참모진 13명 중 11명(85%), 국무총리와 19개 부처 장관을 포함한 20명의 각료 중 12명(60%)이 서울대 출신이었다(이정규, 2003; 2010). 그리고 각 분야별 서울대 출신 점유율은 17대 국회의원 299명 중 112명(37.4%)(박창수, 2011), 2010년 6월 기준 3급 이상 고위공무원 29.4%, 2010년 11월 현재 법조인 15,983명 중 47%, 2011년 3월 기준 1,000개 상장사(매출기준) 기업 최고경영자(1,285명 중) 21.8%(재인용, 박창수, 2011), 2005년 현재 대학 총장 25%(한국대학신문, 2005.3.28), 2000년 4년제 대학교수(41,943명) 중에서 36%(김주환, 2005; 이정규, 2003)를 나타내었다.

이처럼 서울대 정점의 학벌지상주의는 새로운 정보통신기술(ICT) 시대가 도래한 오늘날에 이르러서도 그 기세가 꺾이지 않고 지식기반 경제사회화와 더불어 국가경쟁력 향상을 위한 '우수 인력육성' 혹은 '글로벌 인재양성'이라는 명분하에 과도한 교육경쟁을 부추기는 정부의 실용적 자유경제주의 지향적 교육정책으로 인해 더욱 탄력을 받고 있다.

일례로 2011년 현재 법조계의 학벌주의는 더욱 심화되고 있다. 대법관 14명 중 서울대 출신이 13명에 이르고, 올해(2011년) 국내 대표적인 6대 법률회사(law firms) 신규변호사 채용에 서울대 출신이 70%를 차지하고 있으며, 그중 한 곳은 전원 서울대 출신만으로 선발하였다(학벌 없는 사회 만들기, 2011). 또 다른 사례로 '시사저널(2011년 4월 27일 자)'에 의하면 금융, 보험, 공기업을 제외한 매출액 기준 국내 100대 기업에서 서울대 출신 최고경영자(chief executive officer: CEO)는 51명, 임원은 727명으로 독보적 점유실태를 나타내고 있다.

최근(2011년 8월 현재)엔 정부에서도 학력문제의 심각성을 새삼 인식하여 고졸자에게 취업기회를 부여하자며 은행을 중심으로 공/사기업에 장려하고 있지만 법과 제도의 변혁이 동반되는 중장기적인 국가/사회 주요 시책으로 밀고 나가지 않는 한 정부의 노력은 일회성 혹은 선심용으로 그칠 가능성이 높다. 최근 매스미디어 보도에 의하면 며칠 전에도 학벌사회 철폐를 외치며 일부 대학생과 수험생들이 강남 학원가에서 취업 등의 사회생활에서 차별 받고 있는 학벌사회 문화에 반발하여 서울대 정문의 상징물을 거꾸로 그려넣은 깃발을 흔들며 시위를 벌였다. 소위 '지방잡대동맹'이라 칭하는 이들의 행보에 대해 우리 정부와 사회 그리고 교육계는 침묵으로 일관하는 것이 과연 공동선을 위한 것인가?

무엇 때문에 이 학생들이 가두시위를 벌이고 있는 것인지 정부, 사회, 대학이 깊이 고민하고 해결방안을 마련하여 더 이상 갈등과 반목이 심화되지 않도록 조치하는 것이 공동선을 위하는 것이 아닐까? 이들의 구호대로 한국의 대학은 서울대와 '잡대(서울대를 제외한 나머지 모든 대학)' 혹은 'SKY대(서울대, 고려대, 연세대를 지칭하는 영문 머리글자 약칭)'와 잡대(지방대를 포함하는 그 외 모든 대학)만 존재하는 것일까? 가칭 '잡대'가 사회에서 홀대받거나 차별받으며 유아독존적인 서울대를 위해 갈채만 보내야 한다면 그 존재 이유의 타당성은 과연 무엇이며 어디에 있는지 묻고 싶다.

이런 독점적 학벌주의의 문제점은 무엇이며 어떻게 나타날 수 있는가? 단기적으로 보다 높은 학력과 보다 나은 학벌을 취득하기 위한 극심한 교육경쟁과 이로 인한 막대한 교육비용 투입; 학력/학벌 지상주의화 및 경쟁지상주의화, 대학의 서열화 심화, 세칭 명문대의 학벌 프리미엄 부가, 취업, 승진, 결혼 등의 일상 및 사회생활에서의 차별(불평등)과 불이익; 사회계층 간/지위 간 갈등과 불신; 연고주의와 파벌주의 심화로 나타날 수 있다. 그리고 중장기적으로 경쟁만능주의와 가족이기주의 팽배; 학력/학벌 세습 및 학벌 신분사회화; 사회 및 계층 간 양극화; 사회적 신뢰도 및 도덕성/책무성 추락; 출산율 및 행복지수 하락; 취업난 및 자살률 상승; 공권력 약화와 사회 안전도 취약성 고조; 패배주의 만연과 미래의 불확실성 고조; 극도의 사회적 불신과 국론 분열; 사회불안 팽배 및 사회붕괴 시작으로 나타날 수 있다.

위에서 기술한 독점적 파벌주의의 문제점이 부정적인 관점으로 치우친 면이 없지 않으나, 한국에서 학벌주의의 계속적인 심화는 중장기적 관점에서 대다수 국민에겐 불행을, 사회엔 불안을, 국가엔 분열 내지 파국을 초래할 수도 있다.

다소 강약의 차이는 있지만 학력주의와 학벌주의 타파를 위한 노력이 노무현 행정부 이래로 현 정부에 이르기까지 지속되고 있으나 실효를 거두지 못하고 있다. 먼저 중앙 권력조직이 학벌타파에 솔선수범을 보였더라면, 즉 앞에서 간단히 참여정부 각료들의 학벌배경을 언급한 바 있지만, 역대 정부 각료들과 청와대 실세들 그리고 각 행정부처의 고위공직자들이 특정 학벌의 중앙 권력 독점체제를 포기하고 온정주의를 근절 혹은 타파하였더라면, 지금보다 나은 공명정대한 국가운영이 되고 사회 불평등구조가 개선되지 않았을까?

지금의 이명박 행정부도 특정 학벌 권력 독점체제에서 자유롭지 못하다. 지난 몇 년 동안 여러 차례 고위공직 후보자 인사청문회에서 드러났듯이 학력이 높고 학벌이 좋은 대다수의 후보자들이 보통 사람들보다 부정과 부패, 불법과 편법, 반칙과 특권의 남용이 심하고, 부와 명예 그리고 권력과 지위를 선호하거나 과시할 뿐 직위와 명예에 따른 도덕의식과 책무성이 저조하고 정의롭지 못함을 미디어를 통하여 대중 앞에 명백하게 밝혀졌다.

현 정부가 늦게나마 한국사회 전반에 편만한 비리와 불공정, 부정부패, 불신과 갈등을 인지하고 '공정사회 구현'을 구호로 외치면서 '공정사회'를 한국사회의 쇄신과 화합을 위한 시대정신의 모토(motto)로 주창한 것을 그나마 다행으로 생각한다. 그러나 아무리 정부가 내세운 구호나 모토가 그럴듯할지라도 중앙 정부의 권력실세와 재벌 및 사회지도층이 도덕적 의무, 즉 '노블레스 오블리주(*Noblesse Oblige*)' 및 '리셰스 오블리주(*Richesse Oblige*)'를 솔선수범하지 않는다면 정부의 구호가 공염불에 그치게 될 가능성이 높다. 정부의 권력자 및 공직자들이 높은 도덕의식과 정의로써 대접받기보다 봉사한다는 정신으로 국정을 수행할 때, 가진 자들과 각계각층의 지도자들이 호응을 하게 되고, 나아가 민중이 갈등과 불신에서 벗어나게 되어 사회가 화합될 것이다. '노블레스 오블리주'와 사회정의에 대해선 "제6장 대학교육과 사회정의"에서 보다 상세하게 논의하고자 한다.

:: 제3절 오늘의 대학, 진리의 불꽃은 타오르고 있는가?

오늘날 한국의 대학에서 과연 진리의 불꽃은 타오르고 있는가? 앞에서 고찰한 것처럼 한국의 고등교육은 불과 반세기 만에 괄목할만한 성과를 이룩하였다. 2010년 현재 고등학교 졸업생의 대학 진학률이 82%에 달하고, 청년층(25~34세)의 대학교육 이수율은 약 60%에 이르고 있다(교육과학기술부, 2011; OECD, 2010). 한국의 대학은 이미 고등교육의 보편화 단계에 이르러 대중교육기관이 되었다. 대학이 대중교육기관으로 변모된 지금 대학인이 지성인으로서 여전히 자유와 지성을 노래할 수 있는가? 그리고 대학은 지금도 진리를 추구하며 진리가 숨 쉬고 있는가? 본 장에서는 이 두 문제를 대학의 목적론적 관점에서 비평하고자 한다.

1. 대학인이여, 자유와 지성을 노래하고 있는가?

2011년 8월 현재 한국의 대학가는 정치권에서 공약한 '반값 등록금' 문제가 도화선이 되어 대학인 전체가 소위 '등록금이란 화마'에 휩싸여 있는 형국이다. 이런 시점에서 대학인이 과연 자유와 지성을 노래할 수 있겠는가 하고 묻는 것은 현 상황을 이해하지 못한 부적절한 질문

일 뿐만 아니라, 등록금 문제가 당면한 학생들에게는 안일한 질문이거
나 오히려 사치스러운 아니 조소를 보낼 수 있는 질문일지도 모른다.

그러나 등록금 문제를 잠시 접어두고 대학의 본질과 목적을 생각
해볼 때, 자유와 지성은 진리와 더불어 학문세계에 중요한 가치가 아닐
수 없다. 자유란 정치철학적 개념으로서 자신의 자유의지에 따라 행동
하고 그 행동에 책임을 질 수 있도록 자신을 제어할 수 있는 상태 혹은
요건이다. 대학교육에서 자유란 학문의 자유를 지칭한다.

'학문의 자유(Academic Freedom)'와 '지성의 구가(謳歌)'는 지식과
기술을 가르치고, 배우고, 연구하고, 실행하는 데 필요하며, 진리를 탐구
하는 데 필요하다. 연구와 강의는 탐구와 가르침을 위한 필수적인 활동
이다. 영국의 수학자 겸 철학자인 알프레드 화이트헤드(Alfred N.
Whitehead, 1861~1947)는 자유와 훈련은 가르치고 배우는 데 필수조건
이라고 주장하였다(이정규, 2010b, p.47 재인용). '자유'는 '학문의 자유
(Academic Freedom)'를 의미하고 '훈련'은 지성을 구가하고 진리를 탐구
하기 위한 과정을 의미한다고 볼 수 있다.

'학문의 자유'란 외부의 정치단체나 당국의 권위로부터 부당한 압
력이나 제약을 받지 않고 이념과 사실을 가르치고, 전달하고, 탐구할 수
있는 '가르침의 자유(*Lehrfreiheit*)'와 '배움의 자유(*Lernfreiheit*)'를 말한다.
'학문의 자유(Academic freedom)'에 대한 개념은 서구에서 학문의 자유
와 대학의 자율성/전문성을 보장하기 위해 고안되고 명문화되었다.

그러면 지성(intelligence)이란 무엇인가? 어원으로 의미를 찾아본다
면 라틴어로 *intellectus* 혹은 *intelligential*은 '구별하다' 또는 '식별하다'라는
의미를 지닌 *inter-legere*에서 파생된 동사형 *intelligere*에서 유래하고 있다
(Nidditch, 1979; Sternberg, 2000). 동사의 한 형태인 *intellectus*가 중세에 이
르러 understanding(오성, 이해력, 예지, 분별)의 개념으로, 또한 고대 그

리스 철학용어인 *nous*(마음, 인지, 지각)의 의미로 사용되었다(Davidson, 1992). 중세 교부철학자들에게 이 용어는 영혼불멸설을 내포하는 스콜라철학의 형이상학과 우주철학에 밀접하게 연결되어 있었다(Menn, 1998). 더욱이 근대 영국 철학자들(Francis Bacon, Thomas Hobbes, David Hume, John Locke)이 선호하게 된 '능동적 지력(Active Intellect)'의 개념은 'understanding(오성, 이해력, 예지)'의 개념에 연루되어 있다(Nidditch, 1979). 근대 이래로 '지성(intelligence, 知性)'이란 용어는 시대와 학문에 따라 다양한 의미와 개념으로 정의되고 있다.

위에서 간략히 고찰해본 '학문의 자유'와 '지성'의 맥락에서 볼 때, 과연 지금 한국의 대학에는 '가르침의 자유'와 '배움의 자유'가 있으며, 대학인은 '지성'을 구가하고 있는가?

우리나라 헌법 제22조 제1항에도 "모든 국민은 학문과 예술의 자유를 가진다"라고 천명하고 있다. 그리고 헌법과 교육기본법에 교육의 자주성, 전문성, 정치적 중립 보장을 명시하고 있으며, 대학의 자율성과 교원의 자주성 및 전문성은 법률이 정하는 바에 의해 보장됨을 명시하고 있다. 그러나 다른 한편으로 고등교육법에 대학은 교육과학기술부(교과부) 장관의 지도 감독을 받아야 함을 명시하고 있다. 이런 관점에서 한국의 교육법 관련 법원(法源)은 '부당하지 않은 제약'을 명문화함으로써 학문의 자유와 대학의 자율성에 대한 실정법의 모호성과 흠결성을 드러내고 있다(이정규, 2003, pp.52~53).

다행히도 세계화라는 문명사적 조류와 새로운 정보통신기술 시대 및 지식기반 경제사회를 맞아, 과거 '교육부'나 '교육인적자원부'의 명패를 달던 시절보다는 '대학의 자율성'과 '학문의 자유'라는 측면에서는 다소 나아졌다고 볼 수 있다. 그러나 영국 AFAF(Academics for Academic Freedom: http://www.afaf.org.uk)의 학문의 자유에 대한 성명서에 나타난 주요 원칙 - 대학인은 학문에 관계된 질의나 테스트를 어떤 제약도 받지 않으며, 논쟁의 대상이 되거나 보편적이지 않거나 마음에 들지 않는 문제나 견해를 교실 안팎에서 자유롭게 논쟁할 수 있고, 대학 당국은 이런 학문의 자유를 실행하는 대학인에게 어떤 간섭이나 제약을 행할 수 있는 권리가 없다 - 에 비추어볼 때, 한국 교육과학기술부(교과부)의 대학 감독권은 '학문의 자유'에 역행하는 행보를 걷고 있다고 말할 수 있다.

그러면 현재 한국 대학에서 '지성(知性)'은 구가(謳歌)되고 있는가? 지금 대학사회는 국가와 사회 주도의 실용주의와 경쟁주의에 몰려 대부분의 대학행정가들은 여러 기관에서 실시하는 각종 평가에 노심초사하며 이를 수행하기에 급급하고, 종신재직권(tenure)을 받지 못한 많은 교원들은 교직 유지와 승진을 위한 개인의 업적 쌓기에 몰두하고, 대다수 학생들은 직장이나 직업을 확보하기 위해 자신의 교양 함양이나 전문 분야 공부보다 각종 시험준비에만 몰두하고 있는 것은 아닌지?

필자의 이런 생각이 모든 대학인에게 해당되는 것은 아니겠지만 오늘의 한국 대학에서 지성이 외면당하거나 버림받는 일이 없길 소망한다. 이 문제에 대해서는 "제3장, 무엇을 그리고 누구를 위한 대학교육인가?"에서 다시 논의할 것이다.

2. 한국의 대학, 진리는 살아 있는가?

오늘날 한국의 대학에서 학문의 자유와 지성이 버림받고 있다면 진리는 과연 살아 숨 쉴 수 있을까? 학문의 사명이 진리추구라면 학문의 전당이라 자타가 공인하는 대학이 진리추구를 사명으로 삼아야 함은 다시 말할 필요조차 없다. 학문이 이성과 논리를 중심축으로 하는 사유

체계의 세계라면, 미국의 도덕/정치철학자 존 롤스(John Rawls, 1921~2002)가 주장한 대로 진리는 첫 번째 가는 덕목이라고 말할 수 있다.

진리는 무엇인가? 진리란 다양한 의미만큼 시대와 장소 그리고 학문 분야마다 다른 이론과 의미로 해석되고 있다. 진리라는 용어가 서양에 근원을 두고 있기에 서양학문의 뿌리에서 그 개념을 살펴본다면, 고대 그리스 철학자들(Socrates, Herodotus, Plato, Aristotle)은 '거짓이 아닌 참, 실제, 사실'의 개념으로, 그리고 '진실함, 올바름, 정직함'이란 특성의 의미로 *'aletheia'* 혹은 *'alatheia'*를 사용하였다(Liddell & Scott, 1995).

그 후 로마제국의 초기시대 정치가/철학자인 키케로(Marcus Tullius Cicero, B.C. 106~43)가 헬라어 *'aletheia'*의 개념을 전승하여 라틴어인 *'veritas'*로 사용하면서, 진리에 대한 이론적 계보는 고대 그리스 철학자들의 이론을 가톨릭 신학에 접목시킨 가톨릭교회의 신학자이자 철학자인 아우구스티누스(Aurelius Augustinus[Augustine of Hippo], 354~430), 아리스토텔레스의 철학을 계승/발전시킨 이슬람의 철학자 아비세나(Avicenna[Ibn Sina], 980~1037)와 아베로에스(Averroes[Ibn Rushd], 1126~1198), 교부철학자이자 캔터베리의 대주교를 지낸 안젤름(Anselm of Canterbury, 1033~1109), 그리고 고대 그리스 철학자 아리스토텔레스의 이론적 전통을 계승한 스콜라철학자 토머스 아퀴나스(Thomas Aquinas, 1225~1274)로 이어진다(Aertsen, 1984; Barton, 2001). 로마 가톨릭교회의 사제로서 교부철학자 겸 신학자인 아퀴나스는 『진리의 논쟁(*Disputatae de Veritate*)』에서 진리(*veritas*)를 '충실성(fidelity)'과 '사실성(factuality)'으로 대별하여 설명하였다(Aertsen, 1984).

서양에서 중세시대를 거치면서 진리에 대한 이분법적 전통은 근세 유럽의 관념론 철학자들을 거쳐 현대까지 그 맥을 이어오고 있다. 특히 현재 로마 가톨릭교회의 교황(Pope Benedict XVI)인 독일 출생 신학/철학자 요셉 라징어(Joseph A. Ratzinger, 1927~)는 '충실성'의 전통을 이어서 '진리와 사랑은 동일하다'고 주장한다. 기독교 사상과 신앙에 바탕을 둔 논리로 볼 수 있다.

서양에서 기독교 사상은 신앙의 실체로서뿐만 아니라 동아시아의 유교사상처럼 문화와 관습으로 사회 전반에 영향을 미치고 있다. 고등교육기관도 기독교 사상의 그늘을 벗어나지 못하고 학교 모토(motto)에 성경(The Bible) 구절이나 용어를 인용하고 있다. 미국의 몇 개 주요 대학의 라틴어 모토를 소개하면 다음과 같다(http://www.wikipedia.org/wiki/Veritas; http://www.ontology.co/veritas.htm).

Harvard University: *VERITAS*(진리)
Yale University: *LUX ET VERITAS*(빛과 진리)
Johns Hopkins University: *VERITAS VOS LIBERABIT*(진리가 너희를 자유롭게 할 것이다)-요한복음 8장 32절
University of Michigan: *ARTES, SCIENTIA, VERITAS*(예술, 지식, 진리)
Columbia University: *IN LUMINE TUO VIDEBIMUS LUMEN*(당신 빛으로 저희는 빛을 봅니다)-시편 36장 10절
University of California, Berkeley: *FIAT LUX*(빛이 생겨라)-창세기 1장 3절

이와 같이 공사립대학에 상관없이 미국에서 많은 대학교의 모토가 성경에서 인용되고 있다. 특히 '진리'와 '빛'을 대학의 모토로 많이 사용하고 있다. 학문의 궁극적 목적이 진리를 추구하는 데 있다면, 학문의 전당인 대학이 진리를 탐구하여 세상을 밝게 비출 수 있는 빛이 되게 하는 것이 대학의 사명이라고 볼 수 있다.

이런 관점에서 현재 한국의 대학은 어떠한가? 한국의 고등교육기관을 선도하고 한국의 교육 전반에 지대한 영향력을 미치고 있는 국립 서울대학교도 서구문화의 영향을 받아, 학교 모토로 유대 기독교 사상

에 젖은 '진리와 빛'을 사용하고 있다. 라틴어인 'VERITAS LUX MEA(진리는 나의 빛)'이다.

한국의 선도 대학인 서울대학교를 논의함으로써 본고의 질문에 대한 답변이 될 수 있을지도 모른다. 서울대학교, 과연 진리를 추구하고 세상의 빛이 되고 있는가? 본고 "한국의 대학교육과 학력/학벌 사회"에서 기술한 것처럼, 많은 서울대 동문들이 동시대 한국의 정치, 경제, 사회 등 각 분야에서 견인 혹은 추진 세력으로서 참여하고 기여하였음은 주지의 사실이나, 진리를 추구하고 빛의 역할을 다하고 있다는 평가엔 국민 다수가 공감하지 않고 있다. 전자에 대한 답변은 서울대학교를 필두로 대학가의 '고시열풍'으로 대변되는 권력 지향적 출세주의 풍조에서, 후자에 대한 답변은 소위 명문대학의 학벌이기주의, 낮은 도덕성과 책무성, 그리고 낮은 사회공헌도(이정규, 2003; 이정규 & 홍영란, 2002; 한국사회과학데이터센터, 2006)에서 찾을 수 있다.

한국 고등교육을 선도하는 서울대학교가 이런 실정이라면, 한국의 대학에서 진리는 살아 있다고 볼 수 있을까? 보다 상세한 논의는 "제3장 무엇을 그리고 누구를 위한 대학교육인가?"에서 이루어질 것이다.

:: 제4절 한국의 대학, 대학교육 무엇이 문제인가?

　　오늘의 한국 대학과 대학교육 과연 무엇이 문제인가? 많은 문제점
이 있지만 이 문제를 논의하기 위해 저자의 관심 분야인 다음의 세 가지
부제를 설정하고 이에 초점을 맞추어 탐색하고자 한다. 부제는 대학의
성과와 비용, 교육 양극화와 학벌 세습, 그리고 유교적 가치와 대학의
리더십과 조직문화를 선정한다. 특히 현재 한국의 정치사회에 중요한
이슈가 되고 있는 대학등록금 문제를 첫 번째 부제인 대학의 성과와 비
용에서 진단하고, 사회화합에 장애가 되는 교육 양극화와 학벌 세습은
두 번째 부제에서 논의하고, 마지막 부제인 한국 대학의 리더십과 조직
문화는 이에 큰 영향을 미치고 있는 온정주의 혹은 정실주의와 함께 고
찰될 것이다.

1. 대학의 성과와 비용

　　오늘날 한국의 고등교육은 앞에서 살펴본 대로 놀랍고도 화려한
성과를 이루어내고 있다. 국가의 경제발전에 대한 직간접 공헌도는 차
치하더라도, 높은 고등교육 이수율(2008년 기준, 37%), 학위취득에 따른
임금상승, 높은 교육단계별 사회적 성과를 대표적인 몇 가지 사례로 들

수 있다.

2010년 OECD의 교육조사(Education at a Glance) 자료에 의하면, 한국 청년층(25~34세)의 고등교육 이수율은 58%로 OECD 국가 중 최고이며, 한국의 고등학교 졸업자 임금(100)을 기준으로 했을 때 대학교 및 대학원 졸업자는 177로 나타나 OECD 국가들의 평균(164)을 상회하고 있고, 교육투자 수익률에 있어서 교육단계별 사회적 평가로 교육 연한이 많을수록 '건강에 대한 인식도'와 '정치 관심도'가 높게 나타나고 있다. 즉, 중학교 졸업자가 0.33%, 0.29%인 반면 고등교육 이수자는 0.60%, 0.52%로 나타나고 있다.

OECD 교육조사 자료에서 나타난 위의 몇 가지 사례에서 살펴보았듯이 비록 국한적인 지표를 통한 조사결과에 지나지 않지만, 한국에서 대학교육의 긍정적인 성과와 보상은 국가, 사회, 개인에게 다양한 양상으로 나타나고 있다.

이런 성과와 보상을 얻기 위한 고등교육비용 혹은 투자비용은 어떠한가? 한국대학교육협의회에서 편집/발표한 "2011년 고등교육 통계" 자료에 의하면, 2007년 기준으로 국민 1인당 GDP 대비 학생 1인당 고등교육에 대한 공교육비 비율은 34%, 지출액은 8,920달러로 OECD 국가들의 평균 40%, 12,907달러보다 낮으며, 고등교육 재정 측면에서 GDP 대비 고등교육을 위한 공교육 비율은 2.4%로, 이 중에서 정부 부담은 0.5%, 민간 부담은 1.9%를 이루어 OECD 평균 정부 부담 1.0%, 민간 부담 0.5%에 역행하고 있다. 이는 보편적으로 OECD 국가들이 고등교육에 대한 공공재원(평균 66.7%) 투자가 민간재원(평균 33.3%)보다 높은데 반해, 한국은 민간재원(76%)이 공공재원(24%)보다 높음으로써 고등교육 비용을 국민 개개인이 부담하고 있으며 국가는 생색을 내는 수준으로 평가할 수 있다.

(1) 한국의 대학등록금 도대체 무엇이 문제인가?

'대학등록금 투쟁'은 대학생들에게 연례행사가 된 지 오래다. 올해 (2011년)엔 정치적 이슈와 더불어 그 투쟁의 열기가 한층 뜨겁다. 대학생들은 '반값 등록금' 공약을 실천하라고 학교와 길거리에서 시위를 계속하고, 정치권은 다음 선거에서 표심의 향방을 저울질하며 대안 짜내기에 골몰하고, 대학행정가들은 이로 인한 대학 감사나 여러 동향에 촉각을 곤두세우고 있다.

한국의 대학등록금 도대체 무엇이 문제인가? 그 문제를 짚어보고 '반값 등록금'의 실현 가능성을 찾아보고자 한다.

지난 10년간(2001년부터 2010년까지) 소비자 물가상승률이 매년 2~5% 수준인데 반해 등록금 인상률은 매년 5~10%(2009년, 2010년 제외) 인상하여, 2000년 연평균 국립대 230만 원, 사립대 449만 원이었던 것이 2010년엔 국립대 444만 원, 사립대 754만 원으로 대폭 인상되었다 (통계청, 2010; 교육과학기술부, 2010). 2010년 현재 서울 소재 사립대 등록금 최고액은(인문사회계열 제외) 1,000만 원을 초과하고 있다.

등록금 1,000만 원 시대에 접어들었다는 것은 무엇을 의미할까? 통계청의 국가통계포털(www.kosis.kr)에 나타난 2010년 '월 소득 10분위별 가구당 가계 수'와 교육과학기술부 '2010년 대학등록금 현황' 자료를 대비하여 소득계층(분위)별 등록금 비중을 분석해보았다. 사립대 평균 등록금(754만 원)을 기준으로 할 때, 소득 1분위 계층(하위 10%: 연간소득이 7,698,012원)은 연간소득의 거의 전부(등록금 비중 약 98%)를 투자해야만 자녀 1명을 사립대에 보낼 수 있으며, 소득 5분위 계층(하위 50%: 연간소득 35,516,100원)까지는 연간소득 최소 20% 이상(등록금 비중 약 21%)을 투입해야 자식 1명을 사립대에 보낼 수 있다. 단지 소득 10분위

계층(상위 10%, 연간소득 102,165,864원)만이 등록금 부담률이 약 7%(등록금 비중 7.4%)에 이르고 있을 뿐이다.

이 분석 자료를 토대로 할 때 등록금 1,000만 원 시대의 도래는 하위 소득계층의 자녀들에게 대학의 문은 극히 좁고 힘들게 열 수밖에 없는 '힘겹고 육중한 문'으로 인식되고 있다. 최근(2011년 8월 5일 자) 동아일보 기사에 의하면, 금융감독원이 2011년 6월 말에 대학생 대출을 취급한 28곳의 대부업체 대출실태를 전수 조사한 결과 현재 총 47,945명의 대학생이 대부업체에서 794억 5,800만 원의 대출을 받은 것으로 나타났다.

소득 5분위 계층(하위 50%)까지 연간소득의 최소 20% 이상 투입해야 자식 1명을 사립대에 보낼 수 있는 현실과 많은 학생들이 대부업체를 통해 대출금을 받아 대학등록금을 부담할 수밖에 없는 사실은 과연 무엇을 의미할까? 대학등록금이 국민소득에 비하여 과도하게 책정되었거나 대학이 '돈벌이'에 몰입하여 수입을 극대화하기 위한 수단으로 등록금을 부당하게 책정한 것이라 본다면 틀린 말일까?

현재 한국의 대학등록금은 과연 적정한 수준인가? 먼저 등록금 수준을 OECD 교육조사 자료(2010 Education at a Glance)로 국제 비교해보고자 한다. 2006~2007년도 자료로 비교한 OECD 국가들의 대학등록금 수준에서 2007년 한국의 국공립대학교 및 대학원(석사)의 연평균 등록금은 가장 높은 미국(5,943달러: 실질구매력 지수 기준)에 이어 4,717달러로 나타났으며, 사립대 역시 가장 높은 미국(21,979달러)에 이어 8,519달러로 두 번째 높은 것으로 나타나고 있다.

OECD 교육조사 결과 2005년 기준 1인당 국민총소득(Gross National Income: GNI) 대비 등록금 비율은 국공립대 20.4%, 사립대 39.8%로 미국의 국공립대 13.1%, 사립대 53.1%, 일본의 국공립대 12.2%, 사립대

18.9%로 밝혀져 미국의 유명 사립대학을 제외하고 GNI 대비 대학등록금 비율이 훨씬 높은 것으로 나타나고 있다. 특히, GNI에 있어서 한국보다 약 2배 정도 높은 일본에 비해 한국의 국공립 및 사립대학의 GNI 대비 등록금 비율은 약 2배 높게 나타나고 있다.

그리고 한국 대학의 사교육비 비중은 79.3%로 OECD 국가들 평균 30.9%의 2.5배 이상으로 최고 수준임에 반해 교육예산 보조금 비율은 16%로 OECD 평균 21%에도 훨씬 못 미치는 최저 수준을 기록하고 있다. 교육기술과학부(2010)의 자료에 의하면 2009년 기준 국공립대 세입 가운데 등록금 의존 비율이 37.8%, 사립대 66.5%에 달하고 있다.

이와 같은 수요자 입장에서의 과도한 투입 혹은 투자에 비해 대학생들이 받는 혜택과 보상은 어떠한가? 한국의 대학 진학률(84%)이 OECD 국가들 중 최고인 데 반해, 대졸자 취업률은 77.1%(산정방식에 따라 다를 수 있음)로 OECD 국가들 중 최하위권에 속하고, 대학생 1명당 연간 지출비용은 8,920달러로 OECD 평균(12,907달러)을 밑돌고, 2006년 기준 대학 재학기간 학생 1인당 누적교육비가 한국 29,374달러로 OECD 평균 50,547달러에 훨씬 못 미치고 있다. 그리고 한국의 고등교육 관련 정부지출 공교육비 가운데 민간에 대한 공공보조금 중에서 학생의 장학금(4.4%), 학자금 대출(5.7%) 비용은 OECD 평균 11.4%, 8.8%보다 크게 낮다.

또한 수혜자의 혜택뿐만 아니라 고등교육의 질을 가늠할 수 있는 교원 1인당 학생 수도 2006년 기준 한국 25.0명은 OECD 평균 15.3명에 크게 못 미치고 있고, 대학의 도서관 장서 수에 있어서도 한국교육학술정보원이 2011년 3월에 공개한 '2010 대학도서관 통계 분석 자료집'에 의하면 국내 고등교육기관 중에서 최대 규모를 자랑하는 서울대학교 도서관이 409만 5천여 권을 소장하고 있지만, 이는 미국, 캐나다의 주요

113개 대학도서관 평균 장서 441만 7천여 권보다 못 미치는 것으로 밝혀졌다.

이와 같은 분석결과로 비추어볼 때, 한국 정부는 대학의 공공성을 제대로 인지하지 못하여 공공재원 투입에 인색하고, 한국의 대학은 과도하게 높은 등록금을 수요자에게 부담시켜 민간재원에 의존하여 대학을 운영하는 데 비하여 수혜자인 학생들에게 돌아가는 혜택과 보상은 턱없이 부족한 수준임을 알 수 있다.

(2) '반값 등록금' 그 실현 가능성은 있는가?[1]

이 문제에 대한 해법으로 먼저 '반값 등록금' 그 타당성은 있느냐는 문제를 타진하는 것이 선결적인 논리이다.

첫째, 2010년 OECD 교육조사의 등록금 국제비교에서 나타난 것처럼 1인당 국민소득에 비해 한국의 대학등록금은 다른 국가들보다 지나치게 높다. 2007년 한국의 국공립대학교 및 대학원(석사)의 연평균 등록금은 첫 번째인 미국(5,943달러: 실질구매력 지수 기준)에 이어 4,717달러로 나타났으며, 사립대 역시 첫 번째인 미국(21,979달러)에 이어 8,519달러로 2번째 높은 것으로 나타나고 있다. 그리고 통계청의 소득분위별 자료와 교과부의 대학등록금 자료를 대비/분석하여 밝혀진 것처럼 한국의 저소득계층의 자녀들이 대학에 입학하는 것은 연간소득 전부나 대부분을 투입해야만 가능한 실정이다. OECD 국가의 일원으로서 이 그룹의 평균 정도 혹은 1인당 국민소득 대비 적정선에서 대학등록금을 하향 조정할 수 있다.

---

1) 한국대학신문 제811호(2011년 9/12~9/17일), 10면에 [제언]으로 게재된 것을 일부 개편/증보하였다.

둘째, 2009년도 기준으로 한국의 1인당 국민소득은 약 20,000달러이며, 한 국회의원의 요청에 의해 교과부가 2011년 4월 초에 제출한 '2010년도 대학 교원 급여 현황' 자료에 의하면, 대학 간 많은 차이가 나지만 (정)교수 연봉에 있어서 한국은 자료제출 대학 중에서 국공립대 36개 대학의 평균연봉은 8,389만 원, 사립대 170개 대학 평균연봉은 8,685만 원, 그리고 (정)교수 평균연봉이 1억 원 이상인 대학이 총 46개 교에 이르고 있는 것으로 밝혀졌다. 그리고 2009년 기준으로 미국은 1인당 국민소득이 약 46,000달러에 이르지만, 미국대학교수협의회(American Association of University Professors: AAUP)의 2010년도 미국교수 연봉 자료에 의하면 2009년 기준으로 미국 국공사립대 (정)교수 평균연봉은 109,843달러, 주요 사립대 (정)교수 평균연봉은 약 11∼13만 달러에 이르고 있는 것으로 나타났다(The New York Times, 2011년 4월 12일 자 기사 재인용).

이 자료를 바탕으로 판단해볼 때 양국 간 1인당 국민소득은 약 2.3배의 차이가 나지만 한국 대학 교수의 평균연봉은 미국 대학 교수에 비해 객관적 수치에 있어서 1년이라는 조사기준 연도의 차이를 고려하더라도 그렇게 큰 차이가 나지 않고 있다. 국민소득 차이를 고려한다면 일반적으로 현재 한국의 대학교수 연봉(대학에 따라 차이가 있지만)이 미국 대학교수보다 실질적으로 2배 정도 많다고 볼 수 있다. 이런 맥락에서 볼 때, 진리와 정의를 탐구하고 전파하는 지식인 집단으로서 스스로 자신의 과도한 사회/경제적 수익을 일반성과 타당성 있는 적합한 수준으로 조절하여 대학에서 공부하고자 하는 많은 저소득층 학생들과 박봉에 생계 곤란을 겪고 있는 시간강사들의 부담을 조금이라도 덜어줄 수 있는 정의와 용기의 미덕은 없는지 묻고 싶다.

셋째, 한국 대학의 사교육비 비중(79.3%, 2006∼2007년 기준)과 고등교육 예산 보조금 비율(16%)을 적어도 OECD 평균 수준인 30.9%까지 사교육비 비중을 낮추고, 21%까지 보조금 비율을 높일 수 있도록 대학 자체의 구조조정과 자구노력이 선행되어야 함은 물론, 정부의 고등교육 투자 비율을 GDP의 0.6%에서 적어도 OECD 평균인 1.0%까지 높여 GDP 대비 민간재원조달(등록금) 비율 1.9%를 OECD 평균인 0.5%까지 낮추어야 한다. 한국 정부가 국민의 교육열에 의존하는 고등교육 재정 정책을 더 이상 집착하지 않고 사회화합의 차원에서 수혜자의 등록금 부담을 경감시키겠다는 굳은 의지로 고등교육 투입재원을 높이는 것도 등록금 하향 조정을 위한 한 가지 방안이 될 수 있다.

넷째, 대학등록금을 포함한 고등교육 관련 제반정책 실행에 다수 자국민의 호응을 얻고 있는 타이완 정부처럼, 한국 정부도 국가 물가관리 차원에서 대학등록금에 관련된 올바른 교육원가 산정을 위한 대학의 평가나 통계자료를 관리하고 규제하여 등록금이 국민의 소득대비 적정선에서 유지될 수 있도록 평가결과에 따른 대학 재정지원 차등화 정책을 엄정하게 실행하길 바란다. 몇몇 대학행정가들은 소위 '등록금 상한제'가 대학 자율성을 무시하거나 훼손하는 위헌적 소지가 있다고 주장하지만, 투명하고 공정한 대학 운영을 하지 않거나 못하면서 비교육적 방법을 동원하여 수입 극대화 내지 자본화를 추구하는 일부 비도덕적이며 무능력한 대학 운영자들의 비뚤어진 행태를 정부가 공평무사하게 제어하거나 규제하여 올바르게 선도한다면 등록금 하락의 요인이 발생할 수 있다.

다섯째, 교육의 기회 평등 및 소득의 재분배 차원에서 대만 정부가 실행하고 있는 것처럼, 저소득계층과 장애인에게 정부가 학비 전액을 지원하고, 입학금을 없애고, 정부 보조금 지원으로 기숙사 비용을 저렴하게 하고, 이에 더하여 소득계층에 따라 차등적인 등록금 지원책이나 학비 감면 혹은 장학금 정책을 과감히 추진한다면 등록금 하락 및 '반값 등록금'의 실현을 앞당길 수 있다고 본다.

여섯째, 한국에서 대학교육은 이미 보편화 단계에 접어들었고 생존과 사회 참여를 위한 선택이 아닌 필수조건이 되고 있다. 이런 관점에서 오늘날 대학교육은 지난날 개인의 입신출세나 사회적 지위 향상을 위한 선택재가 아닌, 국가발전과 사회 안녕을 위한 공공재로서의 기능을 가지고 있다. 현재 OECD 국가들 중에서 8개국이 국공립대학의 등록금을 무상으로 하여 국가가 전액 지원하고 있다. 이런 맥락에서 한국 정부도 대학교육의 공공성을 인정하고 국가가 고등교육을 책임진다는 전제하에 국공립대학의 등록금 무상 혹은 반값 정책 실시를 긍정적으로 검토할 시점에 이르렀다고 판단한다.

대학등록금 문제 해결 방안을 몇 가지 문제로 대별하여 간략히 제시하였으나 무엇보다도 중요한 요인은 대학의 국제화 및 경쟁력 신장 혹은 대학의 전문화 및 질 향상이라는 명제 아래 우수교원 유치, 세계적 수준의 연구력 향상 및 교육 인프라 구축을 위한 재원조달을 민간재원에서 충원하고자 하면서 교육원가 상승을 유발하고 등록금 인상을 부추기고 있는 것이다. 정부의 대학재정 지원은 빈약 내지 인색하고, 더구나 대학 세입 가운데 등록금이 차지하는 비율이 2009년도 기준으로 사립대 66.5%, 국공립대 37.5%에 이르다 보니 대학등록금은 소득과 물가 상승률에 상관없이 대학의 부단한 사리사욕대로 '대학의 자율성과 수월성'을 등에 업고 정점이 보이지 않는 높은 곳을 향해 질주하고 있다. 문제는 등록금의 끝이 없다는 점이다.

세계화와 정보통신 기술시대 및 지식기반 경제사회의 흐름을 타고 대학은 기업화, 자본화, 실용화를 추구함으로써 대학구성원들은 '비즈니스화의 도구'로 전락되고 각 구성원은 각자 처한 입장에서 나름대로의 실익을 챙기고 있는 현실이 안타까울 뿐이다. 정치인은 표심을 얻기 위해서, 대학행정가는 경쟁력을 갖추고 살아남기 위해서, 대학 교원은 소득향상의 실리추구와 직위를 고수하기 위해서, 학생은 교육신임장 획득과 보다 나은 직업/직장 선택을 위해서 고군분투하고 있지만 수요자의 입장에 있는 학생과 학부모가 다른 구성원들의 봉이 되고 있다면 과한 표현일까? 정부와 교육 관료는 공교육비 투입에 인색하지 말고 교육의 질을 담보할 수 없는 부실대학과 부도덕하고 비양심적인 대학경영자를 퇴출시키는 일에 조금도 타협하거나 주저하지 않길 바란다.

아무튼 '대학등록금 문제'는 교육의 기회평등과 소득의 재분배 및 계층이동에 기여할 수 있는 요인으로 '교육 양극화' 및 '사회 양극화'라는 이격의 심화를 예방하고 사회화합과 공정사회 구현을 위한 밑거름이 될 수 있다는 점에서 한국의 밝은 미래를 위해 반드시 풀어야 할 숙제이다.

2. 교육 양극화와 학벌 세습

한국사회에서 소득계층에 따른 가진 자와 가지지 못한 자의 양극화(소득의 양극화)는 교육 양극화로 더욱더 골이 깊어지고 있다. 10여년 전에 실행된 서울대학교 학생생활연구소의 '2000학년도 신입생 특성 조사 보고서'에 의하면: 신입생 아버지의 직업으로 전문직(23.2%)과 경영/관리직(26.6%)이 전체 응답자의 약 50%를 차지하여 전국 남성 직업 분포도에 전문직(5.5%)보다 4배 이상, 관리직(3.6%)보다 7배 이상 높았다; 반면에 생산직 노동자 자녀의 서울대 입학 비율은 전문/관리직 종사자 자녀의 약 3%에 불과하고, 특히 졸업 후 고소득을 보장받을 수 있는 의대 입학 비율은 전문/관리직 종사자(58.1%) 자녀 기준 생산직 노동자 자녀는 1.7%, 농/어업 종사자 자녀는 2%에 그치고 있다; 그리고 응답자의 59.3%가 중류계층, 2.7%가 하류계층에 속하는 것으로 나타났다(재인용: 이정규, 2003, p.163; 2010b, p.167).

이와 같은 교육의 양극화는 소득의 양극화를 더욱 심화시켜 상호 인과적 호환이 이루어지고 학력/학벌 세습으로 이어져 확대 재생산되어 악순환이 거듭될 수 있다. 대통령소속 '사회통합위원회' 인터넷 사이트(http://harmonykorea.go.kr)에 게재된(2011년 8월 25일 자) 계층에 따른 소득 이동성의 변화추이에 의하면, 1990년 이후 2008년까지 저소득층의 계층 상승 확률은 43.6%에서 31.1%로 지속적으로 감소하였고, 중하층의 하락 확률은 12%에서 17.6%로 지속적으로 상승한 것으로 밝혀졌다. 이런 양극화 현상은 노동부의 '임금구조 기본통계조사'와 OECD의 '2010 Education at a Glance'에서도 입증되고 있다. 2008년 자료기준으로 한국의 고등학교 졸업자 임금을 100으로 하였을 때, 중졸 이하 임금 69, 전문대학 졸업자 임금 118은 OECD 평균인 중졸 이하 78, 전문대 122보다 낮았으나, 대졸 이상 졸업자 임금 177은 OECD 평균 164보다 높게 나타났다.

이 국내외 조사보고서를 토대로 판단해볼 때, 한국사회에서 학력은 소득격차를 유발하는 동인으로서 소득 불평등을 심화시키고 나아가 사회계층의 양극화를 조성하는 중요 요인이 되고 있다. 통계청 "경제활동 인구연보"에 나타난 '학력에 따른 직종별/산업별 취업자/종사자'에서 나타나고 있듯이 학력이 직종/직업 선택에 결정적인 요소가 되고 있고, 전문직과 관리직은 대졸 이상의 고학력자가 거의 독점하고 있다.

더욱이 이러한 학력의 소득격차는 학벌로 인한 소득격차로 더욱 심화되고 나아가 직장에서 직위 독점으로 확대되어 학벌 독점화 및 학벌 세습 혹은 학벌 신분화라는 새로운 사회분화 내지 계층형성 현상이 나타나고 있다. 이미 약 10년 전인 2003년 10월 국가인권위원회에서 실시한 "학벌주의에 대한 국민의식 조사" 결과에 의하면, '우리 사회는 출신학교에 따른 차별이 심각하다'는 응답자가 87.8%에 이르고 있다. 그리고 이보다 더 3년 전인 2000년 한겨레신문사에서 실시한 "한국사회의 학력/학벌 문화에 대한 여론 조사" 결과에 따르면, '학력과 학벌이 좋지 않으면 성공하기 어렵다'는 견해를 표명한 사람이 63.4% 그리고 '한국사회에서 성공하려면 일류대학을 나오는 게 중요하다'는 응답자가 64.4%에 달하였다.

위의 두 여론 조사는 거의 10년 전후에 실시된 것이다. 한국은 이미 10여 년 전에 학력/학벌 사회화가 이루어져 있었다고 볼 수 있다. 아니 이보다 더 오래전인 왕조시대에 뿌리가 내렸으나 절단된 묵은 둥치에서 서구화와 산업화의 비료를 받고 새로운 곁가지가 돋아나 예전보다 더욱 굳건한 가지가 되었는지도 모른다. 지난 노무현 행정부가 한국사회에서 학력/학벌주의 타파를 위해 부단히 노력하였지만 산더미 같은 요지부동한 기득권 세력에 밀려 그 뜻을 이루지 못하였고, 현 정부 또한 학력주의 해소를 위해 다소 애를 쓰고 있지만 그 성과는 크게 기대하기 어렵다고 본다. 그 이유는 간단히 설명할 수 있다. 두 행정부와 정치권 모두 이를 위해 스스로 모범/모본을 보이지 않고, 기득권 계층의 굳건한 세력과 이권을 타파할 강력한 의지와 힘도 없을 뿐만 아니라, 그리고 기득권 세력 스스로 양보와 배려의 미덕을 갖추거나 베풀려 하지 않기 때문이다.

특히 현재 한국사회에서 학벌 세습은 돌출성 견해와 일회성 담론만 무성할 뿐 이에 대한 체계적인 신뢰성과 일반성 있는 실태조사나 실증적 연구가 제대로 이루어지지 않고 있다. 필자의 개인적 견해이지만, 한국에서 '학벌 세습'이나 '학벌 신분화'에 대한 구체적인 실태조사나 중장기적인 실증적 연구를 실행한 기관이나 연구자는 아직 없는 것으로 알고 있다. 필자가 국책연구기관의 일원으로서 약 10년 전 한국사회의 학벌주의 실태현황을 파악하고자 3개 전문가 집단(대학교수, 언론인, 상장사 최고경영자)에서 무작위로 각각 100~150명씩 추출하여 설문지를 보내었으나 회수율이 불과 18%에 불과하여 학벌주의 실상을 제대로 파악할 수 없었다(이정규 & 홍영란, 2002).

이는 한국사회에서 특정 학벌이 정치권력이나 사회경제적으로 막강한 세력을 행사하는 이익집단으로서 그들의 이익에 부합되지 않는 일에 얼마나 비협조적이며, 그들의 권익을 독점하고 수호하기 위한 소아적 이기주의에 얼마나 깊이 침잠해 있는가를 입증한 하나의 사례로 볼 수 있다. 앞으로 학벌 세습이나 학벌 신분화에 대한 실증적 연구가 활발하게 이루어져 이 연구결과가 개방/공론화되어 사회화합과 공정사회 구현을 위해 건설적인 대안이 제시될 수 있길 바란다.

3. 유교적 가치와 대학의 리더십과 조직문화

현재 한국의 대학 사회는 다양한 사상과 가치가 혼재함으로써 대학의 리더십과 조직문화 역시 다양하다. 그러나 크게 두 가지로 구분하여 유/불교를 바탕으로 한 전통문화와 기독교와 서구사상이 바탕이 된 새로운 서구문화로 대별할 수 있다. 전자는 인(仁)과 자비의 덕목을 중심으로 한 전통적인 유/불교를 바탕으로, 그리고 후자는 평등과 자유를 기초로 한 인권의 가치와 사랑의 덕목을 중심으로 한 서구문화의 근간을 이루고 있는 헬라사상과 기독교를 바탕으로 하고 있다. 전자와 후자의 중심사상은 한국 대학 조직문화의 중요한 윤리적 가치로 접목되어 한국 교육행정의 핵심동력인 리더십의 필요충분 덕목으로서 성장하고 있다.

본고에서는 전자의 전통문화 중에서 유교적 가치에 대해서 논술하고, 특히 정(情)을 중심으로 파생된 온정주의(溫情主義) 혹은 정실주의(情實主義)에 초점을 맞추어 한국 대학의 리더십과 조직문화를 논의하고 비판하고자 한다. 이 글에서는 두 개념을 크게 구분하지 않고 정(情)에 대한 합집합으로 본다.

리더십과 조직문화에 대해선 다양한 정의와 이론이 있지만 이 장에서는 먼저 리더십과 조직문화에 대한 일반적 개념을 간략히 소개한다. 리더십은 지도자와 종속자 상호 간에 다르게 배분된 영향력과 권위 안에서 형성된 관계로서 조직 내에서 지도자에 의해 창조된 문화의 일부이다(이정규, 2010b, p.174 재인용). 그리고 조직문화는 조직구성원에 의해 공유된 신념과 가치의 한 양상으로(Schwartz & Davis, 1981; Schein, 1992) 조직의 리더십, 전례와 의식, 윤리적 가치나 사회적 규범, 철학이나 의사소통 등이 조직문화의 중요 요소이다(Daft, 1992; Deal & Kennedy, 1982).

현대 한국 고등교육에 있어서 일부 대학행정가들이 서구의 자유평등사상에 기초한 열린 수평적 민주주의 가치와 문화를 수용하고 있지만, 대다수 행정가들의 리더십은 유교 관료주의에 바탕을 둔 폐쇄적인 수직적 권위주의 가치와 문화를 답습하고 있다. 리더십은 조직의 문화를 유지하고 창조할 수 있을 뿐만 아니라 퇴락시킬 수도 있다. 최근에 한국 대학의 기업화 및 실용화의 흐름에 편승하여 대학의 리더십도 기업화 혹은 주식회사화되고 있다. 진리를 탐구하던 상아탑의 수장이자 학문적 내지 도덕적 권위자로서의 대학 총/학장이 정치/사회적 인간관계와 자산과 이윤의 손익을 따지지 않을 수 없는 최고경영자(CEO)의 자질도 갖추어야 하는 시대를 맞고 있다.

한국 대학 사회에서 온정주의와 연관된 리더십은 이름 하여 '명문 대학'에서는 학연이 중심이 된 학벌주의로, 나머지 대학에서는 혈연과 학연 혹은 지연이 중심이 된 정실주의와 연고주의로 특징지을 수 있다.

온정주의는 순기능과 역기능을 가지고 있다. 순기능은 기관이나 조직에서 귀속성과 친화력을 높여 일의 추진력을 가질 수 있다. 소규모 단체나 학과/부서에선 이러한 순기능이 구성원 간 응집력을 도모하여 가족 같은 분위기로 효율성을 높일 수 있는 장점이 있다. 그러나 대학처럼 조직구성원이 많고 다양성과 전문성을 지닌 고등교육기관에서는 이러한 순기능조차 제대로 실행되기 어렵다.

필자의 논문, 「유교의 정(情)의 개념이 한국 고등교육 조직 문화에 끼친 영향(2001)」에서 상술한 한국의 대학에서 온정주의와 정실주의의 역기능 사례를 몇 가지 인용하자면(이정규, 2001, pp.205~206):

첫째, 혈연, 학연, 지연의 연고주의에 기반을 둔 파벌주의를 들 수 있다. 파벌주의는 대학, 학과, 전공, 교수 사이의 학문적 정보나 지식을 상호 교환하는 데 장애가 되고 있다.

둘째, 학사 및 인사 행정의 정실주의는 교수선발 과정에서의 불공정한 임용, 재임용, 승진 평가, 보직 심사, 학내 분파 조성, 예산 배분, 시간 강사 채용 등의 문제에서 학사행정의 공정성과 투명성을 실행하는 데 걸림돌이 되고 있다.

셋째, 학연으로 인한 대학 사회의 비평문화 부재는 학문발전에 발목을 잡고 있다. 정실관계에 얽매인 사제간, 선후배 간에 진솔하게 학문을 비판할 수 있는 학문의 자유를 향유하지 못하고 있다. 특히 제자는 스승의 학설이나 주장에 반대의견을 제대로 표명하지 못함으로써 학문의 소아주의와 폐쇄주의를 낳고 있다.

넷째, 이기적 내지 동질적 학문관에 기초한 학문의 종속주의/사대주의를 초래하고 있다. 외국 박사학위 소지자들은 외국학문과 학설에 의존하는 경향이 농후하고, 국내 박사학위 소지자들은 그들의 스승이나 선배들의 학설을 지지하거나 추종하기에 급급한 양상을 지니고 있다.

다섯째, 권위적 리더십과 동질적인 폐쇄적 조직문화를 조장하고 있다. 이런 리더십과 조직문화로 인해 관료적 권위주의와 집산적 파벌주의를 조성하고 학문활동이나 인사행정에 있어서 자신들의 권익을 유지하고 추구하기 위해 상하 간, 부서 간, 대학 간의 의사소통 망을 차단하여 경직된 위계체제를 구축하고 건설적인 열린 조직문화 창달을 방해하고 있다.

추가로 몇 가지 더 지적하자면 정실주의와 학벌주의는 정부와 각종 기관에서 실행하는 대학기관 학과평가, 연구과제 선정 및 연구비 배분 등에서 공명정대한 실행에 눈을 가리고 있다. 나아가 '전관예우'라는 미명하에 전직 고위공직자가 대학행정 책임자로 진출하는 바람직하지 못한 관행이 성행하고 있다. 그리고 각종 학술/연구 평가, 학술지 게재/발행, 우수 학술도서 선정 등의 학문적 실적을 공정하게 평가하고 가늠하는 일에도 학벌이나 인맥이 주도된 연고주의와 온정주의의 부당한 횡포는 학문의 진실성과 올바른 가치를 희석 혹은 왜곡시켜 학문의 발전을 저해하고 있다.

:: 제5절 요약 및 결론

지금까지 본고에서 고찰한 것을 토대로 현재 한국의 대학교육과 대학이 당면한 문제를 요약하고, 이 연구에 대한 결론을 필자의 바람으로 대신하고자 한다.

이 연구논문에서는 한국의 대학과 대학교육, 무엇이 문제인가를 탐구하기 위해 다음과 같은 세 가지 연구문제를 설정하였다. 첫째, 한국의 대학과 대학교육 그 실상은 어떠한가? 이 문제를 한국교육사의 관점에서 동시대 한국 대학의 빛과 그림자에 대해 교육열과 학력 과잉, 그리고 한국의 대학교육과 학력/학벌 사회를 중심으로 대략을 기술하였다. 둘째, 오늘의 한국 대학에서 진리의 불꽃은 타오르고 있는가? 이 문제를 비평하기 위해 한국의 대학생들, 과연 자유를 만끽하고 지성을 노래하고 있는가? 그리고 한국의 대학, 진리는 살아 있는가? 라는 두 가지 부제를 제기하고 이를 평가하였다. 셋째, 한국의 대학과 대학교육 무엇이 문제인가? 하는 연구문제를 제시하고 세 가지 부제인 등록금 문제를 포함한 대학의 비용과 성과, 교육 양극화와 학벌 세습, 그리고 유교적 가치와 대학의 리더십과 조직문화를 온정주의에 초점을 맞추어 문헌 위주의 기술적 방법으로 탐구하고 논의하였다.

현대 한국의 대학과 대학교육이 국가 산업화와 민주화의 동력으로서 국가 사회발전에 크게 기여한 사실에 대해선 재론할 여지가 없다. 이 연구에서 탐색한 것처럼 한국의 대학과 고등교육이 양과 질적인 측면에서 경이로운 발전을 하였다. 이러한 빛나는 성과와 업적의 뒤편에서 그 늘진 곳과 어두운 면이 공존하고 있다.

국가의 서구적 현대화 및 사회의 민주적 자유화와 더불어 입신출세와 사회적 지위향상을 위한 욕망은 일반 국민에게 잠재해 있던 교육열을 불러일으키고 이는 학력경쟁과 학력 과잉을 초래하여 학력/학벌 사회화를 촉진하였다. 그러나 이로 인해 사교육의 창궐과 공교육의 황폐함을 불러와, 교육과 소득의 양극화 및 확대 재생산이 이루어지고, 이는 곧 사회의 양극화를 초래하여 사회갈등과 불신의 골을 깊게 하고 확산시켜 국가화합과 통합에 걸림돌이 되고 있다.

봉건시대의 산물인 신분사회의 몰락과 함께 새롭게 부상한 현대 자본주의를 근간으로 한 자유민주주의 사회는 현재 고학력 및 소위 '명문 학벌' 중심의 새로운 '고학력/학벌 신분화'로 위협에 직면하고 있다. 금전만능주의(mammonism)에 귀속된 몇몇 경우를 제외한다면 가진 자와 가지지 못한 자는 일반적으로 고소득과 저소득, 고학력과 저학력, 화이트칼라와 블루칼라, 소위 명문대와 비명문대로 귀결되어 확대/재생산되거나 세습되는 경향을 나타내고 있다.

필자의 눈에는 지금 한국의 대학은 진리와 행복추구라는 본래의 사명과 목적을 상실하거나 외면한 채 정부의 국가경쟁력 강화와 중도 실용주의 정책에 편승하여 자본과 이윤의 극대화, 실용성 추구와 경쟁력 신장을 위해 전력투구하는 모습이다. 진리의 횃불은 상아탑에서 가물거리고, 진리는 대학도서관에서 잠자고 있다면 지나친 표현일까? 대학의 각 구성원들은 소아적 이기주의, 온정주의, 파벌주의, 혹은 기회주의에 빠져 각자 계산기의 숫자 누르기에 열심이다. 많은 학생들이 캠퍼스에서 자유와 지성을 노래하는 대신 등록금과 일자리 마련을 위해 책을 덮어두고 캠퍼스 밖에서 동분서주하고, 일부 소아적 이기주의에 빠진 교수들은 어려운 제자들의 속 타는 사정은 아랑곳하지 않고 자신의 연봉과 연구수당 및 실적 챙기기에 급급하고, 또 다른 일부 '지화성(之花性, 권력/명예 지향성)' 교수는 기회만 나면 캠퍼스 바깥을 기웃거리면서 정치권이나 시민 사회권에 '자리'를 염탐하고, 일부 소탐한 대학수장들은 대학의 권익창달과 자리 지키기에 몰입하여 대학발전을 위한 건실한 조직문화 창조는 염두에 두지 않고 각종 평가/감사와 심사주체인 정부 관료나 대학설립자 눈치 보기에 급급하고, 대다수의 교수들은 명예와 이론의 두터운 이불을 덮어쓴 채 실제와 현실참여엔 비겁하게 입을 닫고 눈을 감고 있다.

이런 바람직하지 못한 모습은 필자의 거울에만 비치길 바랄 뿐이다. 끝으로 대학이 진리추구를 외면하고 '진리추구'의 미명하에 이윤추구에만 몰입하고, 비싼 돈(등록금) 받고 취직도 제대로 되지 않는 값싼 물건(형편없는 교육의 질과 보상) 파는 비양심적 내지 비도덕적인 '대학졸업장 판매처' 혹은 '학위실업자 배출소'가 되지 않길 바란다. 그리고 한국의 '대학 서열화'의 선두그룹인 소위 '명문대학'이 장차 사회와 국가 통/화합에 치명적인 병폐가 될 수 있는 '학벌주의 산실'로서의 부정적인 기능을 일소할 수 있도록 기득권과 정실주의의 넝쿨을 깨끗이 걷어내고 공생공영의 가치와 신념으로 공정하고 건설적인 대학의 조직문화 창조에 앞장서길 바란다.

마지막으로 정부는 앞으로 더 이상 국민의 교육열에 지나치게 의존하는 글로벌 인재육성 정책을 강행하지 말고, 대학의 공공성을 인정하고 대학투입 재원을 확충하여 대학과 학생 그리고 학부모의 '돈 걱정'을 들어주길 바란다. 또한 대학 인증, 평가 및 관리를 공명정대하게 실행하여 실추된 공권력에 대한 신뢰를 회복하고, 정의사회 구현을 위해 공정한 교육기회와 경쟁이 보장될 수 있도록 법과 제도를 정비하며, 그리고 우선적 실천사항으로서 전관예우의 근절 및 각 부처에서의 정실주의와 학벌주의의 근간을 잘라내는 일을 과감하게 실행하여 한국 고등교육의 건전한 조직문화 혁신을 위한 본을 보여주길 바란다. "윗물이 맑아야 아랫물이 맑다"는 말로 이 책의 첫째 장을 닫는다.

:: 참고문헌

〈국내문헌〉

교육과학기술부(2010), "2010년 대학등록금 현황", 서울: 교육과학기술부.

_____(2011), "2010년도 대학 교원 급여 현황", 서울: 교육과학기술부.

교육부/한국교육개발원(1999), 「교육통계연보」, 서울: 한국교육개발원.

국가인권위원회(2003), "학벌주의에 대한 국민의식 조사", 서울: 국가인권위원회.

기획재정부(2012), "2011년 국가경쟁력보고서", 과천: 기획재정부.

김주환(2005), "학벌주의 지표 개발 및 추이 분석 연구", 교육인적자원부 정책연구과제 2005-공모-13.

박창수(2011), "통계로 보는 학벌 문제 현황", 제15차 토론회, 학벌 실상과 대책을 점검한다: 대학교육체제 개편 토론 제1발제, 서울: 사교육 걱정 없는 세상.

사회통합위원회(2011), "한국적 공정사회론의 빛과 그림자", 서울: 사회통합위원회.

서울대학교 학생생활연구소(2000), "2000학년도 신입생 특성 조사 보고서", 서울: 서울대학교.

시사저널(2011.4.27), "매출액 기준 100대 기업 임원", 서울: 시사저널사.

이정규(2001), "유교의 정(情)의 개념이 한국 고등교육 조직문화에 끼친 부정적 영향", 교육행정학연구, 19(1), pp.195～213.

_____(2003), 『한국사회의 학력/학벌주의: 근원과 발달』, 서울: 집문당.

_____(2010a), 『한국의 고등교육: 종교와 문화의 관점에서』, 파주: 한국학술정보㈜.

_____(2010b), 『대학, 행복을 위한 황금열쇠인가?』, 파주: 한국학술정보㈜.

이정규 & 홍영란(2002), "한국사회에서의 학력의 가치 변화 연구", 서울: 한국교육개발원.

통계청(2010), "국가통계포털 2010년", 대전: 통계청.

_____(2011), "한국의 사회 지표", 대전: 통계청.

한겨레신문사(2000), "현대판 카스트, 학력차별 무덤까지 간다, 당신의 학벌!", 한겨레 21, 제332호(2000.11.09), pp.14~24.

한국교육개발원(2009; 2010), 「교육통계연보」, 서울: 한국교육개발원.

한국교육학술정보원(2011), "2010 대학도서관 통계 분석 자료집", 서울: 한국교육학술정보원.

한국노동연구원(2009), "청년층 고학력화에 따른 학력 과잉 실태 분석", 서울: 한국노동연구원.

한국대학교육협의회(2011a), "고등교육통계 2011", 서울: 한국대학교육협의회.

_____(2011b), "2010 대학교육 현황 분석 자료집", 서울: 한국대학교육협의회.

〈국내외 언론매체〉

동아일보(2011), 8월 5일 자, "대학생 대출 관련 기사", http://www.donga.com.

문화일보(2009), 1월 9일 자 기사, "서울 강서구 환경미화원 5명 신규채용 총 63명 신청", http://www.munhwa.com.

조선일보(2008), 4월 26일 자 기사, "충북교육청 기능직 공무원 모집", http://www.chosun.com.

한국대학신문(2005), 3월 28일 자 기사, "대학 총장 40%, 서울대, 연세대, 고려대 출신", http://www.unn.net.

한국대학신문(2010), 11월 4일 자, "한국의 대학교수 연봉 관련 기사", http://www.unn.net.

The New York Times(2011), American Association of University Professors(AAUP, 2010), "미국 대학교수 연봉 관련 기사", http://www.nytimes.com.

〈인터넷 사이트〉

http://www.afaf.org.uk, Academics for Academic Freedom(학문의 자유).
http://ecos.bok.or.kr(한국은행), 경제통계시스템.
http://goodbyehakbul.org(학벌 없는 사회 만들기), "법조계의 학벌주의."
http://www.harmonykorea.go.kr/project2011/project0.asp(대통령소속사회통합위
　　원회), 핵심 프로젝트.
http://www.kosis.kr(통계청 국가통계포털), 국가통계.
http://www.ksdc.re.kr(한국사회과학데이터센터, 2006), "학벌에 따른 여론
　　조사."
http://laborstat.molab.go.kr/newweb/intro/info_imkum.jsp?(노동부), 임금구조 기
　　본통계.
http://www.lawb.com/lawinfo/contents_view.asp?cid, 대한민국 헌법.
http://www.mest.go.kr(교육과학기술부 통계사이트, 2011), 주요 교육지표
　　국제비교.
http://moel.go.kr(고용노동부), 임금/학력 관련 통계.
http://www.mosf.go.kr/_upload/bbs/62/attach/20120106153811922.pdf(기획재정
　　부, 2012), 2011년 국가경쟁력 보고서.
http://www.ontology.co/veritas.htm, 진리 이론의 역사(History of the Theories of
　　Truth: Veritas in Latin Middle Ages from Augustine to Paul Venice).
http://stat.kcue.or.kr/(대학교육협의회), 2010 대학교육 현황 분석 자료집.
http://www.unn.net(한국대학신문), 출신학교별 대학 총장 현황 기사(2005),
　　2011년 8월 16일 접속.
http://www.unn.net(한국대학신문), "나 지잡대생이야, 그게 어때서?"(2011.8.19).
http://www.wikipedia.org 미국 유명 대학 라틴어 모토 검색.

〈외국문헌〉

Aertsen, J. A.(1984), *Medieval Reflections on Truth, Adaequatio rei et intellectus,*
　　Amsterdam: VU Boekhandel.

Barton, C. A.(2001), *Roman Honor, The fire in the bones,* Berkeley, CA: The University
　　of California Press.

Daft, R.(1992), *Organization Theory and Design,* St. Paul, MN: West Publishing
　　Company.

Davidson, H.(1992), *Alfarabi, Avicenna, Averroes on Intellect,* Oxford: Oxford University Press.

Deal, T. E. & Kennedy, A. A.(1982), *Corporate Cultures: The Rites and Rituals of Corporate Life,* Reading, MA: Addison-Wesley.

International Institute for Management Development(IMD)(2010), *The World Competitiveness Yearbook 2010,* Lausanne, Switzerland: IMD.

Lee, J. K.(2001), Korean Experience and Achievement in Higher Education, *The SNU Journal of Educational Research*, 11, pp.1~23.

_____.(2006), Educational Fever and South Korean Higher Education, *Revista Electronica de Investigacion Educativa,* 8(1), May 2006, http://redie.ens.uabc.mx/vol8no1/contenido-lee.

Liddell, H. G. & Scott, R.(1995), *An Intermediate Greek-English Lexicon,* Oxford: Oxford University Press.

Menn, S.(1998), *Descartes and Augustine,* Cambridge: University of Cambridge Press.

Nidditch, P.(1979), *An Essay Concerning Human Understanding(Clarendon Edition of the Works of John Locke),* Oxford: Oxford University Press.

Organisation for Economic Co-operation and Development(OECD)(2010), *Education at a Glance 2010,* Paris: OECD.

Schein, E. H.(1992), *Organizational Culture and Leadership*(2nd. ed.), San Francisco, CA: Jossey-Bass Publishers.

Schwartz, H. & Davis, S. M.(Summer 1981), Matching Corporate Culture and Business Strategy, *Organizational Dynamics,* pp.30~48.

Sternberg, R. J.(ed.)(2000), *Handbook of Intelligence,* Cambridge: Cambridge University Press.

United Nations Development Programme(UNDP)(2010), *Human Development Index(HDI),* New York: UNDP.

World Economic Forum(WEF)(2011), *Global Competitiveness Report,* Geneva, Switzerland: WEF.

Chapter 2

사회정의와 사회정의 교육

:: 제1절 서론

　현재 한국은 정치, 경제, 사회의 급속한 발전과 고도성장의 여파로 인해 심한 몸살을 앓고 있다. 각종 국제기관(IMD, OECD, UNDP, WEF)으로부터 한국이 완전한 민주주의를 이룬 지식경제사회 시대의 선진그룹 국가 및 정보통신기술 시대의 주도국가로 인정받고 있지만, 아직도 한국사회는 개발도상국에서 나타나는 여러 가지 사회현상이 존재하거나 발생하는 경향이 있다.

　몇 가지 예를 들면: 정부와 타인을 신뢰하지 않고 공권력을 경시하는 경향이 있다; 법과 질서를 지키거나 따르면 손해 본다는 생각을 가지고 있다; 정도(正道)와 원칙이 지켜지지 않고 편법과 반칙이 성행하고 있다; 수단보다 목적, 과정보다 결과를 중시하고 정당화하는 경향이 있다; 정당한 결과에도 승복하지 않으려 하고 상호 간 당연한 차이를 인정하지 않는 경향이 있다; 경쟁과 기회가 공평하게 이루어지지 않고 있다; 사회집단 간 이익/가치관 갈등이 심각한 수준이고 다수의 국민이 상대적 박탈감을 호소하고 있다; 부의 획득과 분배 및 법집행이 정당하고 공정하게 이루어지지 않고 있다; 지도자들의 특권의식과 부정부패가 심하다; 한국사회의 도덕성과 신뢰성이 전반적으로 아주 낮다; 건전한 시민정신과 정치에 대한 참여의식이 저조하다; 권익과 자유를 주장하고 추구하면서도 책임과 의무를 경시하거나 다하지 않는다.

이런 사회현상과 경향은 여러 여론 조사(리서치21: 한국인의 갈등의식 조사, 2010; 한국사회과학데이터센터: World Value Survey(세계 가치관 조사), 2010; 한국갤럽조사연구소: 한국인의 철학 여론 조사, 2011)에서도 밝혀지고 있을 뿐만 아니라, 대통령 소속 '사회통합위원회(2011)'의 '핵심 프로젝트' 웹사이트와 문화체육관광부 '공감 코리아(2011)' 웹사이트인 '공생발전으로 하나 되는 공정사회'에서도 공개적으로 게시되어 있다.

이와 같은 개발도상국형 사회현상과 함께 몇몇 선진자본주의 국가의 사회현상인 기회 불평등과 빈부 양극화, 물질만능주의 및 배금주의(拜金主義) 팽배, 학력/학벌 세습화, 사회 양극화로 인한 계층 간 갈등심화 등으로 인해 정치 불신과 사회 불협화 현상이 고조 내지 확산되고 있다.

다행히 현재 한국 정부는 이런 사회적 괴리 내지 양극화 심화현상을 인지하고 '공정한 사회' 실현을 국정목표로 정하여 이를 위한 추진방향과 중점과제를 선정함으로써 사회통합을 도모하고 있다. 대통령 소속 '사회통합위원회'가 지적한 대로 오늘날 한국사회는 정의와 미래지향적 공정성을 시대정신으로 요청하고 있다. 이런 맥락에서 본고에서는 사회정의와 사회정의 교육을 연구주제로 선정하고 이에 대해 기술적 연구방법으로 탐구하고자 한다.

먼저 정의란 무엇인가에 대해 그 개념을 기술하고, 정의의 다양성과 여러 가지 이론을 논의한다. 다음으로 사회정의의 개념과 이론을 종교적 및 철학적 관점에서 검토한다. 세 번째로 교육적 관점에서 사회정의를 인권과 인권교육 및 사회정의 교육의 필요성에 중점을 두고 논의한다. 마지막으로 사회정의와 대학교육에 대해 논술하며 결론을 맺고자 한다.

:: 제2절 정의란 무엇인가?

　　정의(正義)에 대한 개념과 정의(定義)는 여러 가지 요인에 의해 다양하게 해석되고 있다. 광의적으로 시대적, 공간적, 지리적, 문화적, 인종적 요인 등에 의해서, 협의적으로 종교적, 철학적, 정치적, 사회적, 법철학적인 학문적 요인, 시대적 조류와 사상적 요인 등에 의해서 다르게 정의(定義)되고 있다.

　　정의(正義)는 사전적 의미로 "사람으로서 지켜야 할 바른 도리"(동아 새국어사전, 1995, p.1947)이다. 이런 사전적 의미의 맥락에서 볼 때, 한자에서 몇 가지 글자들(예를 들면 정(正), 명(明), 공(公), 평(平), 균(均), 의(義))에서 찾아볼 수 있지만, 유/불교의 종교사상에서도 정의(正義)의 개념을 찾아볼 수 있다. 공자(孔子)는 논어(論語)·안연편(顔淵篇) 제17장에서 "다스림(政)"에 대한 제자들의 물음에 "바르게 하는 것(正)"이라고 대답하고, 계씨편(季氏篇) 제10장에서 군자로서의 아홉 가지 행위적 덕목의 하나로 "이득을 헤아릴 때에 올바른 것인가를 생각하라(見得思義)"고 제시하고 있다(이정규, 2010; Legge, 1971). 또한 맹자(孟子)는 인간 본연의 도덕적 감정으로 도덕적 자아수양을 위한 도(道)의 원리인 사단(四端)의 하나로 의(義)를 포함하고 있다. 즉, "바르고(正)", "올바른 것(義)"이라는 개념을 중요 덕목으로 강조하고 있다(이정규, 2010; Legge, 1970).

불교에서는 경전에 정의를 직접적으로 언급하여 정의의 개념을 설명하거나 논의하고 있지 않으나, 열반에 이르기 위한 '고귀한 네 가지 진리(四聖諦)'의 하나로 "개인의 수행이나 덕행 개발에 필수적 요소로 올바른(正)" 또는 "완전한(samma, samyak)"이란 말에 기초한 "고귀한 여덟 가지 길" 혹은 "여덟 가지 올바른 도리(八正道: 정견(正見), 정사(正思), 정어(正語), 정업(正業), 정명(正命), 정정진(正精進), 정념(正念), 정정(正定))"를 제시하고 있다(재인용, 이정규, 2010). 이러한 정의에 관한 불교의 윤리는 불교의 빠알리 경전 가운데 하나인 담마빠다(Dhammapada) 183절 계송에 모든 악을 행하지 말고, 모든 선을 행하며, 자신의 마음을 청정하게 하라. 이것이 "붓다의 가르침이다(재인용, Harvey, 2000)"라고 기록하고 있다. 이처럼 몇몇 불교경전에서도 윤리철학이나 종교로서 올바른 도덕원리를 제시하고 있으므로 사전적 의미에서 볼 때 광의적으로 정의의 개념을 포괄하고 있다고 볼 수 있다.

고대 서양에서 '정의'를 뜻하는 헬라(Hella)어 "디카이오수네(dikaiosune)" 혹은 "디카이오테스(dikaiotes)"는 "공평한, 올바른, 균형된, 정당한"의 뜻을 함유하고 있는 "디카이오스(dikaios)" 혹은 "디케(dike)"에서 파생되고 있다(Liddell & Scott, 1995, pp.202~203). 그리고 히브리어 경전이나 구약성경에서 정의의 개념을 내포하고 있는 대표적인 히브리어 "쩨다카/체다카(tzedakah)"는 종교 윤리적 관점에서 공평함, 옳음을 나타내는 "차디크(tzadik)"의 의미, 자선을 베푸는 것, 사람을 안락하고 평안하게 하는 것을 포괄하는 자선적이며 박애적인 의미를 포함하고 있다(Neusner, 1982; http://www.jewfaq.org/tzedakah.htm). 특히 구약성경에 기록된 이 "체다카"는 신학적 내지 종교적 관점에서 공의(公義)를 뜻하면서 의로운 사람 및 하느님을 섬기는 사람으로서 구속사의 개념인 사람을 속박에서 구원하고 공동체의 평화와 번영을 도모하는 신정정치적

(theocratic) 및 공동체주의적(communitarianismic) 의미를 담고 있다. 가톨릭 교리서(2003)에는 정의(正義)를 다음과 같이 정의하고 있다.

> 정의는 윤리적인 덕으로서 마땅히 하느님께 드릴 것을 드리고 이웃에게 주어야 할 것을 주려는 지속적이고 확고한 의지이다. 하느님을 향한 정의를 '경신덕(敬神德, *virtus religionis*)'이라고 부른다. 사람을 대상으로 할 때는 각자의 권리를 존중하도록 하고, 사람들에 대한 공평과 공동선을 촉진시키는 조화를 인간관계 안에 확립하도록 하는 것이 정의이다(p.676).

위에서 살펴본 바와 같이 유/불교 사상에 근거한 "올바름"에 대한 동양적 개념이 본고에서 논의하는 유대－기독교 및 헬레니즘(Hellenism) 사상에 근원을 둔 서양적 "정의"의 개념과 표현 및 논리적 내지 종교적인 면에서 차이를 보이고 있지만, 윤리적인 면에서 "올바른 도리"라는 도덕적 가치로서 공통점을 발견할 수 있다.

그러나 세계사적 관점에서 정의는 서양에서 논리적 체계를 이루어 시대상황에 따라 여러 가지 이론으로 발전하였다. 문화사적 맥락에서 볼 때, 정의의 개념은 유동적이며 애매모호하여 시대적 문화적 상황과 요구에 따라 그 이론과 해석을 달리하고 있지만 윤리적 및 도덕적 원리의 관점에서 "올바른 것" 혹은 "올바른 도리"라는 개념은 역사, 문화, 종교적 배경에 크게 영향을 받지 않고 일반성과 공통성을 지니고 있다.

:: 제3절 정의의 다양성 및 제 이론

데이비드 존스턴(David Johnston)은 그의 신간(2011) 『A Brief History of Justice』(정의의 간추린 역사)에서 고대 서양에서 정의관은 바빌로니아 법전(함무라비 법전: The Code of Hammurabi)과 고대 히브리 경전에 기록된 것처럼 상호성의 원칙에 입각한 보복과 정치사회 질서유지를 위한 정당한 구현의 도구로써 강조되었다고 지적하고 있다.

함무라비 법전이 전자에 치우친 경향을 띠고 있는 데 반하여 구약성경을 포함하는 고대 히브리 경전은 응보성(應報性)뿐만 아니라 하느님을 섬기는 의로운 사람으로서 약자를 위한 배려와 자선행위에 대한 윤리적 책무성 및 공동체의 번영과 화평을 위해 매사를 공평하게 처리하며 항상 정의를 실천할 것을 강조하고 있다.

이러한 정의의 개념은 고대 그리스 시대엔 호머(Homer), 소포클레스(Sophocles), 헤로도투스(Herodotus), 크세노폰(Xenophon), 시모니데스(Simonides), 플라톤(Plato) 등과 같은 문사들과 철학자에 의해서 올바름, 공평함, 정당함 등의 의미로 그리고 법적 판단의 개념이 추가된 "디케(Dike)"로 인격화된다(An Intermediate Greek-English Lexicon, 1995, pp.202~203). 그리스신화에서 디케(Dike) 혹은 테미스(Themis)는 정의, 법률, 재판을 주관하는 여신으로 등장한다(Burkert, 1979; Day, 2007). 전자는 인간적인 영역을 주관한 반면, 후자는 신의 명령을 실현하였다. 또 다른 정의의 여신인 아스트레아(*Astraea*)는 농업의 수호신을 겸임함으로써 오른손엔 새털로 된 펜을 들고 왼손엔 보리 이삭을 가지고 있는 모습으로 형상화되고 있다(Burkert, 1979; Mair, 1921).

'정의의 여신'의 인격화 내지 형상화는 로마 시대에 이르러 정의의 여신인 "유스티치아(*Iustitia*)"로 인격화된다. "유스티치아"는 입상으로 오른손에 칼을 잡고 정의실현을 위한 힘을 과시하고, 왼손에 저울을 들고 엄정하고 형평성 있는 정의의 기준을 제시하고, 눈을 안대로 가림으로써 평등하고 공평한 정의의 집행을 상징하며 형상화되고 있다(Hamilton, 2005).

오늘날에도 정의의 여신의 형상화는 시대와 국가 및 지역에 따라 다소 변형되어 입상 혹은 좌상으로, 양손에 각기 다른 사물, 저울, 칼, 책(법전) 등을 들고 많은 국가 및 지방의 법원에 조각상으로 안치되고 있다. 한국 서울에 소재한 대법원에도 의자에 앉아 우아한 옷을 걸치고 오른손에 저울을 들고, 왼손에 법전을 쥐고, 안대를 두르지 않고 눈을 뜬 채 아래로 내려다보고 있는 모습을 한 정의의 여신이 조각상으로 안치되어 있다. 이 정의의 여신상을 보고 보통 사람들은 무엇을 어떻게 상상할 수 있을까? 독자 여러분의 판단에 맡기고자 한다.

이와 같이 정의의 개념과 형상화는 역사, 종교, 문화 등의 시대적 공간적 배경과 상황에 따라 달리 해석되거나 다른 양상으로 표출되고 있다. 본 장에서는 종교적 내지 정치/문화사적 관점이 아닌 정의의 다양성과 정치/철학적 제 이론을 중심으로 정의를 이해하기 위해 고대 서양에서 정의의 이론을 체계화한 대표적인 헬라(Hella) 시대의 철학가 플라톤(Plato, B.C. 427?~347?)과 아리스토텔레스(Aristotle, B.C. 384~322), 그리고 현대 서양에서 정의의 이론을 새롭게 정립한 미국의 정치철학자 존 롤스(John Rawls, 1921~2002) 및 마이클 샌델(Michael Sandel, 1953

~)에 렌즈의 초점을 맞추어 간략히 검토하고자 한다.

플라톤(Plato)은 그의 저서 『*Politeia*』(Republic: 정체(政體)-국가론)에서 소크라테스(Socrates, B.C. 470?~399)의 논리를 인용하면서 정의는 적대적인 사람이나 도시 국가 간에 적절한 '조화로운 관계(harmonious relationship)'를 이루는 것이고, 정의란 국가 안에서 각 구성원이 자신의 몫을 소유하고 행하는 것(433b-434a)으로 단정하면서 "각자에게 각자의 몫을 주라"(331)고 주장하고 있다(Waterfield, trans, 1994).

플라톤의 제자인 아리스토텔레스는 『*Nicomachean Ethics: NE.; Ross, trans., 1988*』(니코마코스 윤리학) "제5장 정의와 공정함" 편에서 정의란 사람들에게 그들이 당연히 받아야 할 것을 주는 것이라면서 "법을 지키는 것이 정의"(1129b1)라고 주장한다. 정의를 두 가지로 대별하여 '일반적 의미(General Sense)'에 있어서 실천 지향적인 덕목의 하나로 간주하고 법률이 인정하는 모든 것은 올바른 것(vi. 1129b12-14)으로 판단한 반면, '개별적' 내지 '특별한 의미(Particular Sense)'에 있어서 '올바른 것'은 '동등한 것'(v.2.1130b30-1131a1)으로 판단하고 있다. '개별적 의미'의 범주에서 정의는 '배분적 정의(Distributive Justice)'와 '교정적 정의(Corrective Justice)'로 구분되고 있다. 전자는 개인의 능력이나 책무에 따라 기하학적 비율로 동등하게 배분되어 각자에게 각자의 몫을 주는 것이고, 후자는 '평균적 정의'라고도 일컬으며 산술적 비율로 개인 상호 간에 손실과 배상을 가감하여 형평을 이루게 한다. 이 '교정적 정의(Corrective Justice)'는 '자발적 화해(Voluntary Transactions)'와 '비자발적 화해(Involuntary Transactions)'로 구분되고 있다(NE. v.2.1131a2-9).

고대 그리스의 철학자 플라톤과 아리스토텔레스의 정의에 대한 논리는 지금까지 정의의 이론의 양 축을 이루는 '배분적 정의 이론(Theories of Distributive Justice)'과 '응보적 정의 이론(Theories of Retributive Justice)'

의 초석이 되고 있다.

고대 서양에서 정의의 논리는 헬라 시대의 전통을 이어받아 초기 로마 시대의 정치가이자 철학자인 키케로(Marcus Tullius Cicero, B.C. 106~43)도 플라톤과 아리스토텔레스의 "각자에게 각자의 몫을 주라"는 정의의 개념을 전승하여 그의 저서 『De Legibus』(On the Laws, I, 15)에서 '정의(正義)를 각자에게 각자의 몫을 주는 것(Justitia suum cuique distribuit)' 으로 정의하였다(Rudd & Powell, trans., 2008). 이런 전통은 토머스 아퀴나스(St. Thomas Aquinas, 1225~1274)로 이어져 로마제국 시대 그리스도교의 국교화와 더불어 정의는 신(神)의 법으로서 절대적인 '하느님의 명(命)(Divine Command)'으로 이해되었다. 또한 가톨릭교회에서 정의는 윤리적 덕(德) 혹은 경신덕(敬神德, virtus religionis)으로서, "마땅히 하느님께 드릴 것을 드리고 이웃에게 주어야 할 것을 주려는 지속적이고 확고한 의지이다"(가톨릭교회 교리서, 2003, p.676). 그리고 이 덕을 인간에게 적용할 때엔 "각자의 권리를 존중하도록 하고, 사람들에 대한 공평과 공동선을 촉진시키는 조화를 인간관계 안에 확립하도록 하는 것"(ibid.) 이라고 정의하고 있다.

그 후 서구의 르네상스 시대에 이르러 자연주의(Naturalism)와 인본주의(Humanism)의 영향을 받은 홉스(Thomas Hobbes, 1588~1679), 로크(John Locke, 1632~1704), 루소(Jean Jacques Rousseau, 1712~1778) 같은 사상가들은 정의를 '자연법(Natural Law)', '인간이 만든 것(Human Creation)', '상호합의에 의해 이루어진 것(Mutual Agreement)' 혹은 '사회계약(Social Contract)'으로 설명하였다(Johnston, 2011). 그리고 독일의 철학자 칸트(Immanuel Kant, 1724~1804)는 도덕에 입각한 '절대적 규범론'을 주장하였다. 18세기 영국에서 일어난 산업혁명(Industrial Revolution) 을 계기로 산업화와 자본주의 태동의 흐름을 타고 벤담(Jeremy Bentham,

1748~1832)과 밀(John Stuart Mill, 1806~1873) 같은 공리주의(Utilitarianism) 사상가들은 정의를 근원적인(fundamental) 것이 아닌 결과주의(consequentialism)에 귀속된 '종속적 가치(subordinate value)'로 주장하였다(Johnston, 2011; http://wikipedia.org/wiki/Justice).

19세기 및 20세기에 이르러 자본주의와 사회주의의 발전, 자유민주주의와 공산주의 정치체제의 양립화는 고전적인 두 가지 정의의 이론인 '배분적 정의(Distributive Justice)'와 '응보적 정의(Retributive Justice)'를 갖가지 형태로 변화시키며 다양한 이론을 태동시켰다. 여러 가지 논리상의 차이에도 불구하고 자유와 평등의 원칙 그리고 공동체주의가 주류를 이루고 있다. 현대 대표적인 이론가와 이론은 롤스(John Rawls, 1921~2002)의 자유주의적 평등주의, 노직(Robert Nozick, 1938~2002)의 자유지상주의, 왈쩌(Michael Walzer, 1935~)의 복합평등론, 맥킨타이어(Alasdair MacIntyre, 1929~), 태일러(Charles Taylor, 1931~), 바질라이(Gad Barzilai, 1958~), 샌델(Michael Sandel, 1953~)의 공동체주의(Communitarianism)를 들 수 있다(Barry, 1989; Johnston, 2011; Lebacqz, 1987).

특히 동시대의 정의 이론 정립에 공헌한 미국의 자유주의 도덕/정치 철학자 롤스(J. Rawls)는 사회적 효율성을 중시하는 공리주의를 비판하면서 계몽주의 사상에 근거하여 원초적 입장에서 인간은 합리적이며 자유롭고 평등하다고 가정한다(Rawls, 1971). 그는 모든 사람이 조화롭게 살 수 있도록 자유와 평등을 강조하고, 사회의 최소 수혜자에게 사회경제적 불평등을 조정하여 인간적인 삶을 보장해주어야 한다고 주장한다(Barry, 1989; Rawls, 2001).

롤스는 그의 저서 『Justice as Fairness』(공정으로서의 정의, 2001)에서 "자유와 평등의 두 가지 주요 원리(Two Main Principles of Liberty and Equality)"를 제시하고 있다. 자유의 원리는 모든 사람을 위한 동등하고 기본적인 자유 향유를 위해서, 평등의 원리는 모든 사람에게 선택적 자유를 보증하기 위한 "기회균등(공평)(Fair Equality of Opportunity)의 원리" 그리고 분배적 정의를 보장하기 위한 "차이(차등)(Difference)의 원리"로 다시 나누어지고 있다. "자유와 평등의 두 가지 주요 원리"에 입각하여 "공정으로서의 정의(Justice as Fairness)"를 최적의 환경에서 잘 체계화된 사회, 즉 정의로운 사회실현을 위한 이상적인 이론으로 제시하고 있다(Rawls, 2001).

그러나 태일러(Charles Taylor)와 맥킨타이어(A. MacIntyre) 및 샌델(M. Sandel) 같은 공동체주의자들은 롤스(Rawls)의 주장은 이론적 원칙에 불과하다고 비판하면서 사회정의 실현은 공리를 극대화하거나 개인적인 선택의 자유와 평등을 확보하고 충족하는 것만으로 이루어질 수 없다고 주장한다(Bell, 1993). 그들은 정의란 일반 사람들이 도덕성을 획득해가는 이유이자 과정으로 미덕을 키우고 공동선(The Common Good)을 고민하는 것으로 설명하고 있다.

동시대에 있어서 논의되고 있는 정의의 논리는 롤스(Rawls)의 이론이 담론의 주축이 되고 있으나, 이러한 논리는 공산주의보다도 자본주의와 자유민주주의 체제를 도입한 서구국가에 적용도가 높다고 볼 수 있다. 왜냐하면 롤스(Rawls)가 주축으로 하는 담론의 근간은 고대 헬레니즘과 유대-기독교 사상, 중세 인문주의와 자유주의, 근세 서구 공리주의, 자본주의와 자유민주주의 체제의 전통을 이어받은 것이기 때문이다. 그러나 그 외 정치와 경제 체제를 달리하고 종교와 문화적 배경이 다른 국가에서는 이러한 제 이론을 참조하고 모든 요소들을 고려하여 각 국가에 가장 적절하고 일반적인 정의의 개념이 논의되고 정립되어야할 것이다.

:: 제4절 사회정의의 이론

　사회정의의 개념은 정의의 개념처럼 시대적, 문화적, 종교적, 정치적, 사회적인 여러 가지 요인과 상황에 따라 그 의미가 다르게 정의되고 있다. 사회정의란 일반적으로 인간의 권리를 이해하고 존중하며 모든 인간의 존엄성을 자각하는 평등과 사회연대의 원리에 기초한 사회나 제도에서 창안된 이념을 나타낸다(Capeheart & Milovanovic, 2007; Miller, 2001; Zajda, et al., 2006). 보다 구체적으로 사회정의란 인권과 평등의 개념을 기초로 하여 누진과세, 소득 혹은 재산 재분배를 통하여 최대한의 경제적 평등주의를 포함하고 있다.

　다양한 사회정의 이론에 관한 논의의 구심점을 정하기 위해 본고에서 논술의 범위는 유대 – 기독교의 종교적 전통과 롤스(Rawls)와 샌델(Sandel)의 정치철학에 한정한다. 전자는 사회정의 개념 발전과 실천적 운동의 진원지로서, 후자는 고대 서양의 사회정의 이론의 전통을 계승하여 현대 서양의 사회정의 이론을 재정립한 대표적인 이론가이기 때문이다. 특히, 기독교의 종교적 전통은 로마 가톨릭교회(가톨릭 혹은 가톨릭교회)에서 발달한 신조와 교리를 중심으로 논의한다.

　다음에 검토하는 "사회정의: 유대/기독교 관점"에서 '가톨릭교회의 사회정의'에 대한 기술은 아래의 참고문헌(정보)을 참고/종합하여 간략하게 정리하고자 한다.

참고문헌(정보)은 다음과 같다: '사회 교리화'된 '교황의 사회적 가르침[사회교리](Social Teachings of the Popes)'을 중심으로 가톨릭교회 교리서(2003)의 제3편 그리스도인의 삶; 가톨릭교회의 사회교리에 관한 동시대 발행 몇몇 영문저서; The Oxford Dictionary of the Christian Church (옥스퍼드 기독교 사전); 바티칸 웹사이트(http://www.vatican.va/)에서 교황의 사회적 가르침에 대한 회칙; 가톨릭 백과사전(The Catholic Encyclopedia); 소셜 네트워크 백과사전인 위키피디아(wikipedia.org)에서 '교황의 사회교리[사회적 가르침](Social Teachings of the Popes)', '가톨릭의 사회교리(Catholic Social Teaching)' 및 '정치적 가톨릭교 교의(敎義)(Political Catholicism)'를 참조한다.

1. 사회정의: 유대-기독교 관점

유대-기독교의 종교적 전통의 관점에서 사회정의는 유대의 율법이나 경전, 기독교의 구약성경, 그리고 신약성경에 기록된 예수 그리스도의 가르침에서도 제시되고 있다. 유대사상에서 사회정의는 공동체의 윤리적 책무를 뜻하는 독특한 개념으로 자선과 박애적 행위를 수행하는 종교적 의무로서의 '쩨다카(tzedakah)', 친절한 행위로서의 '체세드(chesed)', 베푸는 즐거움과 기쁨을 뜻하는 '심차(simcha)', 세상을 돌보고 잘못된 곳을 고쳐주는 '틱쿤 올람(tikkun olam)' 등의 용어로 나타나고 있다(Feuer, 2000; http://en.wikipedia.org/wiki/ Social_Justice).

유대사상의 공동체에 있어서 정의에 대한 윤리적 책무의 개념은 기독교의 구약성경에서도 많이 나타나고 있다. 특히 가톨릭교에서 구약성경으로 포함하고 있는 "지혜서"에선 제1장 제1절부터 "세상의 통치자들아, 정의를 사랑하여라" 하고 시작하여 제1장 제15절엔 "정의는 죽지 않는다"로 이어지면서 몇몇 장을 악인과 의인의 삶, 생각 및 운명에 대해서 기록하고 있다(한국천주교주교회의, 성경, 2005). 그리고 "집회서"에선 '가난한 이들에 대한 자선', '가난한 이와 억눌린 이', '선행의 규칙'에 대해 언급하고 있다(전게서, 2005).

또한 신약성경에서는 "마태오복음" 25장 40절에 예수 그리스도는 "너희가 내 형제들인 이 가장 작은 이들 가운데 한 사람에게 해준 것이 바로 나에게 해준 것이다"라고 사회정의의 실행을 권고하고, "마태오복음" 22장 39절(마르코복음 12장 31절; 루카복음 10장 27절)에서 "네 이웃을 너 자신처럼 사랑해야 한다"고 가르치면서 사회정의 실천의 길을 제시하고 있다. 이런 성경의 교시는 사회정의에 대한 가톨릭교회의 종교적 신조와 교리의 근간이 되었다. 가톨릭교회에서 사회정의는 "단체나 개인들이 그들의 본성과 소망에 따라 당연히 받아야 할 것을 받을 수 있게 하는 조건들을 실현할 때, 그 사회는 사회정의를 보장한다"(가톨릭교회 교리서, 2003, p.708)라고 가르치면서 "사회정의는 공동선과 공권력 행사와 관계된다"(ibid.)라고 주장하고 있다. 가톨릭교회의 사회교리의 근본원리로서 인간의 존엄성(Human Dignity), 생명존중, 사람들 사이의 평등과 차이, 공동선(The Common Good), 재화의 보편적 목적(The Universal Destination of Goods), 인간의 연대성(Solidarity), 보조성(Subsidiarity) 등이 있다.

사회정의 이론의 관점에서 사회정의에 관련된 성경교시와 가톨릭교회 사회교리는 정의사회 실현 혹은 구현에 대한 가톨릭교회의 '사회적 가르침[사회교리](Social Teaching)' 및 '정치적 가톨릭교 교의(Political Catholicism)'를 위한 이론발달과 운동 확산뿐만 아니라, 여러 나라의 사회/노동 관련법 제정/제도 정비에 영향을 주었으며 시민/사회의식 고취에 크게 이바지하였다(천주교 주교회의 정의평화위원회, 2011).

"사회정의"에 대한 용어와 근대적 개념은 토머스 아퀴나스(St. Thomas Aquinas)의 가르침에 기초하여 가톨릭교 예수회 소속의 이탈리아 학자인 타파렐리(Luigi Taparelli d'Azeglio, 1793~1862)에 의해 고안되었고, 이탈리아의 사제(司祭) 철학자인 안토니오 로스미니-세르바티(Antonio Rosmini-Serbati, 1797~1855)에 의해 확산되었다(Zajda et al., 2006; Smith & Osborn, 2007). 타파렐리는 자본주의나 공산주의 경제 이론가들이 토머스 아퀴나스의 형이상학에서 제시된 사회통합 이론을 폄하 내지 훼손하고 있다는 전제하에, 사회란 각 개인의 획일적 집단이 아니라 여러 하부 사회/조직에 속하는 다양한 계층의 각기 다른 구성원의 집합체로서 사회 각 계층은 경쟁과 갈등이 아닌 서로 협력해야 할 권리와 의무를 가지고 있다고 주장하고 있다(Zajda et al., 2006).

사회정의의 관점에서 '가톨릭교의 사회적 가르침[사회교리](Catholic Social Teaching)'은 사회정의뿐만 아니라 인간애에 관련된 빈부문제, 사회적/경제적/정치적 조직, 국가의 역할에 관한 일까지 포괄하면서 가톨릭교회에 의해 개발된 신조나 이론의 실체를 말한다(Berman, 2011; Curran, 2002; Mich, 2011; O'Brien & Channon, 2010). 한국 천주교 주교회의(http://www.cbck.or.kr) 정의평화위원회의 '2011년 한국의 현실과 사회교리'에 의하면, "사회교리는 어떤 정치 경제적 체제나 이념을 제시하려는 것이 아니라, 복음을 바탕으로 도덕적 가치를 세우고, 인간의 존엄성을 고취하여 참된 인간발전과 인권을 옹호하고, 사랑과 정의와 평화를 바탕으로 공동선을 실현해감으로써 이 땅에 하느님의 나라를 건설하는 데 있다"라고 제시하고 있다.

이 사회적 가르침[사회교리]은 성경에 나타난 박애주의 및 인본주의 사상을 기초로 토머스 아퀴나스(St. Thomas Aquinas) 및 아우구스틴(St.

Augustine of Hippo) 등과 같은 가톨릭 신학/철학자들의 이론에 근간을 두고 일련의 근현대 가톨릭 '교황의 사회적 가르침[사회교리](Social Teachings of the Popes)'으로 발전하였다(Curran, 2002; O'Brien & Channon, 2010).

근대 사회 이후 '사회적 가르침'의 효시는 예수회 소속의 이탈리아 가톨릭 철학자 타파렐리(Luigi Taparelli d'Azeglio)에게서 가르침을 받았던 교황 레오 13세(Pope Leo XIII)가 1891년 5월 15일에 발표한 회칙(encyclical letter)인 *"Rerum Novarum*: 새로운 사태[것의]"에 명시된 자본가와 노동자 계급의 권리와 의무이다(Curran, 2002). 일명 "노동헌장"이라고 불리는 이 회칙은 정부와 시민의 상호관계와 의무뿐만 아니라 자본가와 노동자 간의 권리와 의무를 언급하면서 산업화 혹은 자본주의화로 인해 야기된 사회적 충돌과 사회주의의 부상(浮上)에 가톨릭교회가 분연히 나서야 함을 밝히고 있다. 교황은 국가의 역할로 권리보호를 통한 사회정의 증진을 주창하고, 반면에 교회는 올바른 사회원칙을 가르치기 위해서 사회의 문제를 토로하고 사회계층 간 화합을 보장해야 함을 주창하고 있다.

1931년 교황 비오 11세(Pope Pius XI)에 의해서 발간된 회칙, *"Quadragesimo Anno*(40주년)"에서 방종한 자본주의와 전체주의적 공산주의로부터 야기된 인간의 자유와 존엄성에 대한 심각한 위험을 언급하면서 사회 최저 임금보장, 연대성(Solidarity) 및 보조성(Subsidiarity)에 기초한 사회적/경제적 질서의 재건을 요청하고, 사회정의 구현을 위한 사회 및 경제 질서확립을 위해 개인과 기관의 윤리적 덕성을 옹호하고 있다.

그 후 교황 비오 12세(Pope Pius XII)는 의학, 신학, 성욕(性慾)과 양심, 신학과 과학, 사회정의, 교육, 진화론, 직업에 대한 내용을 담은 "교황 비오 12세의 사회교리(Social Teachings of Pope Pius XII)"를 공표하였다. 그리고 교황 요한 23세(Pope John XXIII)가 1961년에 *"Mater et*

Magistra(어머니요 스승)", 1963년 *"Pacem in Terris*(지상의 평화)"를 발표하였다. 전자는 '기독교와 사회진행'이라는 부제가 표명하듯이 인간의 존엄성을 증진하고 국가 간 경제적 불균형을 바로잡기 위해 국가와 공동체를 위한 가톨릭교회의 역할과 기조를 나타내고 있다. 그리고 후자는 이 회칙의 원제목에서 표명된 것처럼 진리, 정의, 자선, 자유 안에서 세계평화를 이룩하기 위하여 가톨릭교회뿐만 아니라 모든 선량한 인류가 공조해야 함을 촉구하고 있다.

1965년 "제2차 바티칸 공의회(Second Vatican Council)"에서 선포된 *"Gaudium et Spes*(기쁨과 희망)"와 *"Dignitatis Humanae*(인간의 존엄성)"는 인간애와 사회의 관계, 인간의 존엄성, 그리고 종교적 자유를 보호하기 위한 가톨릭교회의 지원을 천명하고 있다. 1967년 교황 바오로 6세(Pope Paul VI)가 발표한 *"Populorum Progressio*(민족들의 발전)"에서 부국(富國)과 빈국(貧國) 간의 불균형을 바로잡기 위한 부국의 도덕적 책무 및 상호발전과 평화유지를 위한 상호유대를 강조하고 있다. 1968년 회칙으로 발행된 *"Humanae Vitae*(인간 생명)"는 결혼생활, 부모의 의무, 출생에 관련된 여러 문제에 대한 가톨릭교회의 전통적인 가르침을 재확인하고 있다. 그리고 1971년에 교황 바오로 6세는 *"Rerum Novarum"*의 80주년을 기념하면서 서한으로 발표된 *"Octogesima Adveniens*(여든 번째의 접근)"는 도시화와 도시의 빈곤문제 및 환경보호를 주요 주제의 하나로 언급하면서 불의에 대한 기독교인으로서의 책무를 강조하고 있다.

교황 요한 바오로 2세(Pope John Paul II)는 1981년 *"Laborem Exercens*(노동하는 인간)"*, 1987년엔 *"Sollicitudo Rei Socialis*(사회적 관심)"를 회칙으로 발표한다. 전자는 하느님의 모든 창조물에 대한 공동 사용의 개인적 소유권과 권리에 대한 가르침을 제시하고, 후자는 *"Populorum Progressio*(민족[인간] 발전)"의 20주년을 기념하여 사회적 관심, 특히 가난한 사람에 대한 관심에 대해 언급하고 있다. 1991년 교황 요한 바오로 2세(Pope John Paul II)가 "*Rerum Novarum*(새로운 사태)" 100주년을 맞아 회칙으로 "*Centesimus Annus*(100주년)"를 발표한다. "*Rerum Novarum*(새로운 사태)"의 주제를 다시 상기하면서 당시의 정치/경제적 상황에 대한 환기를 부여하고, 국가는 정의실현의 중재자로서 모든 시민의 인권을 보호하고 가난한 사람들을 각별히 배려할 것을 요청한다. 1993년에 공동선과 연관하여 도덕적 규범과 정치적 타락 간의 화해를 도모하기 위해 교황의 회칙인 "*Veritas Splendor*(진리의 광채)"가 발표된다. 그리고 1995년 교황 요한 바오로 2세는 "*Evangelium Vitae*(생명의 복음)"이라는 회칙을 발표하고 생명의 가치와 신성함에 대한 성경의 가르침을 제시하며 살인, 자살, 낙태, 안락사, 사형 문제에 대해 금기시하는 가톨릭교회의 입장을 나타내고 있다.

현재 로마 가톨릭교회 교황인 베니딕토 16세(Pope Benedict XVI)에 의해서 2006년 1월 25일에 회칙으로 공표된 "*Deus Caritas Est*(*ho theos agape estin*: 하느님은 사랑이시다)"는 신약성경 "요한 1서" 4장 8절과 4장 16절 말미에 기록된 헬라어를 라틴어로 번역한 것이다. 전반부는 교황 베니딕토 16세가 쓴 것으로 "사랑"의 개념을 헬라어의 어원에서 철학적으로 석명(釋明)하고, 나머지 후반부는 전임 교황인 요한 바오로 2세의 유업을 이어받아 완성하였다. 전반부에서 사랑의 개념을 "*eros*(에로스)", "*agape*(아가페)", "*philia*(필리아)"로 제시하고 이를 예수 그리스도의 가르침에 관련하여 석명(釋明)하고 있다. 에로스(*eros*)와 아가페(*agape*) 둘 다 선천적으로 선(善)하지만 에로스는 개인의 욕망이 표출된 소유적 내지 성적인 사랑이고, 반면에 아가페는 무조건적인 헌신적 및 자아 희생적 사랑이다. 그리고 필리아(*philia*)는 "말씀(*logos*)"으로 흔히 번역되고 있지만 이는 생각, 언어, 이성, 원리, 표준, 논리 등의 의미를 나타낼 수 있다고 설명한다. 후반부는 교황 공의회, "*Cor Unum*(한마음)"에서 작성된 리포터에 근거하여, 주요 내용으로 사랑의 실천을 위한 교회의 자선활동과 교회의 세 가지 책무를 언급하고 있다. 세 가지 책무는 하느님 말씀 선포(*kerigma-martyria*), 성사(聖事) 준행(*leitourgia*), 자선의 성무(聖務) 실행(*diakonia*)이다.

그리고 2009년에 교황 베니딕토 16세는 "*Caritas in Veritate*(진리 안에서 사랑)"를 회칙으로 발표하고, 세계 각국 각계각층의 지도자를 겨냥하여 라틴어, 영어 외 11개 언어로 출판하였다. 이 회칙은 서론, 여섯 개의 장, 결론으로 작성되어 공동선(The Common Good)에 대해 금세기 초 지구 상에서 일어나고 있는 사회경제적인 제반 문제를 언급하고 이에 대한 효과적인 대응을 위한 필수적 요소로서 사랑과 진리를 제시하고 있다. 교황이 지적한 대로 이 회칙은 문제 해결을 위한 구체적인 전략이나 기술을 제공하기보다 이에 필요한 도덕적 원리를 제시하고 있다.

지금까지 검토한 '교황의 사회적 가르침[사회교리](Social Teachings of the Popes)'에서 사회정의와 관련된 가톨릭교회의 사회교리에 대한 주요원리를 요약하면 인간의 존엄성, 생명존중, 공동선, 사회의 연대성 및 보조성, 차이의 인식과 평등주의, 사랑과 자선, 권리와 의무 준행, 배분주의(Distributism), 보상주의(Complementarianism), 세계평화, 창조주와 창조물에 대한 경외와 돌봄, 교회의 역할과 책무 등으로 정리할 수 있다.

2. 정치철학적 관점: John Rawls v. Michael Sandel

앞에서 살펴본 사회정의의 종교적 가르침과 달리 세속적 관점, 특히 정치철학적 관점에서 동시대 사회정의는 주로 미국의 자유주의 정치

철학자 존 롤스(John Rawls)의 영향을 받아 좌/우파 정치경제 이론가들에 의해 담론이 형성되었다. 롤스의 정치철학 이론은 벤담(Bentham)과 밀(Mill)의 공리주의 시각, 로크(Locke)의 사회계약 이론, 칸트(Kant)의 절대 규범론을 기초로 하여 발달하였다.

앞 장의 '정의의 제 이론'에서 간략하게 언급한 것처럼, 존 롤스(John Rawls)는 그의 저서 『정의의 이론』(A Theory of Justice, 1971)에서 홉스(Thomas Hobbes, 1588~1679), 로크(John Locke, 1632~1704), 루소(Jean Jacques Rousseau, 1712~1778)와 같은 자연주의 및 계몽주의 사상에 근거하여 "원초적 입장(Original Position)"은 인간이 자연적으로 합리적이며 자유롭고 평등하다고 주장한다.

이런 가설하에 롤스(John Rawls)는 첫 번째 원리인 "자유의 원리"와 두 번째 원리인 "평등의 원리"를 제시한다. 그의 저서 『A Theory of Justice』(정의의 이론)과 『Political Liberalism』(정치적 자유주의)에서 언급한 것처럼, 자유의 원리는 평등권과 자유권이 구비된 최적의 체제에서 동등한 권리/자격을 가지는 원칙이다. 평등의 원리는 사회경제적 불평등이 다음과 같은 두 가지 조건에서 조정될 때 성립된다는 원칙이다. 첫째, 사회적 배경이나 인종, 성별 등에 상관없이 모든 사람에게 직무와 직위가 열려 있는 '공정한 기회균등(Fair Equality of Opportunity)'의 상태하에서 사회경제적 불평등을 제한해야 한다. 둘째, 그 사회에서 사회경제적 약자인 최소 수혜자에게 최대의 혜택이 주어질 수 있도록 '차등/다름의 원칙(The Difference Principle)'을 적용하여 사회경제적 불평등을 조정해야 한다.

롤스는 사회적 효율성을 우선시하는 공리주의 이론을 배격하고 사회경제적 약자를 배려하는 정의의 원리를 주장하고 있다. 이러한 원리에 입각한 "공정으로서의 정의(Justice as Fairness)"를 자유와 평등의 권리가 잘 체계화된 사회에서 정의를 구현하기 위한 이상적인 이론으로 제시하고 있다.

다른 한편으로 존 롤스(John Rawls)의 정의의 이론에 대한 대표적인 비판자로 하버드대학교의 동료인 노직(Robert Nozick, 1938~2002)의 자유지상주의, 왈쩌(Michael Walzer, 1935~)의 복합평등론, 그리고 공동체주의 계열인 맥킨타이어(Alasdair MacIntyre, 1929~), 테일러(Charles Taylor, 1931~), 샌델(Michael Sandel, 1953~) 등을 들 수 있다(Bell, 1993). 이들 중 롤스의 자유주의 이론을 비판하며 공동체주의를 주장하는 동시대의 대표적인 미국의 정치/도덕 철학자 중 한 사람인 샌델에 렌즈를 맞추고 논의하고자 한다.

샌델(M. Sandel)은 그의 저서 『Liberalism and the Limits of Justice』(자유주의와 정의의 한계, 1998)에서, 정의사회는 단순히 공리를 극대화하는 공리주의 사상이나 개인의 선택적 자유를 강조하는 자유주의 이론만으로 이루어질 수 없다고 하면서 사회적 연대와 시민적 덕목을 강조하는 공동체주의를 주장하고 있다.

또한 그는 그의 저서 『Justice: What's the Right Things to Do?』(정의: 옳은 일을 행하는 것은 무엇인가?, 2010)에서 고대의 정의론이 미덕에 근원을 두고 있는 반면, 근현대의 정의론은 자유에 그 근원을 두고 있다고 말하면서, 정의를 이해하는 세 가지 방식으로 공리나 행복의 극대화, 선택의 자유존중, 미덕을 추구하고 공동선을 고민해야 함을 제시하고 있다. 정의사회를 추구하는 최선의 방법은 시민들의 도덕적 확신을 피하는 것보다 개입하는 것이라고 주장한다.

본 연구에서 검토한 사회정의에 관한 가톨릭교의 사회적 가르침 [사회교리]과 롤스(Rawls)와 샌델(Sandel)의 정치철학은 공동체, 공동선, 평등과 정의, 자선과 헌신 등의 사회적 연대와 화합, 시민의 도덕성과 미덕을 강조하고 있는 것에서 공통요소를 발견할 수 있다. 수학적 논리로 표현한다면 롤스의 정치/도덕 철학을 중심으로 형성되고 있는 현대의 사회정의에 대한 담론은 헬라(Hella)의 고전적 철학이 융합된 가톨릭의 사회적 가르침의 부분집합에 불과하다고 볼 수 있다. 그러나 가톨릭교회의 사회교리가 복음을 바탕으로 도덕적 가치를 정립하고, 사랑과 정의와 평화를 바탕으로 공동선을 실현함으로써 이 땅에 하느님 나라를 건설하는 데 있다(천주교 정의평화위원회, 2011)고 주장하는바, 그리스도교의 복음을 신봉하지 않는 사람들에게 이 사회교리가 어떻게 받아들여지며, 어떻게 실행될 수 있는가를 판단하는 것은 결코 단순한 일이 아니다.

:: 제5절 사회정의 교육

　　근대 및 현대에 이르러 사회정의를 실현하기 위해 사회정의에 대한 종교적 가르침과 철학적 이론을 바탕으로 정치, 사회, 종교, 신학, 과학, 교육 등의 영역에서 세계적으로 여러 가지 운동이 전개되고 있다. 본고에서는 사회정의의 관점에서 인권교육과 사회정의 교육의 필요성을 중심으로 논의하고자 한다. 그리고 인권교육은 사회정의 교육의 맥락에서 이해하고 국제연합의 활동에 렌즈를 비추고자 한다.

1. 사회정의와 인권교육

　　사회정의 운동의 일환으로 인권교육이 강조되고 있다. 인권교육이란 일반적으로 대중기관이나 교육기관에서 인간의 권리에 대한 역사, 이론, 법 등을 가르치는 것을 말한다. "Amnesty International and Human Rights Education Associates(국제특사와 인권교육 연합)"은 '인권교육을 국제적으로 인지된 인권원리에 부합하는 지식, 기술, 태도를 육성함으로써 능력 있는 개인과 집단 및 공동체를 활성화하는 것에 목표를 둔 의도적/참여적 실습으로 정의하고 있다'(http://www.amnesty.org.in/pages/hre.aspx).

역사적으로 인간의 권리는 종교적 교리나 철학사상을 통하여 윤리나 도덕적 맥락에서 이해되고 법제화되어 왔다. 광의적으로 사회정의의 관점에서 고대 바빌론의 법전이나 유대경전, 기독교의 성경과 이슬람의 경전, 유/불교의 고전이나 경전 등에서 인권을 직간접적으로 언급하고 있다고 볼 수 있지만, 협의적으로 인권보장 혹은 보호의 관점에서 서양에서 대표적인 인권의 법제화는 697년 아일랜드에서 고안/반포된 "*Lex Innocentium*(순결법)" 혹은 "*Cain Adomnain*(아돔나인 법)"을 시작으로, 1215년 잉글랜드의 "*Magna Carta*(마그나카르타: 대헌장)", 1689년 "English Bill of Rights and Scottish Claim of Right(잉글랜드의 권리장전과 스코틀랜드의 권리요청)", 1776년 "Virginia Declaration of Rights(버지니아주 권리선언)", 1789년 프랑스의 "Declaration of the Rights of Man and of the Citizen(사람과 시민의 권리선언)", 1791년 "United States Bill of Rights(미국의 권리장전)" 등을 들 수 있다(Hunt & Hunt, 2008; Ishay, 2008; http://en.Wikipedia.org/wiki/Universal_Declaration_of_Human_Rights).

　　그 후 20세기에 이르러 1945년 국제연합(The United Nations: UN)이 결성되고 "The United Nations Charter(국제연합 헌장)" 전문(全文)에 인간의 기본적 인권, 존엄성과 가치, 그리고 남녀 및 대소 민족의 동등한 권리를 천명하였다. 그리고 1948년 12월 10일 UN 총회에서 "Universal Declaration of Human Rights(세계인권선언)"가 만장일치로 채택되었다(Donnelly, 2002). '세계인권선언' 전문 첫 번째 절에 "인류 가족 모든 사람의 존엄성과 양도할 수 없는 권리를 인정하는 것이 세상의 자유, 정의, 평화의 기초"라고 주장하고 있다. 그리고 26절 2항에 이 선언에서 요구되고 있는 사회질서를 이룩하기 위한 교육자의 역할을 다음과 같이 기술하고 있다.

교육은 사람의 개성을 온전히 개발하고 인권과 근본적인 자유를 존중하는 힘을 강화할 수 있도록 이행되어야 한다. 교육은 모든 국가, 인종, 종교집단 간에 이해와 인내 및 우애를 증진하고, 평화유지를 위해 국제연합 활동에 더욱 증진해야 한다(세계인권선언 26절 2항).

1993년 6월 25일 오스트리아 비엔나(빈)에서 개최된 세계인권회의에서 UN 인권위원회에서 고안한 "Vienna Declaration and Programme of Action(VDPA: 비엔나선언 및 행동지침)"을 채택함으로써 인권의 중요성을 재확인하였다. "비엔나선언(VDPA)" 79절과 80절에 언급하기를,

세계인권회의는 모든 국가와 기관에 모든 정규 및 비정규 교육기관의 교과과정에 주제로 인권, 인본법, 민주주의, 법의 규칙을 포함하도록 요구하고 있다······ 국제적 및 지역적 인권기구를 설치함으로써 교육은 인권에 부합하도록 세계적인 공약을 강화하고 보편적 이해와 각성을 하기 위해 평화, 민주주의, 개발 및 사회정의를 포함해야 한다(Part II, para 79 & para 80).

국제연합(UN)에서 주도하고 있는 세계인권 교육의 주요 실행기관으로 UNESCO도 인권교육 증진을 위한 책무를 가지고 있다. UNESCO는 국가별/지역별 수준에 맞는 연구계획이나 프로그램을 개발하며, 상호협력을 통하여 인권교육에 대한 주요원리와 방법의 공동이해를 증진하고, 국가 혹은 지역 언어로 번역 출판을 도모하며 학습도구를 개발하고, 네트워킹 활동을 촉진하고 있다(http://portal.unesco.org./education/en/ev.php-).

2. 사회정의 교육의 필요성

현대에 이르러 사회정의 운동의 일환으로 UN 주도하에 인권교육이 강조되고, 이런 권고에 힘입어 여러 국가에서 사회정의 실현 혹은 인권신장의 차원에서 관련 기관과 조직이 태동되었다. 21세기에 접어들어서 세계적으로 사회정의 교육은 인권, 평화, 다문화 및 환경교육을 포괄하며 그 중요성이 강조되고 있다(Andrzejewski, et al., 2009; Bell, et al., 2010; Bergman, 2011; Dolby, 2012; Goodman, 2011; Mich, 2011; O'Brien & Shannon, 2010; Sacks, 2007; Sensoy & DiAngelo, 2011; Smith & Osborn, 2007; Zajda et al., 2006). 이런 세계적 추세에 편승하여 한국에서도 국가인권위원회가 설립되고 그 산하에 인권교육센터가 문을 열게 되었다. 그리고 국가청렴위원회 및 대통령 소속의 사회통합위원회가 구성되었다.

사회정의가 인간의 권리를 이해하고 존중하며 인간의 존엄성을 인식하는 자유와 평등, 정의 및 사회연대의 원리에 기초한 사회나 제도에서 창안된 이념으로 정의할 때, 현재 한국사회가 처해 있는 모습과 상황은 어떠한지 면밀하게 살펴볼 필요가 있다. 이제 한국도 자유와 평등을 내세운 민주주의 정치체제와 자유시장경제주의를 도입한지도 회갑이 지났다. 그간 한국은 국내외 여러 가지 불편하고 불리한 상황과 여건하에서도 정치, 경제, 사회, 문화, 교육 및 제 방면에 걸쳐 괄목할만한 놀라운 발전을 이룩하였다. 한국은 다른 국가의 도움을 받던 나라에서 도움을 주는 나라로서 위상이 달라졌으며 세계의 정치경제를 이끄는 OECD 및 G-20 그룹 국가의 일원이 되었다.

이런 놀라운 국가발전으로 현재 한국은 사회경제적으로 서구 선진국에 준하는 혜택의 빛을 받게 되었고, 국가 경제발전과 더불어 여러 나라에서 사람들이 유입되어 한국사회에 융합 혹은 참여하고 있지만, 자본주의 경제체제가 안고 있는 병폐인 빈부격차로 인한 사회의 양극화, 기회와 경쟁의 불평등과 불공정이 심화되고 있으며 현대 정치사회 체제의 미성숙과 부면적인 전통사상 및 일본 제국주의의 잔재 혹은 잔영으로 인한 불공정하고 불합리한 제도, 관행, 문화가 고착화되고, 다른 문화 및 인종에 대한 이해부족, 계층 간/지역 간 이념과 가치의 갈등과 반목이 심화됨으로써 사회화합이 이루어지지 않고 있다.

이런 현실과 상황을 고려하여 2010년 8월 15일 광복절 경축사에서 현 정부는 "공정한 사회"를 화두로 내세웠다. 오늘날 한국사회는 대통령소속 사회통합위원회(2011)가 지적하듯이 "정의와 미래지향적 공정성을 하나의 시대정신으로 요청하고 있으며…… 공정한 사회는 한국사회를 도약하게 할 무형의 가치이자, 사회운영의 원리이며 공동체 삶의 질서"라는 말에 공감한다.

특히, 사회정의 구현 내지 공정한 사회실현을 위해 균등한 교육기회의 보장은 '세계인권선언' 전문에 명시한 대로 인권교육 혹은 사회정의 교육차원에서 인간의 개발, 자유, 사회정의, 평화를 위한 시금석이 될 수 있다. 이런 맥락에서 볼 때, 현재 한국에서 사회정의 교육은 시대상황에 부합되는 필요성과 당위성을 함께 지니고 있다고 볼 수 있다.

:: 제6절 사회정의와 대학교육

    대학교육이 과연 사회정의 실현에 기여할 수 있는지, 기여할 수 있다면 얼마나 기여할 수 있는지 논의할 필요성이 있다. 대통령 소속 "사회통합위원회"의 논리에 의하면, 균등한 교육기회 보장 혹은 교육기회의 균등한 제공은 공정한 사회를 이루고, 이는 곧 사회통합을 가져올 수 있다고 주장한다. 그러나 과연 균등한 교육경쟁의 보장과 능력에 따른 공정한 소득분배 없이 균등한 교육기회 제공만으로 공정한 사회와 사회통합을 이룰 수 있을까?

    이런 주장은 개인적 관점에서 이론적으로 교육이 사회지위 상승 혹은 계층이동의 유용한 수단으로서 교육기회의 균등한 제공은 교육 불평등을 해소하면서 소득향상과 함께 사회지위 상승의 보상효과를 가져와 어느 정도 계층 평등화와 사회화합을 도모할 수 있다. 그러나 교육기회의 균등한 제공과 달리 균등한 교육경쟁은 간단히 해결할 수 있는 문제가 아니다. 전자가 롤스(Rawls)의 "기회균등(공평)(Fair Equality of Opportunity)의 원리"를 적용할 수 있다면, 후자는 "차이(차등)(Difference)의 원리"를 빌리더라도 각 개인의 선천적 및 후천적으로 다른 생태적/환경적 요인은 이러한 "자유와 평등의 두 가지 주요원리(Two Main Principles of Liberty and Equality)"만으로 해결할 수 없다.

    롤스도 최적의 환경에서 잘 체계화된 사회를 이루고 있을 때 "자유와 평등의 두 가지 주요원리"에 입각하여 "공정으로서의 정의(Justice as Fairness)", 즉 정의사회를 실현할 수 있는 이상적인 이론을 제시하고 있다.

이런 맥락에서 볼 때, 현재 한국의 사회체제에서 사회통합위원회의 논리는 공정한 사회를 실현하는 데 필요한 조건이지만 결코 필요 충분한 조건은 아니라고 말할 수 있다.

그리고 교육은 국가발전을 위한 인프라의 한 부분으로 경제를 발전시키고, 국가경쟁력을 제고하고, 국민총생산을 높이고, 국민 전체의 인간개발지수를 높이는 데 기여할 수 있지만, 또한 개인적으로 행복지수, 도덕수준, 시민정신, 정치의식과 참여도, 건강한 생활 등 삶의 질을 높이는 데 기여할 수 있는 요소이지만, 절대적인 영향을 주는 절대 요인이라고 볼 수는 없다.

2010년도 교육과학기술부의 교육통계자료에 의하면 한국의 대학 진학률은 일반계 고등학교 졸업자의 81.5%, 전문계 고등학교 졸업자의 71.7%, 전체 평균 79%에 이르고 있다. 즉, 고등학교 졸업자 100명 중에서 79명이 대학을 진학하고 있고, 이 가운데 41.8%에 이르는 33명이 여학생으로 밝혀지고 있다. 그리고 2010년도 OECD 교육지표(Education at a Glance)에 의하면, 25~34세 청년층의 고등교육(고등학교 졸업 이후 대학교육) 이수율은 58%로 OECD 국가들의 평균인 35%를 훨씬 상회하여 OECD 국가들 중 1위를 나타내고 있다.

교육의 기회균등이라는 관점에서 지표상으로 나타난 한국의 고등교육 진학률과 이수율은 세계 최상위그룹 국가에 속하여 명목상으로 높은 고등교육 기회를 제공하고 있다고 볼 수 있다. 물론 사회/경제적 계층에 따라 혹은 소득분위별 등위에 따라 차등적인 통계수치를 나타내고, 소득 하위계층이나 사회경제적 최저 수혜자의 자녀들은 더욱 낮은 기회나 전혀 기회를 갖지 못하는 경우도 있지만, 국가통계의 측면에선 절반 이상의 한국청년들에게 고등교육 기회가 주어지고 있다고 평가할 수 있다.

사회정의 교육의 관점에서 한국사회가 자유와 평등 및 기본권이 잘 보장되고 체계화된 사회로서 사회/경제적 최저 수혜자까지 균등한 고등교육 기회와 경쟁보장 혹은 고등교육 기회와 경쟁의 균등한 제공이 이루어지고 국제연합이 권고하는 인권교육이 실행되어 사회 전반에 그 효과가 파급될 수 있다면, 공정한 사회구현과 사회통합은 더욱 가까워질 것이다.

대학교육과 사회정의에 대한 보다 구체적인 논의는 이 책의 제6장에서 다시 다루어질 것이다.

:: 제7절 요약 및 결론

이 연구에서 저자는 사회정의와 사회정의 교육을 주제로 다음과 같은 절차로 기술적 연구방법으로 논술하였다.

첫째, 정의의 개념 및 정의의 다양성과 여러 가지 이론을 논의하고, 둘째, 사회정의의 개념과 이론을 종교적 및 철학적 관점에서 검토하고, 셋째, 교육적 관점에서 사회정의를 인권과 인권교육을 중심으로 소개하고, 사회정의 교육의 필요성을 기술하였으며, 넷째, 사회정의와 대학교육에 대해 논술하였다.

현재 한국사회에서 사회정의는 현 정부가 주창한 공정사회 실현이라는 명제하에 대통령 소속의 사회통합위원회를 중심으로 이에 대한 정책과 프로젝트를 입안하여 실행하고 있으며, 사회정의 교육은 국가인권위원회를 중심으로 인권교육 차원에서 실행되고 있다.

그러나 솔선수범하지 않는 일부 공직자들과 정부를 신뢰하지 않는 일부 국민들로 인하여 정부의 구호와 노력은 허공에서 맴돌 뿐, 한국사회는 여전히 부정과 부패, 반칙과 독단, 편법과 무질서, 불신과 잔꾀, 차별과 독점, 특권과 독선이 난무하는 불공정 관행이 지속되고, 정당한 노력과 능력에 의한 소득과 부의 분배가 공정하게 이루어지지 않고, 이로 인해 많은 사람들이 상대적 빈곤과 박탈감을 호소/탄식하고, 사회와 교육의 양극화로 갈등과 반목이 심화되고, 권력과 금력, 학력과 학벌의 유무 혹은 차이로 인한 새로운 사회신분 체제가 가시적으로 혹은 암묵적으로 형성되고 있다.

사회정의 실현 혹은 사회정의 구현은 시대적 요청이며 한국사회의 보다 나은 앞날을 위해 추진해야 할 필연적 과제이다. 정부와 사회 그리고 국민 모두가 각자 제 몫을 위해 책임과 의무를 다하고 올바른 분배와 공생으로 화합을 도모할 때 사회정의는 실현될 수 있을 것이다. 이런 맥락에서 볼 때, 사회정의 교육은 현재 한국사회의 일그러진 어두운 자화상을 바르게 밝은 모습으로 칠할 수 있는 유용한 물감이자 도구가 아닐까?

:: 참고문헌

〈국내문헌〉

대한민국 헌법(1987년 10월 29일 헌법 제10호 전부 개정),
　　　　http://www.lawb.com/lawinfo/contents_view.asp?cid.
『동아 새국어사전』(1995), 서울: 동아출판사.
리서치21(2010), "한국인의 갈등의식 조사", 대구: 코뮤니타스.
문화체육관광부(2011), "공감 코리아: 공생 발전으로 하나 되는 공정사회",
　　　　서울: 문화체육관광부.
사회통합위원회(2011), "공정사회 1차 세미나: 한국적 공정사회론의 빛과
　　　　그림자", 서울: 사회통합위원회.
이정규(2010), 『한국의 고등교육: 종교와 문화의 관점에서』, 파주: 한국학
　　　　술정보㈜.
한국갤럽조사연구소(2011), "한국인의 철학 여론 조사", 서울: 한국갤럽조
　　　　사연구소.
한국사회과학데이터센터(2010), "World Value Survey(세계 가치관 조사)", 서울:
　　　　한국사회과학데이터센터.
한국천주교주교회의(2005), 『성경』, 서울: 한국천주교주교회의.
한국천주교중앙협의회(2003), 「가톨릭교회 교리서」, 서울: 한국천주교중
　　　　앙협의회.

〈외국문헌〉

Acta Apostolicae Sedis(AAS), AAS01(1909)-AAS103(2011), Roma Vaticano,
　　　　http://www.vatican.va/archive/aas/.

Amnesty International and Human Rights Education Associates: (http://www.amnesty.org.in/pages/hre.aspx).

Andrzejewski, J. et al.(2009), Social Justice, Peace, and Environment Education: Transformative Standards(Teaching/Learning Social Justice), New York: Routledge.

Barry, B.(1989), Theories of Justice, Berkeley: University of California Press.

Bell, D.(1993), Communitarianism and Its Critics, Oxford: Oxford University Press.

Bell, L. A., Adams, M., & Griffin, P.(ed.)(2010), Teaching for Diversity and Social Justice, New York; London: Routledge.

Bergman, R.(2011), Catholic Social Learning: Educating the Faith That Does Justice, Bronx, NY: Fordham University Press.

Burkert, W.(1979), Structure and History in Greek Mythology and Ritual. Berkeley and Los Angeles, CA: University of California Press, Ltd.

Capeheart, L. & Milovanovic, D.(2007), Social Justice: Theories, Issues, and Movements(Critical Issues in Crime and Society), Piscataway, NJ: Rutgers University Press.

Curran, C. E.(2002), Catholic Social Teaching: 1891-Present: A Historical, Theological, and Ethical Analysis(Moral Traditions series), Washington DC: Georgetown University Press.

Day, M.(2007), 100 Characters from Classical Mythology: Discover the Fascinating Stories of the Greek and Roman Deities, Hauppange, NY: Barron's Educational Series, Inc.

D'Andrea, T. D.(2006), Tradition, Rationality and Virtue: The Thought of Alasdair MacIntyre, Brlington, VT: Ashgate.

Dolby, N.(2012), Rethinking Multicultural Education for the Next Generation: The New Empathy and Social Justice, New York: Routledge.

Donnelly, J.(2002), Universal Human Rights in Theory and Practice, Ithaca & London: Cornell University Press.

Feuer, A. C.(2000), The Tzedakah Treasury(Jewish Law), Mesorah Publications Ltd.

Goodman, D.(2011), Promoting Diversity and Social Justice: Educating People from Privileged Groups, (2nd. ed.), (The Teaching and Learning Social

Justice), New York: Routledge.

Hamilton, M.(2005), God vs. the Gavel, Cambridge: Cambridge University Press.

Harvey, P.(2000), An Introduction to Buddhist Ethics, Cambridge: Cambridge University Press.

Healy, L. M.(2008), International Social Work: Professional Action in an Interdependent World, In p.320: "Vienna Declaration and Programme of Action(VDPA)", Oxford; New York: Oxford University Press.

Herbermann, C. G., et al.(2011), The Catholic Encyclopedia: Complete Vol. pp.1 ～15.

Hunt, L. A. & Hunt, L.(2008), Inventing Human Rights: A History, New York: W. W. Norton & Company, Inc.

Ishay, M.(2008), The History of Human Rights: From Ancient Times to the Globalization Era, with a new preface, Berkeley, Los Angeles, London: University of California Press.

Johnston, D.(2011), A Brief History of Justice, Chichester: John Wiley & Sons Ltd.

Lebacqz, K.(1987), Six Theories of Justice, Minneapolis, MN: Augusburg Publishing House.

Lee, J. K.(2001), Korean Experience and Achievement in Higher Education, *The SNU Journal of Educational Research*, 11, pp.1～23.

Legge, J.(trans.)(1970), The Works of Mencius, New York: Dover Publications.

_____.(trans.)(1971), Confucius: Confucian Analects, The Great Learning and the Doctrine of the Mean, New York: Dover Publications.

Liddell, H. G. & Scott, R.(1995), An Intermediate Greek-English Lexicon, Oxford: Oxford University Press.

Mair, A. W. & Mair, G. R.(trans.)(1921), Callimachus: Hymns and Epigrams, Lycophron and Aratus, Loeb Classical Library Vol. 129. London: William Heinemann.

Mich, M. L.(2011), The Challenge and Spirituality of Catholic Social Teaching, Maryknoll, New York: Orbis Book.

Miller, D.(2001), Principles of Social Justice, Harvard University Press.

Morsink, J.(1999), The Universal Declaration of Human Rights: Origins, Drafting & Intent, Philadelphia: University of Pennsylvania Press.

Neusner, J.(1982), Tzedakah: Can Jewish Philanthropy Buy Jewish Survival? Chappaqua, NY: Rossel Books.

O'Brien D. J. & Shannon, T. A.(2010), Catholic Social Thought: The Documentary Heritage. Maryknoll, New York: Orbis Book.

Plato, Republic.(trans.), Robin Waterfield(1994), Oxford: Oxford University Press.

Rawls, J.(1958), Justice as Fairness, Philosophical Review, 67(2), pp.164~194.

_____.(1971), A Theory of Justice, Cambridge, MA: Belknap Press.

_____.(2001), Justice as Fairness: A Restatement, Cambridge, MA: Belknap Press.

_____.(2005), Political Liberalism, New York, NY: Columbia University Press.

Ross, D.(trans.)(1988), Aristotle: Nicomachean Ethics, Oxford: Oxford University Press.

Rudd, N. & Powell, J. G. F.(trans.)(2008), Marcus Tullius Cicero: The Republic and the Laws, Oxford: Oxford University Press.

Sacks, J.(2007), To Heal a Fractured World: The Ethics of Responsibility, Continuum, London; New York: Schocken Books.

Sandel, M.(1998), Liberalism and the Limits of Justice, Cambridge, New York: Cambridge University Press.

_____.(2010), Justice: What's the Right Things to Do?, New York: Farrar, Straus & Giroux.

Sensoy, O. & DiAngelo, R.(2011), Is Everyone Really Equal? An Introduction to Key Concepts in Social Justice Education(Multicultural Education), Teachers College, Columbia University, New York: Teachers College Press.

Smith, D. & Osborn, T. A.(2007), Spirituality, Social Justice, and Language Learning(PB)(Contemporary Language Education), Charlotte, NC: Information Age Publishing.

The Oxford Dictionary of the Christian Church., 3rd. Edition(1997), (eds.) F. L. Cross & E. A. Livingstone, Oxford: Oxford University Press.

United Nations(2010a), Universal Declaration of Human Rights [Kindle Edition], New York: UN Publications.

_____(2010b), Charter of the United Nations and Statute of the International Court of Justice[Kindle Edition], UN Publications.

Zajda, J., Majhanovich, S., Rust, V. & Sabina, E. M.(2006), Education and Social Justice, Dordrecht, The Netherlands: Springer.

〈인터넷 웹사이트〉

http://www.amnesty.org.in/pages/hre.aspx, 국제특사와 인권교육 연합.

http://www.cbck.or.kr(정의평화위원회), "2011년 한국의 현실과 사회교리."

http://www.harmonykorea.go.kr/project2011/project0.asp(대통령소속 사회통합위원회), 핵심 프로젝트.

http://www.jewfaq.org/tzedakah.htm, 쩨다카.

http://www.lawb.com/lawinfo/contents_view.asp?cid, 대한민국 헌법(1987년 10월 29일 헌법 제10호 전부 개정).

http://www.newadvent.org/cathen/index.html The Catholic Encyclopedia(가톨릭 백과사전).

http://oce.catholic.com/index.php?title=Home The Original Catholic Encyclopedia (가톨릭원본 백과사전).

http://www.papalencyclicals.net/, 교황회칙.

http://www.shc.edu/theolibrary/docs.htm Catholic Social Teaching/Social Justice(가톨릭 사회교리/사회정의).

http://www.udhr.org/, 세계인권선언(영어 전문(全文)).

http://www.un.org/events/humanrights/udhr60/, 인간의 권리.

http://portal.unesco.org./education/en/ev.php-, 인권교육.

http://www.unhchr.ch/huridocda/huridoca.nsf/, Vienna Declaration & Programme of Action(비엔나선언).

http://www.universalrights.net/main/educat.htm, 세계인권, 환경보호/보존.

http://www.vatican.va/phome-en.htm, 바티칸 사이트.

http://www.vatican.va/holy_father/benedict_xvi/encyclicals/index_ en.htm Pope: Benedict XVI(교황 베니딕토 16세).

http://www.vatican.va/archive/aas/, Acta Apostolicae Sedis(AAS): 사도좌공보(使徒座公報) AAS01(1909)- AAS103 (2011).

http://en.wikipedia.org/wiki/Catholic_social_teaching, Catholic Social Teaching(가톨릭 사회교리).

http://en.wikipedia.org/wiki/Justice Justice(정의).

http://en.wikipedia.org/wiki/Political_catholicism Political Catholicism(정치적 교의).

http://en.wikipedia.org/wiki/Social_Justice Social Justice(사회정의).

http://en.wikipedia.org/wiki/Social_teachings_of_the_Popes, Social Teachings of the Popes[Papacy](교황의 사회교리).

http://en.wikipedia.org/wiki/Tzedakah, Tzedakah(쩨다카).

http://en.wikipedia.org/wiki/Universal_Declaration_of_Human_Rights, UN: Universal Declaration of Human Rights(유엔: 세계인권선언문).

Chapter 3

무엇을 그리고 누구를
위한 대학교육인가?

: : 제1절 프롤로그: 무엇을 위해 대학에서 공부하는가?

무엇을 위해 대학에서 공부하는가? 그 대답은 사람마다 다를 것이다. 일반적으로 돈을 많이 받거나 벌 수 있는 좋은 일자리나 직업을 택하고 편안하게 살기 위해서, 얻고 싶은 혹은 하고 싶은 지식이나 기술을 배우고 익히기 위해서, 출세하기 위해서, 소망을 이루기 위해서, 대학을 가지 않으면 인생에서 불이익이나 손해를 볼 것 같아서, 누구나 다 대학을 가니까, 부모 강요에 못 이겨 마지못해서 등 여러 가지 이유나 목적이 있을 것이다.

그러나 대학에서 공부하는 목적은 사람답게 살기 위해서가 아닐까? 그러면 사람답게 산다는 것은 무엇을 의미하는 것일까? 이 질문 역시 사람마다 다른 답변이 나올 것이다. 역사, 인종, 종교, 문화, 국가, 사회, 성별, 나이, 교육수준 등의 선/후천적 배경과 요인에 따라 각자 다른 다양한 대답이 있겠지만, 세속적 관점에서 잘 벌고 잘살기 위해서가 아닐까? 환언하자면 궁극적으로 행복하게 살기 위해서가 아닐까?

저자는 10년 전부터 이 주제에 관심을 갖고 한국대학신문에 칼럼으로 기고하고 이를 바탕으로 포지션 페이퍼를 작성하여 국내외 학술지에 발표하여 왔다. 대학교육의 목적을 삶의 목적과 불가분의 관계에 놓고 이를 목적론적, 존재론적, 실용적 관점에서 논술하였다. 먼저 목적론적 관점에서 삶과 대학교육에 대한 목적이 사람마다 각자 다른 색상을 띠고 있지만 공통적인 목표는 행복을 위해서, 그리고 존재론적 관점에서 대학교육을 통하여 자신을 고매한 덕성을 지닌 인격체로 체화하기 위해서, 끝으로 실용적 관점에서 인간으로서 존엄과 가치를 향유할 수 있는 실제적 혹은 실용적인 것을 얻고 누리기 위해서라고 주장하였다 (이정규, 2010a, pp.18~20; 이정규, 2010b, pp.364~366).

대학교육의 목적과 삶의 목적을 철학적 범주에 귀속하여 위의 세 가지 질문으로 설명하였지만, 삶의 목적은 교육의 목적과 달리 종교/철학적인 측면을 배제하고 충분한 설명을 하기 어려운 것이 사실이다. 본고에서는 교육학적 관점에서 대학의 목적과 본질을 탐구하기 위해 대학교육의 목적을 종교적 내지 철학적인 삶의 목적의 관점에서 논의하지 않고 교육사회학 및 고등교육학의 관점에서 논의하고자 한다.

이 연구에서는 아래와 같은 세 가지 연구문제를 제시한다.

첫째, 누구를 위한 대학/대학교육인가?

둘째, 상아탑의 전설은 존속될 것인가?

셋째, 한국의 대학, 명품인가 모조품인가?

이 연구문제는 문헌 위주의 기술적 연구방법으로 접근하고 다음과 같은 순서로 논술한다. 첫째 문제는 '공정한 기회와 경쟁' 그리고 '대학의 위선과 양심'이란 부제에 렌즈를 맞추고, 둘째 문제는 대학을 중심으로 근래에 빈발하고 있는 대학교육 관련 비리와 불공정 사례 등을 비판적인 시각에서 논의하고, 셋째 문제는 세계화와 학문의 종속화, 세계 대학평가와 한국의 대학에 초점을 두고 한국 대학의 실상을 평가한다. 그리고 에필로그로서 무엇을 그리고 누구를 위한 대학교육인가를 서술한다.

∷ 제2절 누구를 위한 대학/대학교육인가?

　　현재 한국의 대학은 교육경제학적 측면에서 볼 때, 수요자인 학생보다 공급자인 대학 및 국가 중심으로 운영되는 것 같아 보인다. 대학에서 학생은 대학 구성의 필수요건이자 구성원의 필수요소이다. 다음과 같은 간단한 문제를 한번 가정해보자. 만일 대학에 학생이 오지 않는다면?

　　학생이 없는 대학이 고등교육기관으로서 과연 존재할 수 있을까? 학생이 없는 대학에 교수와 직원이 급여를 받고 일할 수 있을까? 학생이 없는 대학에 대학행정을 담당하는 총장, 학장, 학과장이 과연 필요할까? 학생이 없는 대학에 건물과 각종 시설 그리고 대학산하 연구소와 교과과정 및 평가시스템이 필요할까?

　　학생이 없는 대학은 이미 대학으로서의 본질, 기능, 사명, 목표, 목적, 존재 이유를 상실한 것이다. 누구를 위한 대학이며 대학교육이어야 하는가? 학생들의 대학, 학생들을 위한 대학교육이어야 함은 말할 필요도 없다. 한국사회의 뿌리 깊은 숭문주의(崇文主義)를 토양으로 한 학력/학벌주의 사회화와 한국인의 과도한 교육열로 인해 현재 한국 고등교육의 최대 수혜자는 대학과 기업체 및 국가가 되고 있고 최소 수혜자 겸 피해자는 학생과 학부모가 되고 있다고 말한다면 저자만의 생각일까?

　　대부분의 학생들은 대학졸업장 혹은 신임장(학위증)을 획득하기 위해 대학등록금이란 명목으로 과도한 비용을 투입하고도 학력 과잉 혹은 학력의 파벌화 및 차등화로 인해 제대로 된 보상효과를 얻지 못하고 있다. 이 책의 제1장에서 기술한 대로 한국의 대학등록금은 세계에서 미국 다음으로 비싸지만 대졸자의 취업률은 국가 통계상으로 겨우 50%를 조금 상회하고 있다. 실제 제대로 된 취업을 기준으로 한다면 취업률은 이 통계수치보다 훨씬 낮을 것이다. 한국 대학의 사교육비 비중은 79.3%로 OECD 국가들의 평균인 30.9%의 약 2.6배로 최고 수준을 나타내고, 교육예산 보조금 비율은 16%로 OECD 평균 21%에도 못 미쳐 최저 수준을 나타내고 있으며, 그리고 교육 관련 공공지출 가운데 학생에게 직접 장학금으로 지급되는 비중은 4.4%로 OECD 평균 11.4%에 훨씬 못 미치고 있다(OECD, 2010).

위에서 제시된 통계자료를 기준으로 볼 때, 한국의 대학은 국민 개인의 소득에 비하여 학생과 학부모에게 과도한 등록금을 부과하고 있다. 당시 조사 기준일인 2007년 1월 4일 환율을 적용할 때, 1인당 국민총소득(GNI) 대비 등록금 비율로 한국이 국립 20.4%, 사립 39.8%로 일본의 국립 12.2%, 사립 18.9%보다 거의 2배 정도 높고, 더욱이 미국의 국공립 13.1%보다도 높다(한국대학교육협의회, 2011).

2010년 사립대 평균 등록금(754만 원)을 기준으로 할 때, 자식 1명을 사립대에 보내기 위해서는 소득 1분위 계층(하위 10%)의 경우엔 연간소득의 거의 전부를 투입해야 하고, 소득 5분위 계층(하위 50%)까지는 연간소득 최소 20% 이상을 투입해야 한다(통계청, 2010; 교육과학기술부, 2010a).

그럼에도 불구하고 한국 정부는 대학교육 투자에 소극적이고 학생의 재정지원에 인색하다. 2010년 OECD 교육통계자료에 의하면, 한국 정부의 대학교육 투자액은 국내총생산(GDP) 대비 0.6%로 OECD 평균 1.0%를 훨씬 밑돌고 있다. 그리고 2009년도 기준으로 국공립대 세입 가운데 등록금 비율은 37.8%, 사립은 66.5%에 이르고 있다(교육과학기술부, 2010b).

이렇듯 한국의 대학은 국민소득에 비해 과도한 등록금을 거두어들이고 있으나 혜택과 보상은 턱없이 적고, 정부는 국민의 교육열로 인해 고등교육에 대한 공공재원 투입비용을 상당히 절약하고 있지만 OECD 국가들에 비해 대학교육 투자에 무척 인색하다. 교육은 개인에게 기회와 희망을 부여하고 국가엔 발전과 경쟁력을 신장하는 동력이자 활력소이다. 이런 맥락에서 볼 때, 모든 사람에게 대학교육의 공정한 경쟁과 기회를 제공하고 보장하는 것은 사회화합과 공동선(共同善)을 이루기 위한 기초가 될 수 있다.

1. 공정한 기회와 경쟁

세계인권선언문(UN: Universal Declaration of Human Rights) 제26조에 의하면, "모든 사람은 교육받을 권리가 있다"고 명시되어 있다. 그리고 대한민국 헌법 제31조 1항에도 "모든 국민은 능력에 따라 균등하게 교육을 받을 권리를 가진다"고 천명하고 있다. 이미 한국사회에서 대학교육은 보편화되어 생존 차원에서 선택이 아닌 필수조건이 되고 있다. 이제 대학교육을 원하는 모든 한국인에게 대학에 접근할 수 있는 기회가 제공되고 나아가 공정하게 경쟁할 수 있는 사회 여건이 조성되거나 보장되어야 한다.

2010년 현재 고등학교 졸업자의 대학 진학률은 79%에 이르고 대입 재수생을 합산한 대학진학률은 84%에 이르러 명실공히 세계 최고의 대학진학률을 기록하고 있다(교과부, 2010b; OECD, 2010). 고등교육 접근

내지 대학교육 기회 차원에서 통계상으로 한국은 과히 세계 최고를 성취하여 사회경제적 지위와 차이에 상관없이 고등교육을 원하는 대부분의 사람들에게 기회를 부여하고 있다고 볼 수 있다. 그러나 대학교육의 경쟁이 공정하고 균등하게 이루어지고 있다고 말할 수 없다. 학력경쟁은 사람마다 타고난 선/후천적 배경과 환경, 성장기의 생활 여건과 열정, 현재의 처해 있는 상황이 다르기 때문에 공정성 혹은 균등성을 띨 수 없는 속성을 지니고 있다(이정규, 2010a, p.168).

특히, 현재 처해 있는 다양한 사회경제적 상황과 여건은 모든 사람에게 교육경쟁의 공정성을 보장하기가 쉽지 않다. 더욱이 학력중심 사회에서 형성된 대학의 서열화, 학벌주의, 학력주의는 경쟁 위주의 교육시스템을 한층 강화하여 교육경쟁을 부추겨 경쟁만능주의를 조장하고 교육의 양극화 나아가 사회의 양극화를 심화시키고 있다.

국가 경제발전을 구호로 내건 한국 정부의 경제만능론과 국가경쟁력 신장을 명분으로 합리화해온 경쟁교육은 이제 여러 가지 부작용과 함께 사회 붕괴 조짐 현상을 드러내고 있다. 한국 갤럽조사연구소(2011)에서 실시한 '1992~2010년 기간의 소득과 행복지수 변화 조사'에 의하면, 이 기간 1인당 국민소득은 300% 증가하였으나 행복하다고 느끼는 사람은 10% 감소한 것으로 나타나고 있다. 그리고 경쟁교육은 사회붕괴를 초래할 수 있는 저출산의 직접적인 요인이 되고 있다. 조선일보 2011년 1월 14일 자 기사에 의하면, 저출산의 이유로 20대 여성 47%가 '비용을 감당하기 어렵고', 19%가 자녀를 '고통스러운 세상에 살게 하고 싶지 않기 때문'이며, 50대 여성에서 이 비율은 더욱 높아져 각기 53%, 20%에 이르는 것으로 보도하고 있다.

한국사회에서 극심한 경쟁교육의 승자로서 소위 명문대학 간판을 획득하고 출세한(?) 고위공직자와 부를 대물림받은 재계의 최고경영인 및 소득분위별 상위계층 사람들 중에서 그들의 지위와 소득에 합당한 책무를 제대로 이행하고 사회 약자를 배려하고 나눔을 실천하는 사람이 과연 얼마나 되는가? 한국의 극심한 경쟁교육에서 승자의 우월감과 자신감을 체험한 사람들일수록 타인의 상실감과 패배에 측은지심(惻隱之心)을 외면하고 사회적 약자의 배려와 나눔에 인색한 것은 아닌지? 수차례의 고위공직 후보자 인사청문회와 반복되는 재벌의 사회경제적 비리사례를 통해 보통 사람들이 놀라움과 불신감을 가지고 이런 사실을 지켜보아 왔다.

무엇 때문에 이 같은 현상이 일어난 것일까? 여러 가지 요인이 있겠으나 몇 가지 지적한다면, 개인 및 가족의 소아적/탐욕적 이기주의, 경쟁교육의 악습으로 타인을 밟고 일어서는 데 익숙해진 소아적 패권주의, 그리고 정부 주도의 경제만능주의와 실적만능주의로 인한 고도의 경제성장의 과정에서 공정한 기회와 경쟁이 보장되지 않은 상태로 승자와 결실만을 중시하고 우대하는 풍조를 조성하였기 때문이라 생각한다. 이 불공정 경쟁의 과정에서 교육이 선두주자 역할을 하였다고 평가한다면 잘못된 판단일까?

이러한 과정의 결실로 국제경제 지표상으로 경제선진국이 되어 OECD와 G-20 국가 그룹의 일원이 되었지만, 현재 한국의 극심한 경쟁교육의 부작용으로 사회 전반에 교육열만큼 과열된 경쟁만능주의 열풍이 몰아치고 있다. 이로 인해 사회통합위원회(2011)가 지적한 것처럼, 사회적 갈등과 불신, 극심한 국론 분열, 교육과 사회의 양극화 현상, 사회 붕괴 조짐(국민의 낮은 행복지수, 최저 출산율, 최고 자살률, 집단 간 갈등심화, 신뢰도 하락, 미래의 불확실성 및 총체적 불안)이 나타나고 있다.

이미 널리 알려진 사실이지만 한국의 국가행복지수는 OECD 국가들 중에서 밑바닥을 맴돌고 있고, 2008년 UN인구기금(UNFPA)에서 발간한 "2008년 세계인구 현황보고서"에 의하면, 한국의 출산율은 1.20명으로 세계에서 가장 낮은 수준에 이르고 있다. 이는 세계 평균 2.54명과 선진국 평균 1.6명에도 크게 못 미치는 수준이다. 2010년 12월에 '리서치 21'에서 실시한 "한국인의 갈등의식 조사" 결과에 의하면, 사회집단 간 갈등이 심각한 수준(78%)으로 밝혀지고 있다.

그리고 한국사회과학데이터센터(2010)에서 실시한 "세계 가치관 조사"에 의하면, "남을 얼마나 믿을 수 있겠는가?"라는 신뢰도 항목에서 1980년대 약 40%가 긍정적이었으나, 2000년대에 이르러 20%대로 하락하였다. 신뢰도 하락요인으로 불공정한 경쟁과 부(富)의 획득/분배의 불공정성을 지적하고 있다.

경쟁교육과 경쟁사회가 불러온 한국사회의 붕괴 조짐 현상은 이처럼 여러 통계조사 결과에서도 잘 나타나고 있다. 사회 붕괴 조짐 현상을 방지하고 사회화합 내지 통합을 이루기 위해서는 무엇보다도 균등한 기회와 공정한 경쟁 및 분배가 이루어질 수 있도록 공생공영(共生共榮)을 위한 나눔과 배려 및 협력과 화합의 실천을 국가와 사회 및 교육의 공동과제로 삼아야 할 것이다.

2. 대학의 위선과 양심

한국에서 대학교육은 이미 생존을 위한 필수조건으로 선택재가 아닌 공공재가 되었다. 상생(相生)을 위한 대학교육의 과제로서 고등교육을 원하는 모든 사람이 균등한 교육기회를 가지고 공정한 경쟁을 할 수 있도록 환경을 조성해야 한다. 나아가 공생공영을 위한 공동과제로서 국가는 법과 제도를 구비하고, 사회는 협력과 배려 및 상생과 공영(共榮)을 실행하고, 대학은 협력과 공조, 나눔과 배려, 그리고 사회적 책무와 공동선(共同善)을 가르쳐야 한다.

현재 한국의 대학과 대학교육은 어떠한가? 협력과 공조보다 경쟁을, 나눔과 배려보다 독점을, 사회적 책무보다 소아적 출세를, 공동선보다 이기적 자만심을, 다름보다 같음을, 학생보다 학교를, 소위 잡대(생)(?)보다 명문대(생)(?)을, 진리추구보다 돈벌이를, 학자보다 전직관료를, 그리고 일등과 최고만을 우대하고 중시하며 나머지를 소홀히 하거나 무시하는 교육과 행정을 하고 있는 것은 아닌지? 오늘날 한국의 대학에 양심은 숨 쉬고 있는가? 진리와 정의 그리고 자유와 지성이 대학에 과연 살아 있는가?

올해 들어 "반값 등록금" 문제를 시발로 일어나고 있는 일련의 대학문제와 교육과학기술부 종합감사 내용을 보면서 과연 오늘날 한국 대학에 참됨이 있는지, 대학인에게 진리와 정의를 추구하고자 하는 지성과 양심이 있는지 자문해본다.

일부 몰지각하고 비도덕적인 정치인의 대중 선동적 표심 잡기로 점화된 "반값 등록금" 문제는 정쟁을 유발하고, 학생들의 산발적인 거리 촛불시위로 이어지고, 교육과학기술부의 일부 대학감사, 대학 구조조정의 필요성, 정계, 학계 및 언론계에서 나오는 담론만 무성한 채, 결국엔 생색내기에 그치고 말았다. 대학비리, 특히 대다수 사립대학재단의 갖가지 형태의 비리와 부정부패, 부실경영, 비민주적 운영, 반교육적 작태가 비단 오늘날의 일만이 아니다.

사학의 투명성 차원에서 2005년 노무현 정부 당시 사학재단의 비리척결을 위해 사립학교법(사학법) 개정을 시도하였으나, 정치권의 비호세력을 등에 업고 다수의 사학재단과 사립대 총장들이 대학의 자율성

보장이라는 명분을 내세우며 개혁세력을 저지한 적이 있다. 당시 개정 추진세력은 사학의 경영투명성 강화, 민주적 운영과 공공성 강조, 이사회 제도개혁, 감사제도의 내실화 등을 내세우며 사학의 혁신을 시도하였다.

사학법 개정이 불발에 그친 이래 오늘날까지 사학재단의 각종 비리와 반교육적 행태는 독버섯처럼 더욱 무섭게 퍼지고 말았다. 교과부의 대학종합 감사결과 및 국회 국정감사 자료에서 드러난 각종 비리실태를 소개하면: 족벌경영, 교비 사적 유용, 대학설립인가 기준 수익용 기본재산 불법인출 사용, 법정재단 전입금 미납, 교직원 보증금 제도 횡령 배임, 학교예산 횡령, 입학 장사 횡령, 교수채용 시 금품수수, 적립금 쌓아두기, 등록금 전용 및 장사, 기성회비 전용, 돈벌이용 부동산 매입, 돈벌이용 학사관리(출석기준 미달 학생에게 학점 부여, 서류상으로만 존재하는 재학생 및 전임교원) 등을 들 수 있다.

이와 같은 비리사례는 몇몇 사립대학의 사학재단에서 발견되고 있으며, 다음 사례는 국공립대학을 포함하는 대부분의 대학에서 흔히 찾아볼 수 있다. 공통적인 대표적 사례로 입학신청서 장사, 논문대필 및 표절, 시간강사 문제(인건비 착취 및 시간강사의 종속화), 기성회비 과다수령 및 전용, 수준 미달 학술지 발간으로 동료 간 연구업적 부풀리기, 연구비 관련 비리를 들 수 있다.

이런 비도덕적 비리실태와 부정부패 및 반교육적 사례를 볼 때, 과연 한국의 대학이 얼마나 위선적이고 비양심적인지 개탄을 금할 수 없다. 미국의 정치철학자 마이클 샌델(Michael Sandel)이 주장한 것처럼, '대학의 목적은 수입을 극대화하는 것이 아니라 교육과 연구로 공동선(共同善)에 기여하는 것이며, 돈벌이가 대학정책과 행정을 좌우한다면 대학은 가장 중요한 존재 이유인 학문추구와 시민의 기대에 미치지 못

할 것이다(1982).'

　　지성의 전당인 대학에서 진리추구라는 미명하에 지식과 기술을 팔
며 부당한 돈벌이를 일삼고, 지성과 정의의 이름으로 갖가지 꼼수를 부
리는 위선적이고 비양심적인 대학인 및 관계자에게 다음과 같이 묻고
싶다. 당신들이 진정으로 진리를 추구하고 정의와 자유를 가르치는 사
람들인가? 당신들이 과연 지식인이고 지성인인가? 당신들은 정말 양심
과 도덕이 있는 교육자인가?

:: 제3절 상아탑의 전설은 존속될 것인가?

한국의 대학에서 '상아탑의 전설'은 존속될 것인가? 이 주제를 논의하기 위해 "지성의 전당"과 "진리탐구"라는 부제를 선택하여 이에 렌즈를 맞추고자 한다.

1. 지성의 전당

이성과 논리로써 학문을 발전시키고 진리를 탐구하던 지성의 전당인 대학에서, 다수의 대학들이 작금에 이르러 돈벌이에 몰두하며 수입 극대화를 위해 수단과 방법을 가리지 않고, 양심과 도덕마저도 외면하고 있는 실정이다. 물론 문명사적 조류인 세계화, 시대적 흐름인 정보통신 기술시대 및 지식기반 경제사회에 편승하여 대학은 특성화, 전문화, 자율화, 국제화, 지식기반 사회구축, 그리고 국가경쟁력 신장이라는 구호 아래 우수교원 유치, 세계적 수준의 연구력 향상, 교육 인프라 구축 등으로 대학의 수월성 향상을 도모하여 일부 가시적 성과를 나타내고 있지만, 대학은 자본화, 기업화, 실용화를 추구하며 형이상학적 가치인 정의와 자유 및 진리탐구는 점차 멀어지고 있다.

과연 한국의 대학이 헌법과 교육기본법에 명시된 학문의 자유와 대학의 자율성, 전문성, 자주성이 존중되며 보장받고 있는지 묻고 싶다. 세계화의 바람을 타고 국가경쟁력과 대학의 질적 향상이라는 구호 아래 대학의 자율성, 전문성, 다양성, 수월성이 다소 신장되었다고 볼 수 있으나, '가르침의 자유(*Lehrfreiheit*)'와 '배움의 자유(*Lernfreiheit*)'가 활기를 찾아 한국의 대학인들이 학문의 자유를 향유하고 있는지 묻고 싶다(이정규, 2010a, p.53).

세간에 종종 보도되고 있는 대학 관련 기사는 한국의 대학에서 학문의 자유가 유린당하거나 대학인의 양심이 실종된 것은 아닌가 하는 의구심을 갖게 한다. 한국의 대학사회에 공공연히 이루어지고 있는 연구윤리 부재현상 및 평가/실적 중심주의로 인한 논문 대필, 표절, 중복 게재를 비롯하여, 부실한 학술지 발간 및 동료 간 연구실적 부풀리기, 경쟁주의, 성적 지상주의, 소아적 이기주의로 인한 일부 대학생의 "남 못 보게 책 훼손하고 학점 위해 수강생 수 담합"(매일경제, 2010년 7월 23일; 중앙일보, 2011년 10월 4일) 하는 일탈의 비도덕적 행위는 양심이 사라진 지성의 전당의 진면목을 여실히 드러내 보이고 있다.

독일의 철학자 겸 교육사상가인 훔볼트(B. W. von Humbolt, 1767~1835)는 인간의 내면에서 생겨나서 내면에 뿌리를 내리는 학문만이 인격을 형성할 수 있으며, 중요한 것은 지식이나 말이 아니라 인격과 행위라고 말하고 있다. 한국의 대학이 전통적인 '상아탑의 전설'을 전승하기 위해서는 부단히 학문을 탐구하여 진리를 추구하고, 한편으로 이를 내면화하여 인격을 형성하고, 다른 한편으로 이를 외면화하여 공동선을 지향해야 할 것이다.

2. 진리탐구

진리탐구는 대학이 지향해야 할 궁극적인 목표이다. 대학이 '지성의 전당'이라는 의미는 이성과 논리의 세계인 학문을 갈고 닦아 진리를 탐구하는 배움터임을 말한다. 근현대 한국의 대학이 서구의 대학을 모델로 하여 문을 연 이래 오늘날까지 상아탑의 물신주의나 경제논리 및 국가사회의 경제개발의 동력으로서의 역할과 실사구시(實事求是)에만 매달려 진리추구를 소홀히 하였는지도 모른다(이정규, 2010a, p.40).

설혹 그렇더라도 지금부터 지성과 학문을 보전하고 발전시킬 수 있는 배움터로서의 대학은 자유, 정의와 더불어 진리가 숨 쉬는 곳이 되어야 한다. '인간은 진리를 추구하는 존재'라고 가정할 때, "인간은 경험적 실제와 논리적 사유를 통하여 미처 알지 못하는 어떤 것을 알고자 하거나 불명확한 사실에 대해 보다 명확하게 이해하고자 지적인 활동을 도모하는 존재"(이정규, 2010a, p.40)라고 말할 수 있다.

그러나 기독교의 관점에서 학문을 즐기고 진리를 추구하는 사람들은 종교나 영성(靈性)을 무시하고 이성과 논리로만 모든 것을 알려고 함으로써 인간 내 외면에 존재하는 신(神)을 간과하고 있기에 '참된 이치(眞理)'를 알려주지 못한다고 말한다(Walsh, 2002). 이런 맥락에서 현재 가톨릭교회의 교황인 베니딕토 16세(세속명: Joseph Aloisius Ratzinger)는 진리를 기독교 사랑의 개념과 동일시하고 있다. 정녕 영성을 통하지 않고 이성과 논리만으로 진리를 알 수 없는 것인가?

이러한 종교적 관점을 배제하고 일반적인 세속적 관점에서는 존 롤스(John Rawls)가 그의 저서 『A Theory of Justice』(정의의 이론, 1971)에서 주장한 것처럼 '정의가 정치공동체의 궁극적 목표이자 사회제도의 제일 덕목인데 반해, 진리는 학문적 탐구의 목적이자 사유체제의 제일 덕목'임을 동의하고 있다. "진리는 모든 것을 구속한다(*Veritas omnes mortals alligat*)"는 라틴 명언을 되새기며 한국의 대학과 대학인이 나아갈 올바른 방향을 정하고 나아가길 바란다.

:: 제4절 한국의 대학, 명품인가 모조품인가?

국가 경제발전의 동력으로서 한국의 대학은 국가경쟁력 신장과 더불어 양/질적으로 놀라운 발전을 이룩하였다. 이 절에서는 한국의 대학이 질적인 면, 특히 학문적인 면에서 얼마나 발전하였으며 이에 동반된 문제점을 크게 두 가지 부제로 나누어 논의하고자 한다. 첫 번째 부제는 '세계화와 학문의 종속화'이고 두 번째 부제는 '세계대학평가와 한국의 대학'이다. 전자는 세계화와 국내대학의 학문의 종속화, 후자는 한국 대학의 관점에서 세계대학평가에 대한 일반적 견해를 중심으로 논술하고자 한다.

1. 세계화와 학문의 종속화

세계화는 문명사적 흐름이다. 초기 단계에서는 서구의 선진자본주의 국가가 경제를 주체로 하여 국제적인 경쟁과 협력이 동시에 이루어지면서 세계적인 유기적 체제화를 조성하지만, 그 이후 단계에서는 국가와 민족의 단위를 초월하여 정치, 경제, 문화, 교육, 환경 등이 지구촌이라는 공간 속에서 지구 문화를 형성하는 과정을 말한다(이정규, 2010, p.300). 고등교육에 있어서도 세계화는 국제화와 더불어 국제적 내지 상호 문화적 차원으로 고등교육기관에서 교육과 연구활동 및 봉사의 기능으로 통합하는 과정으로 볼 수 있다(de Wit & Knight, 1997, p.8).

세계화는 이중적인 특성을 지니고 있다. 표면적으론 다원적인 차원에서의 공익과 통합을 표명하지만, 실제적으론 국가경쟁력에 의한 정치/경제적인 불평등과 추종 국가들의 사회/문화적 특수성과 정체성을 약화시키거나 종속시키고 있다(이정규, 2010, p.300). 고등교육 분야도 이러한 이중적 특성에서 벗어나지 못하고 있다. 세계화 혹은 국제화의 흐름에 편승하여 서구선진국의 대학교육 체제, 교육, 연구, 봉사의 기능이 협력과 교류로 인해 대학의 질을 향상시키고 있지만, 유학생들의 일방적 이동, 교류와 협력의 구조적 불균형, 학문의 종속화 경향을 나타내고 있다.

세계화로 인한 교육개방의 반대론자들은 학문의 세계화는 학문의 서구화 혹은 미국화를 의미하고 나아가 학문의 종속화 내지 학문의 사대주의를 초래할 것이라고 주장한다. 학문의 종속화 및 교육의 종속화는 비단 세계화로 인해 야기된 것뿐만 아니라, 정치적 수단으로써 전락되거나 정치적 동조 또는 이익집단으로 종속되기도 하고, 선후배 간, 사제지간, 혹은 동문 간/학벌 간 학문의 동종교배 내지 순혈주의로 학문의 세습화/종속화가 이루어지기도 한다.

지난 2월 서울신문(2011년 2월 18일 자) 기사에서 지적한 것처럼, 올해도 서울대학교 대학원 공대 박사과정 모집에서 모집단위 14곳 중 6곳이 미달되었고, 이 같은 사실은 거의 모든 대학에서 동일하게 나타나고 있는 현상으로 보도하고 있다. 이런 현상은 각종 대학 평가 시 세계화 지표점수, 일반적으로 미국 과학정보연구소(Institute for Scientific Information) 데이터베이스(DB)에 수록된 SCI(Scientific Citation Index: 과학기술분야 학술논문 인용 색인), SCIE(Scientific Citation Index Expanded:

과학기술분야 확장판 학술논문 인용 색인), SSCI(Social Science Citation Index: 사회과학 학술논문 인용 색인), A&HCI(Arts & Humanities Citation Index: 예술 및 인문학 학술논문 인용 색인) 등과 같은 국제학술지 논문 게재 실적, 교수채용 시 영어강의 가능자 및 미국대학원 박사학위 소유자 선호 풍토가 주요 요인이 되어 일어나고 있다.

2010년도 교육통계연보 '교원(박사)학위취득현황'에 의하면, 고등교육기관 교원 62,608명 중에서 국외박사 21,509명으로 전체의 34.4%를 차지하고 있으며, 4년제 대학 재직 교원(국외박사) 18,435명 가운데 12,155명(65.9%)이 미국에서 박사학위를 취득한 것으로 밝혀지고 있다.

국내 대학원 박사과정 미달사태와 국내 박사 홀대현상으로 인해 국내 대학원의 황폐화, 학문의 종속화, 국내 박사 차별 등의 구호를 외치며 일부 교수들과 학회에선 교수임용 평등정책과 국내 박사 쿼터제 도입을 주장하고 있다. 그러나 한국행정학회 "국내 박사 쿼터제의 도입 방안 모색" 정책토론회(2010년 10월 25일)에서 지적한 대로, 국내 대학원은 부실하고 질 낮은 교육과 학위남발로 학문 후속세대를 길러 내는 데 제 몫을 다하지 못하고 있다.

한국의 대학에서 특수 및 전문 대학원 석/박사 과정 교육을 대부분 외부 시간강사에게 맡기고 있는 실정이다. 비전임교원의 종속화는 교육과 연구 환경의 악화로 학문의 자주성과 전문성을 파괴함은 물론 교원 생활의 불안정으로 인격과 교권마저 실추시키고 있다. 더욱이 동일학교 학과출신을 선호하고 옹호하는 '학문의 동종교배' 혹은 '학문의 순혈주의'는 학문의 예속화를 초래하여 학문의 발전을 저해하고 학벌을 조장하고 있다. 세계화로 인한 학문의 종속화 못지않게 국내 대학의 동종교배로 인한 학문의 종속화 내지 온정주의가 한국의 대학발전을 저해하는 더 큰 요인이 아닐까?

학문의 종속화를 막기 위해서는 세계화로 인한 우려보다도 우선적으로 국내 대학원 교육의 질을 제고하기 위한 중단기적인 정책을 수립하고, 제도개선 및 법 제정은 물론 실제적이고 적극적인 처방과 실행이 필요하다. 국내 대학교육의 질을 세계적 수준으로 높인다면 세계화로 인한 학문의 종속화는 불식될 수 있겠지만, 학문의 순혈주의는 한국 대학교육에 창의력과 비판력을 고갈시켜 대학발전에 지장이 될 것이다.

2. 세계 대학평가와 한국의 대학

세계화의 한 흐름으로 고등교육에 대한 평가가 국내외에 활발히 이루어지고 있다. 특히 몇 개 국가의 평가기관에서 수행되는 세계 고등교육기관에 대한 평가는 국가경쟁력을 가늠하는 주요한 지표가 되고 있을 뿐만 아니라 대학의 질적 제고와 특성화를 촉진하는 매체가 되고 있다.

국내에서도 지난 1972년 실험대학 선정을 위한 대학평가를 시발로 교육과학기술부(교육부), 한국대학교육협의회, 국가정책연구기관, 언론사 등에 의해 각종 기관평가, 학문별 평가가 수행되어 왔다. 국내 평가 주관기관들은 각기 다른 평가방법, 기준, 지표, 주기, 절차, 목적으로 수행하지만 평가결과나 보상 또는 그 활용에 있어서 각기 다른 양상을 나타내고 있다.

국내 대학 평가는 거시적 관점에서 대학교육의 수월성 제고라는 긍정적 견해도 있지만 부정적 견해 또한 만만치 않다. 비평론자의 몇 가지 견해를 예로 들자면: 이미 서열화되어 있는 대학의 평가 무용론, 행/재정 지원을 미끼로 한 정부 주도의 평가에 대한 의구심, 평가의 신뢰성과 타당성 문제, 일방적으로 강요되는 평가에 대한 관성과 타율성, 평가로 인한 부조리 문제, 학교의 특성과 차이를 무시한 획일적인 평가기준과 지표로 인한 탄력성 내지 차별성 부재 등이 있다.

국내 대학평가와 마찬가지로 세계 대학평가에 대해서도 긍/부정적 견해가 있다. 긍정적 견해로는 대학교육의 질 향상을 위한 계기(협동연구, 교수 및 학생 교류 등)를 제공하고, 국가경쟁력을 신장하는 데 절대적인 요소인 교육경쟁력을 고취시키는 순기능이 있는 반면, 부정적 견해로는 국가, 지역, 문화, 대학의 특성 등 다양한 요소를 적합하게 반영치 못하고 각 평가주관 기관마다 다른 평가방법, 평가지표, 상이한 가중치로 평가함으로써 신뢰성과 타당성에 문제를 야기하고 있으며, 그리고 주관 기관마다 각기 다른 평가결과 혹은 순위에 대한 지속성과 투명성이 결여됨으로써 일반성과 공정성 및 필요성에 비판이 가해지고 있다.

더욱이 세계 몇몇 국가의 교육기관 및 언론기관에서 수행하는 세계 대학평가는 역기능으로 각 대학의 특성을 무시하고 지구 상의 모든 대학을 서열화하는 과오를 범하고 있다. 혹자는 월드컵 축구 경기처럼 세계 대학을 평가하여 순위를 매기는 것은 부당하고 어리석은 짓이라고 혹평하고 있다(Soh, 2011). 이는 세계 각국 및 각 대학의 역사적, 문화적, 교육적 전통과 특성 및 사명을 무시한 패권주의적 혹은 상업주의적 발상에서 출발한 아이디어가 아닐까? 이런 비교육적인 결점투성이의 세계 대학평가 결과에 일희일비(一喜一悲)하면서 각종 평가에 한 등위라도 더 올리기 위해 평가기관의 눈치를 보며 안간힘을 다하는 한국의 대학과 정부가 안타까울 뿐이다.

대학평가 주관기관 혹은 해당연도에 따라 달리 평가된 결과를 놓고 대학마다 스스로에게 유리한 등위를 내세워 대학선전에 열을 올리는 어리석음은 상업주의에 물든 '모조품 대학'(?)만이 취할 행동이 아닐까? 한국 대학이 소위 세계적인 '명품 대학'(?)이 되고자 소망한다면 대학관계자 각자가 제 몫을 충실히 수행하면서 대학이 고유의 색깔을 지닌 채 지성의 전당으로서 교육, 연구, 봉사의 기능을 다하고 진리를 탐구하여 이를 세상에 비출 때, 불순한 의도와 상업적인 색채가 짙게 깔린 세계 대학평가 결과에 상관없이 세계적인 대학으로 설 수 있는 것이 아닐까?

:: 제5절 에필로그: 무엇을 그리고 누구를 위한 대학교육인가?

오늘날 사회 붕괴 조짐을 수반하고 있는 한국의 경쟁중심주의 및 경제만능주의 교육은 앞으로 국가발전 혹은 국가경쟁력 신장에 크게 도움이 되지 않을 것이다. 새로운 정보기술 통신시대 및 지식기반 경제사회를 맞아 이제 대학교육에도 혁신이 요구되고 있다. 윌리스 하만(Willis W. Harman)이 주장한 대로 뉴미디어 시대에는 기존의 정형적인 대학 울타리 교육을 탈피하여 인터넷과 온라인교육이 더욱 확산될 것이다(Harman, 1979; 2002). 더욱이 위키피디아, 구글, 트위터, 페이스북, 크라우드소싱, 링크딘과 같은 '사회적 통신망서비스(SNS: Social Network Service)'라고 부르는 온라인 인맥구축 서비스처럼 협업(協業) 혹은 공조를 바탕으로 한 "집단지성(collective intelligence)"(Levy, 1997)이 더욱 활성화되고, 탁월한 개인의 지능이나 지식보다 "군중의 지혜(wisdom of crowds)"(Surowiecki, 2004), 즉 여러 명의 우수한 지능이나 지식의 조합이 "공생적 지능(symbiotic intelligence)"(Johnson, 1998)으로서 기존의 인간지능의 한계를 초월한 지능인 "지구적 두뇌(global brain)"(Heylighen, 1990)를 개발하게 되어, 협업을 기반으로 한 새로운 융합기술과 고부가가치 지식을 기반으로 한 지식서비스 산업이 발달하게 될 것이다(이정규, 2011, pp.73~74).

새로운 시대 변화의 기류는 정보통신기술 분야뿐만 아니라 이미 여러 곳에서 감지되고 있다. 최근에 일어나고 있는 세계 금융의 심장부인 뉴욕(New York)의 월가(Wall Street)에서 촉발된 시위는 극소수 경제/정치인에 의한 금융자본의 독점과 사회의 양극화를 초래한 현재의 자본주의 경제체제와 자유민주주의 정치체제에 수정과 혁신을 요구하고 있다. 특히, 가진 자와 가지지 못한 자 간의 사회 경제력의 극단적인 양극화 현상은 공생/공영할 수 있는 새로운 사회체제와 질서를 필요로 하고 있다. 지난날 봉건 왕조시대에 사회적 신분제도의 계층화로 인한 불평등과 억압의 굴레에서 벗어나기 위해 이상향을 그리면서 사회주의와 자본주의 민주정치 제도를 창안하고 실행했던 것처럼, 권력의 유무(有無)와 금력의 다소(多少)로 인한 정치, 사회, 경제적 양극화는 새로운 불평등을 심화시키고 나아가 새로운 계층과 신분의 재생산을 조장 및 고착화하고 있다.

이런 맥락에서 볼 때, 한국사회와 대학은 경쟁이 아닌 협력, 독점이 아닌 나눔, 분리가 아닌 화합을 가르치고 배워야 한다. 즉, 소수 특권층 혹은 소수 인재를 위한 교육이 아닌 우리 모두를 위한 교육, 공생/공영하며 공동선(共同善)을 이룰 수 있도록 서로 돕고 나누는 것을 교육의 목표로 삼아야 할 것이다. 부족하고 가난하고 힘없는 사람들이 교육을 통해 정치, 사회, 경제적 계층이동과 상승이 이루어질 수 있도록 균등한 교육기회가 제공되고 보장되어야 한다. 이들에게 삶의 희망과 가능성을 열어주어야 한다. 그리고 힘 있는 자, 가진 자, 배운 자, 사회지도층 사람들이 솔선수범하여 이를 적극적으로 지원하고 실행할 때 사회와 대학에 정의가 빛을 발하게 될 것이다.

:: 참고문헌

〈국내문헌〉

교육과학기술부(2010a), "2010년 대학등록금현황", 서울: 교육과학기술부.
_____(2010b), "고등교육통계", 서울: 교육과학기술부.
리서치 21(2010), "한국인의 갈등의식 조사", 대구: 코뮤니타스.
사회통합위원회(2011), "한국적 공정사회론의 빛과 그림자", 서울: 사회통합위원회.
유엔인구기금(United Nations Population Fund)(2008), "2008년 세계인구현황 보고서", 뉴욕: 국제연합인구활동기금(UNFPA).
이정규(2010a), 『대학, 행복을 위한 황금열쇠인가?』, 파주: 한국학술정보㈜.
_____(2010b), 『한국의 고등교육: 종교와 문화의 관점에서』, 파주: 한국학술정보㈜.
_____(2011), "미래의 고등교육", 『대학교육』, v. 171, pp.71~74.
통계청(2010), "국가통계포털: 월 소득 10분위별 가구당 가계 수", 대전: 통계청.
한국갤럽조사연구소(2011), "1992~2010년 기간의 소득과 행복지수 변화 조사", 서울: 한국갤럽조사연구소.
한국교육개발원(2010), 『교육통계연보』, "교원(박사)학위취득현황", 서울: 한국교육개발원.
한국대학교육협의회(2011), "고등교육통계", 서울: 한국대학교육협의회.
한국사회과학데이터센터(2010), "세계 가치관 조사", 서울: 한국사회과학데이터센터.
한국행정학회(2010), "국내 박사 쿼터제의 도입 방안 모색", 정책토론회 (2010년 10월 25일), 서울: 한국행정학회.

〈외국문헌〉

De Wit, H. & Knight, J.(1997), Internationalisation of Higher Education in Asia Pacific Countries, Luna Negra, Amsterdam: EAIP.

Harman, W. W.(1979), An Incomplete Guide to the Future, New York: Norton Publishers.

_____.(2002), The Future of Universities: An Example of the Harman Fan Scenario Approach, UHCL Futures Studies Department, http://www.infinitefutures.com/roots/sbharman.ppt.

Heylighen, F.(1990), Self-Steering and Cognition in Complex Systems: toward a new cybernetics, (edit.), by Francis Heylighen, Eric Rosseel, and Frank Demeyere, New York: Gorden and Breach Science Publishers.

Johnson, Norman L., et al.(1998), Symbiotic Intelligence: Self-Organizing Knowledge on Distributed Networks Driven by Human Interaction, CA: Santa Fe Institution.

Levy, P.(1997), Collective Intelligence: mankind's emerging world in cyberspace, (trans.), Robert Bononno, New York: Plenum Trade.

OECD(2010), Education at a Glance, Paris: OECD.

Rawls, J.(1971; 2005), A Theory of Justice, Cambridge, Mass: Belknap Press.

Sandel, M.(1982; 2009), Justice: What's the Right Things to Do? New York, NY: Macmillan Audiobook.

Soh, K.(2011), Don't Read University Rankings like Reading Football League Tables: Taking a Close Look at the Indicators, Higher Education Review, 44(1), pp.15~29.

Surowiecki, J.(2004), The Wisdom of Crowds: why the many are smarter than the few and how collective wisdom shapes business, economics, societies, and nations, New York: Doubleday.

Walsh, N. D.(2002), The New Revelations: A Conversation with God, New York: Atria Books.

〈국내외 언론매체〉

매일경제(2010년 7월 23일 자), "남 못 보게 책 훼손하고 학점 위해 수강
    생 수 담합."
서울신문(2011년 2월 18일 자), "서울대학교 대학원 박사과정 모집 미달."
조선일보(2011년 1월 14일 자), "살인적 경쟁교육은 저출산."
중앙일보(2011년 10월 4일 자), "대충 심사 – 동료 봐주기", 학술지 7종 퇴출.

〈인터넷 사이트〉

http://www.infinitefutures.com/roots/sbharman.ppt, Harman: The Future of Universities
    (대학의 미래).
http://www.thomsonscientific.com/, SCI, SCIE, SSCI, A & HCI.
http://www.unfpa.org/, United Nations Population Fund(유엔인구기금).
http://www.un.org/en/documents/udhr/, The Universal Declaration of Human
    Rights(세계인권선언).

Chapter 4

대학교육이 삶을 행복하게 할 수 있는가?

:: 제1절 프롤로그: 행복이란 무엇인가?

　행복이란 무엇인가? 옛날부터 오늘날까지 그렇게도 수많은 사람들이 행복의 의미와 실체를 알려고 애써왔지만 아직도 아무도 모든 사람이 정답이라고 공감할 수 있을 정도로 명쾌하게 설명하지 못하고 있다. 어쩌면 만인이 공감할 수 있는 학문적 이론이나 종교적 경전이 있지만 각인각색(各人各色) 모두가 상이(相異)함으로 인해 제대로 이해를 못하거나 받아들이지 않거나 실행을 하지 않음으로써 그냥 지나쳐버리는지도 모른다. 행복은 오히려 인간의 이성과 논리로써 꾸며놓은 학문의 범주보다 영성의 세계에 더욱 근접해 있는지도 모른다.

　오늘날까지 수많은 동서고금(東西古今)의 현자들과 학자들이 나름대로의 지혜나 논리로써 행복론을 주장하고 설명하였지만 이 세상에는 아직도 행복이 정확히 무엇인지, 행복이 어디에 있는지도 모른 채 행복을 찾아 헤매거나 추구하면서 행복해지려는 사람들이 너무나 많다. 행복이 무엇인지 명확히 알 수 있고, 행복할 수 있는 조건과 방법이 있다면 얼마나 좋겠는가? 이에 대한 실체와 조건 및 방법에 대한 그 무엇이 없기에 지금까지 사람들이 행복을 염원하고 추구하는 것이 아닐까? 동시대에 이르러 행복을 실용적/과학적으로 탐구한 학자들(Bruni, 2005; Christakis & Fowler, 2009; Diener, 2000; Easterlin, 1995; Easterlin, et al., 2011; Frey & Stutzer, 2000; Gable & Haidt, 2005; Hartog & Oosterbeek,

1998; Haidt, 2005; Hodgkinson, 1982; Klein, 2006; Layard, 2005; Lyubomirsky, 2008; Oswald, 1997; Seligman, 2002; Tkach & Lyubomirsky, 2006; Veenhoven, 1984; Weiss, et al., 2008)은 연구자에 따라 다르지만, 일반적으로 행복과 관련된 주요 결정요인으로 경제적 안정(직장과 돈), 건강, 낙관주의(optimism), 종교, 가족, 친구, 교육, 날씨(기후) 등을 열거하고 있다.

이런 결정요인은 사람이 행복해지는 데 중요한 조건 혹은 요인이될 수 있지만, 필자(Lee, Jeong-Kyu)의 논문 "Education and Happiness: Perspectives of the East and the West(교육과 행복: 동양과 서양의 관점, 2008)"에서 주장한 것처럼, 행복은 자신의 마음 밭에서 생성된 나무로서 자신이 얼마나 잘 가꾸는가에 따라 행복지수도 달라질 수 있다고 본다. 이 책의 서시(序詩)에서 저자가 표현한 것처럼 "행복은 그대로부터 가까이 아님 멀리 있을 것 같은 행복 나무가 바로 이 순간 그대 마음 밭에 하느님의 사랑으로 자라고 있는 것"이라고 생각한다.

이 견해는 논리적 이론이 뒷받침되지 않은 저자의 주관적 생각에 불과하기에 객관적으로 논리적 관점에서 논의하기 위해 다음 장에서 행복과 관련된 견해를 세 가지 관점, 즉 종교적, 철학적, 실용적/과학적 관점에서 간략하게 검토하고자 한다. 종교적 관점은 그리스도교와 불교를 중심으로 논의하고, 철학적 관점은 서양의 고대 그리스 철학에 렌즈를 맞추고, 실용적/과학적 관점은 경제학 및 심리학적 견해에 초점을 맞추어 논의한다.

:: 제2절 행복 관련 제 이론

1. 종교적 견해

동시대에 현재까지 서양에서 수행되어온 수많은 행복 관련 연구나 조사(Ellison, 1994; Hackney & Sanders, 2003; Koenig et al., 2001; Moreira-Almeida, Neto, & Koenig, 2006; Myers, 1992; Smith, McCullough, & Poll, 2003; Snoep, 2007; Gallup, 2010; NEF, 2006; The 2010 Legatum Prosperity Index; UN HDI, 2010; WIPO, 2011) 결과에 의하면 종교가 사람을 더욱 행복하게 만드는 데 기여하고 있으며, 신앙적 영성이나 종교적인 신실한 믿음은 건강, 복지, 삶의 만족감, 긍정적 정서, 상대적으로 높은 도덕성, 자아성취에 긍정적 혹은 높은 정적 상관관계를 나타내고, 우울증, 마약복용과 알코올 중독, 자살 충동의 위험성을 낮출 뿐만 아니라, 종교적인 믿음을 지닌 사람이 그렇지 않은 사람보다 상대적으로 더욱 행복하다고 밝히고 있다.

위 연구결과에 의하면 종교적인 신실한 믿음이 수반되었을 때 행복과 복지 관련 혜택이 주어지며, 행복과 종교성(宗敎性)과의 상관관계도 긍정적으로 나타남을 밝히고 있다. 이 연구들은 그리스도교를 문화적 배경으로 한 서양에서 수행되었기에 다른 문화와 종교적 배경을 가진 지역에서는 다른 결과를 나타낼 수 있으리라 기대할 수 있다. 영국의 신경제재단(New Economics Foundation)에서 2006년 7월에 발표한 HPI(Happy Planet Index)에 의하면, 경제지표상으로 세계에서 가난한 국가(예: Vanuatu, Bhutan)에 속하는 지극히 종교적인 작은 나라의 사람들이 경제소득이 높은 소위 선진국의 사람들보다 행복도가 더욱 높게 나타나고 있다. 남태평양에 위치한 대부분의 주민이 그리스도교(신/구교)를 믿는 인구 20여만 명의 작은 섬나라인 바누아투(Vanuatu)는 세계에서 가장 행복한 나라로 판명되었으며, 아시아의 히말라야 산맥에 위치한 인구 약 70만 명으로 대부분의 국민이 불교(Vajrayana Buddhism)와 힌두교(Hinduism)를 신봉하는 종교국가인 부탄(Bhutan)이 13번째로 행복도가 높은 나라로 밝혀졌다.

본고에서는 행복과 긍정적 상관관계를 가지고 있는 종교적 요소를 고찰하기 위해 동서양을 대표하는 그리스도교(基督敎)와 불교(佛敎)에 렌즈를 맞추어 간략하게 논의하고자 한다. 전자는 특히 로마 가톨릭교(Roman Catholic)에서 '참행복(*Beatitudo*)' 혹은 '축복받은 행복(*Felicitas*)'이라 불리는 "지복(至福: Felicity)"에 초점을 맞추어 가톨릭 교부철학자의 대표적인 두 거장인 아우구스틴(St. Augustine of Hippo, 354~430)의 저서 『*De Civitate Dei contra Paganos*: The City of God against the Pagans』(하느님의 나라: 神國論)와 토머스 아퀴나스(St. Thomas Aquinas, 1225~1274)의 『*Summa Theologiae*』(신학 대전)에서 기술된 행복 관련 견해를 간략히 언급한다. 그리고 후자는 불교에서 '최상의 행복'으로 '완전한 평화의 상태'라 지칭하는 "열반(涅槃: Nirvana)"에 대해 기술한다. "열반(*Nirvana*)"은 대승불교(Mahayana Buddhism)의 관점에서 "*Nirvana Sutra: Mahaparinirvana Sutra*(열반경)"에 초점을 맞추어 간략하게 소개한다.

(1) 기독교 관점에서의 행복

기독교의 관점에서 신/구약 성경에서는 행복의 정의나 개념에 대한 기술보다 행복한 사람 또는 행복의 특징에 대해 여러 곳에서 표현되고 있다. 대표적인 예를 들자면, 구약성경 "시편"의 "행복하여라!……주님의 가르침을 좋아하고 그분의 가르침을 밤낮으로 되새기는 사람(시편 1장 1~2절)", 그리고 신약성경 "마태오복음서"의 "행복의 선언"인 "마음이 가난한 사람은 행복하다. 하늘나라가 그들의 것이다. …… 옳은 일에 주리고 목마른 사람은 행복하다. …… 자비를 베푸는 사람은 행복하다. 그들은 자비를 입을 것이다. 마음이 깨끗한 사람은 행복하다. 그들은 하느님을 뵙게 될 것이다……(마태오복음서 5장 3~12절)."

『가톨릭교회 교리서』(2003)는 이에 더하여 (참)행복의 의미와 효과, 복음의 행복, 복음적 행복의 의미와 효과, 복음적 행복의 정신과 가르침을 제시하고 있다. 『가톨릭교회 교리서』에 의하면 "참행복은 하느님께서 우리를 부르시는 최종 목적을 가르쳐준다. 그 목적은 하늘나라, 하느님을 뵈옴, 하느님의 본성에 참여함, 영원한 생명, 하느님의 자녀가 됨, 하느님 안에서 누리는 안식이다(pp.656~657)"라고 가르치고 있다. 행복에 대한 가톨릭교회의 교리는 성경을 기초로 하여 니사의 그레고리오 (St. Gregory of Nyssa, c. 335-c. 394), 아우구스틴(St. Augustine of Hippo, 354~430), 토머스 아퀴나스(St. Thomas Aquinas, 1225~1274), 에크하르트 폰 호흐하임(Eckhart von Hochheim or Meister Eckhart, c. 1260-c. 1327) 등과 같은 교부철학자의 견해에 근간을 이루고 있다고 볼 수 있다.

아우구스틴(St. Augustine of Hippo, 354~430)은 그의 저서 『De Civitate Dei contra Paganos: The City of God against the Pagans』(하느님의 나라: 神國論)와 『Confessiones; Confessions』(고백록)에서 모든 인간의 궁극적인

목표는 행복이며, 영원한 행복은 단지 하느님 안에서 생활함으로써만 가능하고, 하느님 안에서 안식을 누릴 때 인간은 최상의 행복을 성취할 수 있다고 주장한다. 또한 그는 『*De Civitate Dei contra Paganos: The City of God against the Pagans*』(하느님의 나라: 神國論)에서 "영혼이 육신의 생명인 것처럼, 하느님은 인간 행복의 생명(xix, 26)"이라고 기술하고 있다(trans., Marcus Dods et al., 2009; trans., John K. Ryan, 1960).

그리고 토머스 아퀴나스(St. Thomas Aquinas, c. 1225~1274)는 『*Summa Theologiae*』(Compendium Theologiae: 신학대전) I-II, "질문 3. 행복은 무엇인가?(Question 3. What Is Happiness?)"에서 "하느님은 본질적으로 행복이다(ob. 1)"라고 답변하면서, '참행복(*Beatitudo*)'은 내세(來世)에 '하느님의 실재(God's Essence)'에 대한 '지복(至福)의 직관(直觀)(*visio beatifica*: beatific vision)'에서 묘사된 것처럼, 최종적인 완전한 행복으로서 단지 '하느님의 실재적 직관(the Vision of the Divine Essence)'에서만 존재할 수 있다고 답하고 있다(ST, 질문 3, 제8조항). 환언하자면 참행복은 하느님을 뵙고 모심으로써 이루어질 수 있다는 것이다(trans., Richard J. Regan, 2009).

또한 『*Summa Theologiae*』(신학대전) I-II, "질문 2. 사람의 행복이 존재하는 것(Question 2. Things in Which Man's Happiness Consists)"에서 토머스 아퀴나스는 8가지 대상--부(富), 명예, 명성과 영광, 힘(능력), 신체적 조건, 쾌락, 영혼의 미점(美點), 고안된 선(善)-을 선정하여 문답하면서, 행복은 지고의 선(善)(ST, 질문 2, 제4조항 답변), 인간의 지고의 선(善)은 행복(ST, 질문 2. 제8조항 반론(ob.) 1), 인간의 행복은 만유의 창조물 안에 존재하고(ST, 질문 2. 제8조항 반론(ob.) 2), 선하게 창조된 것들은 사람을 행복하게 한다(ST, 질문 2. 제8조항 반론(ob.) 3)고 주장한다. 토머스 아퀴나스는 구약성경의 "시편" 중에서 '주님을 하느님으로 모시는 사람은 행복하며(시편 144(143): 15)', '주님이 사람의 한평생을 복으로 채워준다(시편 103(102): 5)'는 구절을 인용하면서, 하느님만이 인간의 행복을 만들 수 있다고 주장한다(ST, 질문 2. 제8조항 반론(ob.) 3 답변)(trans., Richard J. Regan, 2009).

위의 두 교부신학/철학자들의 행복에 대한 견해는 궁극적으로 영성(靈性)에 속한 참행복에 대한 논리라고 볼 수 있다. 이런 맥락에서 "축복받은 행복(Felicitas)" 혹은 "은총 받은 행복"은 믿음과 이성을 초월하는 초자연적인 것으로 설명되고 있다. 그러므로 "참행복(Beatitudo)"은 『가톨릭교회 교리서』에서 제시하고 있는 것처럼, 인간의 힘만으로 추구할 수 있는 것이 아닌 하느님이 주는 선물로 사람의 마음을 정화하여 하느님을 사랑하도록 함으로써 천상에 가기 위해 추구해야 하는 길을 가르치고 있다(『가톨릭교회 교리서』, 2003, p.657).

(2) 불교의 관점에서의 행복

불교의 관점에서 '완전한 평화의 상태', 즉 '최상의 행복'으로 지칭하는 "열반(涅槃: Nirvana)"은 불교의 가르침에서 중요한 주제의 하나이다. "열반(Nirvana)"은 어원적으로 '불어 끄다'라는 의미로 탐욕, 증오, 무지의 세 가지 불을 소멸시켜야 함을 뜻한다(Gombrich, 1988, p.63). 『담마파다(Dhammapada)』에서 부다(the Buddha: 부처)는 니르바나(Nirvana)가 "최상의 행복(204절)"으로 영속하지 않는 것에서 발원하는 일시적이고 제한적인 행복과는 질적으로 다른 영원하고 초월적인 행복이라고 말하고 있다. 그리고 열반은 진리의 참된 본질을 완전히 깨달은 초월적 지식으로서 간주되기도 한다. 이런 깨달음(bodhi)을 이루거나 이에 머무는 사람을 부처(buddha) 혹은 아라한(arahant: 나한(羅漢))이라 칭한다.

불교에서 "최상의 행복(열반: *Nirvana*)"은 모든 형태의 욕망을 극복함으로써만 이루어질 수 있다고 주장한다. 열반(*Nirvana*)은 욕망, 분노, 번뇌의 상태에서 벗어난 완전히 평화로운 마음의 상태로 설명되고 있다. 부다(*Buddha*)는 열반의 본질을 영원성, 더없는 행복, [무아적(無我的)] 자아(自我), 더러움이 없는 정결함의 네 가지 속성으로 설명하고 있다(재인용, Yamamoto, 1975). 『*Mahaparinirvana Sutra*』(열반경)에 부다의 본질은 자아(自我)가 아닌 무자아(無自我)이며, 중생을 위해 이를 자아로 묘사하였다고 기록하고 있다(Wang, 2003).

대승불교(Mahayana Buddhism) 관점에서 열반(*Nirvana*) 혹은 '최상의 열반(The Supreme Nirvana)'은 『삼푸타(*Samputa*) 경전』에서 욕망이나 감정의 불순한 행위에 의해 더럽혀지지 않고 어떤 이원화된 지각에 의해서도 깨끗한, 즉 정결하고 이원화되지 않은 '상등심(上等心)(Superior Mind)'으로 나타나고 있다(Namgyal, 1986). 몇몇 대승불교의 전통에 의하면 부다(Buddhas)는 항상 열반상태에 있다고 주장한다(Lamotte, 1998).

『*Mahaparinirvana Sutra*』(열반경)에 의하면 열반을 초월적 영역에서 영원성, 더없는 행복, 사람으로서의 존재성, 청결에 대한 고대(古代)의 개념으로 설명하고 있다. 대승불교에서 '최종적 열반(final nirvana)'은 세속적이고 초월적이며, 그리고 절대자를 의미하는 용어로도 사용되고 있다(Soothill & Hodous, 1997). 열반경에 모든 만물은 부다(Buddha)의 본성을 가지고 있으며, 모든 만물의 소원은 미래에 부처가 되는 것(재인용, Williams, 1989)이라고 기록하고 있다.

2. 철학적 견해

　　고대 서양에서 행복에 대한 철학적 논의는 헬라 문화권을 중심으로 행복의 본질이 무엇이며 행복을 어떻게 성취할 수 있는가에 대한 탐색이 주요 담론이 되었다. 고대부터 현대까지 많은 현학자들이 행복론에 대한 여러 가지 이론과 주장을 펴왔지만, 본고에서는 서양의 근현대 도덕/정치 철학의 근간이 된 고대 그리스 철학, 특히 아리스토텔레스 윤리/정치 철학의 주요 개념인 "유다이모니아(*eudaimonia*: 행복)"에 초점을 맞추어 간략하게 논의하고자 한다.

　　아리스토텔레스는 모든 사람은 행복을 원한다고 전제하면서, 그의 도덕/정치 철학의 대표적 저서인 『*Ethika Nikomacheia*』(Nicomachean Ethics: 니코마케안 윤리학)에서 유다이모니아(*eudaimonia*: 행복)는 인간이 추구하는 지고의 선(善)으로서 완전한 덕을 준봉함으로써 이루어지는 영적 활동으로 기술하고 있다(2권 3장 1104b: trans., Martin Oswald, 1962; trans., Ross, 1988). 즉, 행복은 정서나 마음의 상태라기보다 활동으로서 영성(靈性)을 지닌 미덕을 실행하는 것으로 보았다.

　　아리스토텔레스학파의 윤리/정치 철학에서 헬라(*Hella*)어로 "*arête*(아레테: 미덕(美德))", "*phronesis*(프로네시스: 실제적/도덕적 지혜)"와 더불어 실천 철학의 목표로 간주되고 있는 "*eudaimonia*(유다이모니아)"는 행복(happiness), 복지(welfare), 인간의 번영(human flourishing)으로 번역되고 있다(Liddell & Scott, 1995; Robinson, 1999). Bruni(2005)에 의하면 "유다이모니아(*eudaimonia*)"의 원래 의미는 "좋은 악마(good demon)" 혹은 "행운(good fortune)"의 의미로 행복과 행운은 동일한 개념이었다고 주장하고 있다. 그 근거로 현대 독일어 "*glueck*(글릭)"은 행복과 행운을 의미하고 있으며, 영어의 "happiness(행복)"도 동사 "to happen(일어나다)"에서 유래되었다고 기술하고 있다(Bruni, 2005).

그러나 '그리스-영어 사전(Liddell & Scott, 1995)'에 의하면, "*eudaimonia*"는 어원적으로 "eu(좋은(good)/잘(well))"와 "daimon" 혹은 "*daimonion*(신성(神性) 또는 영성(靈性))"의 합성어로 어원적 의미를 연결하여 유추 해석한다면 인간이 지닌 모든 재능과 잠재력을 좋게 발전시켜 신성이나 영성에 가깝게 이르도록 하는 일 혹은 마음의 상태를 나타내고 있다. 어원상으로 "*daimon*"은 신성의 의미와 함께 신과 인간 사이에 존재하는 초자연적인 존재, 즉 악마 혹은 귀신의 의미를 담고 있다. 이런 맥락에서 볼 때 "*eudaimonia*"는 신의 보호나 축복을 받아 "다이몬(*daimon*)"의 상태를 초월하여 신의 본성에 닮아가거나 이르게 하려는 활동이라는 의미를 담고 있다.

아리스토텔레스는 『Nicomachean Ethics』(니코마케안 윤리학), 1095a 15-22에서 "*eudaimonia*"를 '잘하고 잘사는 것'으로 정의하면서, "행복한 생활"은 실재적(實在的)으로 바람직한 삶으로 '잘사는 것'이지만 지나치지 않아야 함을 의미하고 있다. 누구나 다 행복한 생활을 원하지만 그 기준과 방식은 각 개인에 따라 다르므로 소위 '잘사는 것(well living)'에 대한 표준적 생활방식이나 활동을 제시하는 것은 쉬운 일이 아니다. 아리스토텔레스에 의하면 인간에게 최상의 삶은 실제생활이나 인간관계에서 '좋음'과 '잘함'을 포괄하는 즐거운 생활, 힘과 능력을 소유하고 발휘할 수 있는 정치적 활동, 그리고 이성과 정신적 활동을 할 수 있는 철학적 생활을 제시하고 있다.

아리스토텔레스의 윤리학에서 행복한 생활은 "이성(理性)에 따른 덕행(*arête*)이 있는 활동(니코마케안 윤리학, 1097b22-1098a20)"으로서 윤리적 덕목인 미덕(美德)을 그 중심에 두고 있다. 그러나 이에 못지않게 실용성과 친밀한 인간관계 및 영적 활동을 중요하게 생각하고 있다.

요약하자면 아리스토텔레스의 행복론은 도덕적인 삶을 바탕으로 한 이성과 실용성 및 영성을 수반한 활동으로 정리할 수 있다.

3. 과학적/실용적 견해

행복에 대한 과학적/실용적 견해는 심리학적 및 경제학적 견해를 중심으로 전자는 실증(긍정)심리학(Positive Psychology)에 후자는 행복경제학(Happiness Economics)에 초점을 맞추어 논의하고자 한다.

(1) 과학적 견해

행복 관련 연구에 대한 심리학적 접근은 주로 임상, 사회, 실증(긍정) 심리학 분야에서 실행되고 있다(Argyle, 2001; Diener, 2000; Edelman, 1993; Fredrickson, 2009; Fredrickson, et al., 2000; Fowler & Christakis, 2009; Grinde, 2002; Haidt, 2005; Lykken, 1995; Klein, 2006; Lyubomirsky et al., 2005; Radcliff, 2001; Seligman, 2002; Seligman & Csikszentmihalyi, 2000; Veenhoven, 1984, 2011; Wallis, 2005; Weiss, et al., 2008).

임상심리학 분야 학자들(Edelman, 1993; Grinde, 2002; Klein, 2006)은 행복을 신경과학적 내지 생물/생리학적으로 접근하여 사람이 행복할 때와 불행할 때 두뇌와 신경 및 호르몬의 분비가 어떤 상태로 어떻게 작용하는가를 연구하고 있다. 이들은 규칙적이고 꾸준한 운동은 전전두엽 부분의 뇌 기능을 향상시키고 긍정적으로 변하게 하여 행복감 같은 긍정적인 감정을 더 잘 느끼게 한다고 주장하고 있다. 그리고 행복과 관련된 물질로 세로토닌, 도파민 및 옥시토신 호르몬을 들면서 행복은 긍정적인 마음으로 부단히 도전하는 균형 잡힌 뇌, 즉 뇌의 전반적인 조화와 통합에 의해 이루어질 수 있다고 밝히고 있다.

사회심리학 분야에선 사회학적 접근으로 인간의 행복에 영향을 끼칠 수 있는 여러 가지 요인 혹은 변인을 과학적 방법으로 연구 조사하고 있다. Fredrickson(2009)은 긍정적인 감정이 마음의 평안과 낙관주의(optimism)를 유지할 수 있는 정신적 에너지를 공급하고 자아실현에 대한 의지와 감각을 발달시킨다고 제시한다. 동서양의 고대 지혜에서 인생과 행복의 심리를 다룬『The Happiness Hypothesis: Finding Modern Truth in Ancient Wisdom』(행복의 가설: 고대 지혜에서 현대의 진리 발견)의 저자인 Haidt(2005)에 의하면, 행복은 사람과의 상호관계에서 온다고 주장한다.

그리고 Fowler와 Christakis(2009)는 중장기적 실증적 연구에서 사회적 인간관계, 즉 '사회적 연결망(social networks)'이 사람의 행복에 가장 중요한 요인으로 높은 긍정적 상관관계를 나타내고 있음을 밝혀내었다. 행복은 친밀한 인간관계에 있는 사람들-배우자, 자손, 친구, 이웃사람-을 통하여 꾸준히 확산되고, 친근하고 행복한 사람들과 밀접한 인간관계를 가진 사람일수록 그리고 그러한 사람들이 많을수록 더욱 행복한 것으로 밝히고 있다. Fowler와 Christakis(2009)는 연구결과로 행복은 대중을 통하여 바이러스처럼 확산될 수 있다고 주장한다.

실증(긍정)심리학(Positive Psychology) 분야 연구자들(Angeles, 2009; Brown, 2007; Compton, 2005; Gable & Haidt, 2005; Haidt, 2005; Kahneman, 2011; Koenig et al., 2001; Seligman, 2002; Seligman & Csikszentmihalyi, 2000; Smith, 2005)은 인간의 천부적인 재능과 솜씨를 찾고 육성하여 평범한 삶을 보다 충족한 삶이 될 수 있도록 한다는 본래의 취지에 맞게 여러 가지 주제-종교, 결혼, 건강, 나이(老少), 교육, 지

능지수, 가족, 개성, 사회적 연대, 정치적 참여, 문화, 행복지수, 돈, 경제적 능력, 운동, 날씨 등 - 로써 다양한 과학적 방법을 사용하여 이러한 요인들이 행복과 어떤 상관관계를 가지는지를 탐구하고, 어떻게 하면 모든 것이 올바르게 잘 될 것인가, 즉 즐거운 삶, 좋은 생활, 의미 있는 삶을 어떻게 즐기고, 참여하고, 관계를 가질 것인가를 연구 조사하고 있다. 또한 이 분야의 연구자들은 사회제도나 기관에 의해 촉진될 수 있는 여러 가지 방법뿐만 아니라 가치나 미덕, 즐거움이나 재능에 대한 특성이나 상태 및 흐름을 분석하고 있다(Peterson, 2006).

이들의 연구결과에 의하면 개인에 따라 다소 상이점이 있지만 일반적으로 위의 요인들이 유(有)하거나 정면적(正面的)이거나 높거나 많을 경우, 행복 혹은 복지생활에 긍정적인 상관관계가 성립하는 것으로 제시하고 있다. 그러나 교육요인에 있어선 사회경제적인 효과는 있지만 직접적으로 행복과는 거의 상관관계가 성립하지 않는 것으로 나타나고 있다(Wallis, 2005). Seligman에 의하면 학습애(學習愛)나 지적 호기심이 친절, 감사, 사랑 등과 같은 미덕(美德)보다 행복과의 연관성이 높지 못하다고 주장하고 있다. Seligman 등의 심리학자들이 주창한 중요한 가설 중 하나는 "행복공식"으로서, 행복(H)=설정치(S)+조건(C)+자발적 활동(V)이다.

행복(Happiness)은 나의 생물학적 설정치(Setpoint: 인종, 성, 나이 등)와 자신의 삶의 조건(Conditions: 결혼상태, 재산 정도, 주거지, 학력 등) 및 내가 행하는 자발적 활동(Voluntary Activities: 운동, 명상, 신기술 습득, 여가 활동 등)에 의해 결정된다고 내세우고 있다(Haidt, 2005).

일부 신경과학 및 생리학 분야 학자들(Grinde, 2002; Fredrickson, 2009; Wallis, 2005) 또한 긍정심리학 분야에 편승하여 행복이 다양하고 상이한 정서적/정신적 현상을 포괄하는 것으로 간주하고 여러 가지 연구방법을 통하여 긍정적인 생각이 어떤 활동과 영향을 미치는가를 탐구하고 있다. Fredrickson(2009)은 긍정적 감정은 생리적 안정감을 되찾게 하고 신진대사를 원활하게 하여 즐거운 생활을 할 수 있게 한다고 밝히고 있다. 그리고 Seligman은 몇몇 연구에서 낙관주의가 우울증이나 정신질환을 감소시키고 육체적으로 건강을 도모할 뿐만 아니라 행복을 증대시킨다고 제시하고 있다(Wallis, 2005).

긍정심리학은 전반적으로 Martin Seligman과 Mihaly Csikszentmihalyi (2000)이 요약한 대로, 심리적으로 인간의 긍정적 기능이 과학적 이해를 돕고 개인과 가족 및 사회구성원들의 상호 번영에 이바지하는 효과적인 중재를 한다고 믿고 있다.

(2) 실용적 견해

행복 관련 연구에 대한 실용적 견해는 서구에서 오랜 전통을 가지고 있으나, 현대 경제학에선 "공공 행복학(the science of public happiness)"의 한 분야로서 그 기원을 두고 있다(Bruni, 2004). 20세기 후반 이래 행복은 현대 경제학의 주요한 주제로서 이름 하여 행복경제학(Happiness Economics 혹은 The Economics of Happiness)의 중심 연구대상이 되고 있다. 행복경제학은 전형적으로 삶의 질, 복지문제, 생활의 만족도, 소득 등과 같은 행복과 관련된 문제를 경제학적 관점에서 연구하고 있다.

일반적으로 경제학자들(Bruni & Porta, 2007; Easterlin, 1974, 2003; Frey & Stutzer, 2001; Layard, 2005; Oswald, 1999; Praag & Ferrer-i-Carbonell, 2004; Veenhoven, 1984, 2011)은 부(富)만으로 행복해질 수 있다거나 돈으로써 행복을 살 수 있다고 생각하지 않는 경향이 있다(Bruni, 2004). 따라서 행복경제학 관련 학자들은 부(富), 소득(돈), 물질

적/경제적 이익보다 행복을 극대화시키거나 이에 관련된 그 무엇을 측정/연구하고자 한다. 이들이 선택하고 취급하는 주요 결정요인들은 돈, 개인의 소득, 고용, GDP와 GNP, 경제적 자유, 소비, 사회보장, 인간관계, 결혼, 가족, 자녀, 정치 참여, 일/여가, 건강 등이다.

소위 "이스터린 역설(Easterlin Paradox)"로 현대 행복경제학의 새로운 지평을 연 Richard Easterlin(1974)은 국민소득이 상대적으로 높은 국가가 낮은 국가보다 그리고 소득이 상대적으로 높은 사람들이 소득이 낮은 사람들보다 더 행복하다고 주장하면서도 행복과 소득과의 상관관계는 복잡 미묘하다고 말하고 있다. 이스터린(Easterlin)은 어느 일정한 시점이 되면 평균 이상의 소득자들은 소득의 증가에 비례해서 행복이 증대되지 않는 경향을 나타낸다고 주장하고 있다. 일부 학자들(Stevenson & Wolfers, 2009; Veenhoven, 1993) 또한 역설은 존재하지 않는다면서 개인과 국가의 소득증가는 행복증가로 이어진다고 이스터린(Easterlin)의 주장을 뒷받침하고 있다. 국제연합(UN)에서 매년 발표하는 '인간개발지수(Human Development Index)'와 미국 Washington DC에 본부를 두고 있는 국제여론조사기관인 갤럽(Gallup)에서 조사한 '세계복지조사(Global Wellbeing Survey)'에 의하면 개인과 국가 소득이 높은 서구 국가들이 행복지수가 높은데 반하여, 저소득 국가들은 낮게 나타나고 있다(Forbes, 2010; Gallup, 2010; UN HDI, 2011).

그러나 여러 국제비교연구(GNH, 1972; NEF, 2006; Businessweek, 2006)에서 행복은 국민소득에 비례하지 않는 것으로 밝혀지고 있다. 앞에서 간단히 기술하였지만 행복지수 혹은 행복 색인 관련 몇몇 국제비교연구에서 히말라야 산맥에 위치한 조그마한 불교/힌두교 국가인 부탄(Bhutan)이 행복도가 아주 높은 나라로, 남태평양에 위치한 섬나라인 바누아투(Vanuatu)가 세상에서 행복지수가 가장 높은 나라로 판명되었다

(NEF, 2006). 또한 서구학자들의 몇몇 연구사례에서도 돈이 사람을 더 이상 행복하게 할 수 없으며, 돈보다 다른 요인들이 사람을 더 행복하게 할 수 있다고 주장하고 있다(Easterbrook, 2011; Foroohar, 2007; Fowler & Christakis, 2009).

여러 나라에서 조사/연구한 공시적(共時的: synchronic) 분석에서는 행복과 소득 간에 높은 정적(正的) 상관관계를 가진다고 발표하고 있으나, 반면에 통시적(通時的: diachronic) 분석에서는 시간이 경과함에 따라 행복은 거의 불변하고 소득에 종속되지 않는 변인으로서 행복은 소득과 상관관계가 이루어지지 않음을 나타내고 있다(Bruni, 2004).

행복경제학의 관점에서 한 가지 사례로 돈(소득)과 행복과의 상관관계를 간단히 살펴보았지만, 연구/분석 방법, 연구자의 선입견 혹은 편견, 조사/연구대상, 연구자 혹은 연구대상의 국적과 인종, 역사/문화적 배경 등에 따라 다른 결과가 나타나고 있다. 일반적으로 행복경제학 분야 연구자들이 선택/취급하고 있는 결정요인들은 인간의 삶과 밀접한 혹은 불가분의 관련성이 있다고 볼 수 있다.

본 연구에서 행복에 관련된 여러 가지 견해를 고찰해보았지만, 각인 각색(各人各色)인 인간사회에서 만인에게 공통적으로 적용될 수 있는 행복의 상수(常數)를 찾아낸다는 것은 쉬운 일이 아니다. 고대 그리스의 철학자 아리스토텔레스가 주장한 것처럼 "모든 사람이 행복을 원하지만" 행복은 부단히 바라는 사람, 추구하는 사람에게만 보이고 소유되는 것이 아닐까?

:: 제3절 대학교육과 행복

1. 한국의 대학교육, 필요선인가 필요악인가?

　한국의 대학교육이 필요선(必要善)인지 필요악(必要惡)인지 행복론의 측면에서 볼 때 어느 한 쪽으로 치우쳐 단정하기 어려운 일이지만, 본질적으로 대학교육은 후자보다는 전자의 기능을 그 목적과 사명으로 하고 있다. 그러나 현재 한국사회에서 대학과 대학교육은 필요선(必要善)이기도 하고 필요악이기도 하다고 볼 수 있다. 전자의 입장에서는 대학의 순기능으로서 개인의 자아발전 내지 실현에 필요한 사회경제적 및 문화/교육적 혜택과 보상을 부여하고, 국가와 사회적으로는 정치경제 발전과 국력신장 및 사회복지 증진과 사회정의 실현에 기여한다고 볼 수 있다.

　후자의 입장에서는 대학의 역기능으로서 지나친 교육열로 인한 교육경쟁과 교육 과잉, 과도한 교육비용 부담, 사회경제적 양극화, 교육 양극화의 연결고리 및 악순환, 경쟁중심 사회체제와 학력/학벌 사회로 인한 경쟁지상주의 및 소아적(小我的) 출세주의, 이로 인한 인간성 상실과 신뢰성 부재 등을 들 수 있다. 특히 대학은 금전만능주의(mammonism) 및 출세지상주의의 날개를 달고 사회적 화합과 공영보다 국가와 대학의 이익과 발전, 개인적 성공과 영달에 치우친 정책과 행정이 득세하고 있다.

현재 시대적 흐름에 편승하여 대학교육이 실용적/경제적 측면에서 최고의 투자재 혹은 자본재로서 개인의 취업과 소득창출의 최적의 수단과 도구로써 나아가 개인의 입신출세의 통로로서 인식/활용되고 있지만, 인문적 내지 형이상학적 측면에서 인간으로서의 가치와 예지 및 교양과 도덕을 함양하는 숭고한 기능과 책무가 소외 내지 기피되고 있다.

　　한국의 대학에 내걸린 구호는 "학문의 자유와 진리추구"가 아닌 오직 "생존과 경쟁, 이익추구와 몸짓 부풀리기"만이 펄럭일 뿐이다. 한국의 대학에서 상생(相生)과 행복추구는 대학행정에서 이미 자취를 감추고 말았다. 우리의 대학과 대학교육이 이제부터라도 감은 눈을 크게 뜨고 보다 넓게 멀리 내다보면서 학문의 자유, 진리추구와 더불어 개인의 행복, 사회복지와 공동선(共同善), 국가번영과 세계평화를 추구하여 필요선(必要善)의 기능을 수행할 의향은 없는지 묻고 싶다.

:: 제4절 에필로그: 대학이 과연 우리를 행복하게 만들 수 있을까?

이 포지션 페이퍼(position paper)의 마지막 문제로서 "대학이 과연 우리를 행복하게 만들 수 있을까?"라는 질문에 대해 기술하고자 한다.

몇몇 선행연구 결과에서 밝혀졌듯이 대학교육 자체로서는 행복과 직접적인 관련성을 찾아보기 어렵지만, 대학교육은 긍정적 측면에서 사회경제적으로 직간접적인 효과와 보상을 가져다줄 수 있다. 예를 들자면, 직장과 직업선택의 폭과 기회를 증가시키고, 소득증대와 사회적 위치나 신분상승을 높일 수 있고, 그 외 여러 가지 간접적인 보상효과를 유발한다. 행복경제학적 관점에서 일상적인 삶에서 행복은 실용적인 면과 불가분의 관계에 있다고 본다면, 직접적으로 사회경제적인 혜택을 가져다줄 수 있는 대학교육이 몇몇 선행연구 결과와 달리 행복과 긍정적인 상관관계가 성립한다고 볼 수 있다. 이 같은 논리로 귀결한다면 대학은 개인의 행복과 사회복지에 기여할 수 있으며 대학교육은 우리의 행복과 관련성을 맺고 있다고 말할 수 있다.

실용성을 배제한 정신적, 심리적, 혹은 종교적 관점에서 대학교육이 행복과 직접적인 연관성을 찾기 어렵다는 것은 여러 선행연구에서도 밝혀진 사실이지만, "매슬로우의 요구체계(Maslow's hierarchy of needs)"의 분류에 따르면 일상생활에서 실용성은 기초적인 '생리적 요구(physiological need)'를 충족시키는 기본재에 해당될 수 있으므로 사회경제적인 혜택과 보상을 부여할 수 있는 대학교육은 우리들을 행복하게 만들 수 있는 방법 중 한 가지로 덧붙인다.

그리고 이 논문에서 고찰한 종교 및 현학자들의 행복론의 견해와 지난 5년간 저자의 행복 관련 연구경험과 사색을 토대로 에필로그로서 우리를 행복하게 만들 수 있는 10가지 방법을 감히 도출하여 다음과 같이 제시한다. 단 한 가지 방법이라도 당신의 마음 밭에 심어져 행복의 초아가 뿌리내리길 소망한다. 그러나 무엇보다 중요한 것은 "자기의 노고로 먹고 마시며 스스로 행복을 느끼는 것보다 인간에게 더 좋은 것은 없다"(로마 가톨릭교, 구약성경 코헬 제2장 24절)는 구절을 마음에 새기도록 권고하고 싶다.

우리를 행복하게 만들 수 있는 10가지 방법

당신이 행복해지길 바란다면
매사에 감사하고 사랑하는 마음을 가지고,
낙천적이고 긍정적인 생각을 하며,
꾸준히 즐겁게 일하며 운동하고,
올바르고 착한 사람을 만나며,
행복을 느끼고 만들 수 있는 일을 하고,
그런 사람을 만나도록 애쓰며,
미덕(美德)을 키우고,
서로의 차이를 인정하고 존중하며,
마음을 가난하고 깨끗하게 하고,
영성(靈性)이 함께하는 신실한 종교생활을 할 때
행복이 그대의 마음 밭에서 자랄 것이다.

:: 참고문헌

한국천주교주교회의(2005), 「성경」, "창세기", 서울: 한국천주교주교회의.

한국천주교중앙협의회(2003), 「가톨릭교회 교리서」, 서울: 한국천주교 중앙협의회.

Angeles, L.(2009), Children and Life Satisfaction, Journal of Happiness Studies, 11(4), pp.523~538.

Aquinas, Thomas, "Question 3. What is happiness", *Summa Theologiae*: (ST) I-II, http://www.newadvent.org/ summa/200308.htm.

_____, Compendium Theologiae(Eng.), (trans.), Richard J. Regan in 2009, Oxford; New York: Oxford University Press.

Argyle, M.(2001), The Psychology of Happiness, New York: Routledge.

Augustine, Saint, Bishop of Hippo(398), The Confession(Confessiones) of Saint Augustine, (trans.), John K. Ryan in 1960, New York: Doubleday Dell Publishing Group, Inc.

_____, Bishop of Hippo(the early 5th century), *De Civitate Dei contra Paganos*: The City of God against the Pagans, (Eng., trans.), Marcus Dods, George Wilson, & J. J. Smith, in 2009, Peabody, Mass: Hendrickson Publishers, Inc.

Brown, K. W., Ryan, R. M., & Creswell, J. D.(2007), Mindfulness: Theoretical foundations and evidence for its salutary effects, Psychological Inquiry, 18, pp.211~237.

Bruni, L.(2005), Economics and the Paradoxes of Happiness, London: Routledge.

_____. & Porta, P. L.(2007), Economics and Happiness: Framing the Analysis, Oxford; New York: Oxford University Press.

Christakis, J. H. & Fowler, N. A.(2009), Connected: The Surprising Power of Our Social Networks and How They Shape Our Lives, New York: Little, Brown and Company, Hachette Book Group.

Cicero. M. T., De Finibus Bonorum et Malorum: "On Ends", H. Rackham, (trans.) in 2011, Cambridge: Harvard University Press.

Compton, W. C.(2005), An Introduction to Positive Psychology, Belmont, CA: Wadsworth Publishing.

Diener, E.(2000), Subjective Well-being: The Science of Happiness and a Proposal for a National Index, American Psychologist, 55(1), pp.34~43.

Easterlin, R.(1995), Will Raising the Incomes of All Increase the Happiness of All? Journal of Economic Behavior and Organization, 27(1), pp.35~47.

Easterlin, R., Hinte, H., & Zimmerman, K. F.(2011), Happiness, Growth, and the Life Cycle(Iza Prize in Labor Economics), Oxford; New York: Oxford University Press.

Edelman, G. M.(1993), Bright Air, Brilliant Fire: On the Matter of the Mind, New York: Basic Books.

Easterbrook, G.(2011), "The Real Truth about Money", Time, http://www.time.com/time/magazine/article/0,9171,1015883,00.html Retrieved on Sep 16, 2011.

Ellison, C. G.(1994), Religious Involvement, Social Ties, and Social Support in a Southeastern Community, Journal of the Scientific Study of Religion, 33, pp.46~61.

Foroohar, R.(2007), "Money v. Happiness: Nations Rethink Priorities", Newsweek, April 5, 2007.

Fowler, J. H. & Christakis, N. A.(2009), Dynamic Spread of Happiness in a Large Social Network: Longitudinal Analysis Over 20 Years in the Framingham Heart Study, British Medical Journal, 338(768), p.2338.

Fredrickson, B.(2009), Positivity: Groundbreaking Research Reveals How to Embrace the Hidden Strength of Positive Emotions, Overcome Negativity, and Thrive, New York: Crown Publishers.

_____., Mancuso, R. A., Branigan, C., & Tugade, M. M.(2000), The Undoing Effect of Positive Emotion, Motivation and Emotion, 24, pp.237~258.

Frey, B. S. & Stutzer, A.(2000), Happiness, Economy and Institutions, Economic Journal, 110(466), pp.918~936.

_____.(2002), Happiness and Economics: How the Economy and Institutions Affect Human Well-being. Princeton, NJ: Princeton University Press.

Gable, S. L. & Haidt, J.(2005), What(and Why) Is Positive Psychology? Review of General Psychology, 9, pp.103~110.

Gallup(2010), Global Wellbeing Survey, Washington, DC: Gallup.

Gombrich, R.(1988), Theravada Buddhism: A Social History from Ancient Benares to Modern Colombo, Routledge and Kegan Paul.

Grinde, B.(2002), Happiness in the Perspective of Evolutionary Psychology, Journal of Happiness Studies 3, pp.331~354.

Hackney, C. H. & Sanders, G. S.(2003), Religiosity and Mental Health: A Meta-Analysis of Recent Studies, Journal for the Scientific Study of Religion, 42(1), pp.43~55.

Haidt, J.(2005), The Happiness Hypothesis: Finding Modern Truth in Ancient Wisdom, New York: Basic Books.

Hall, S. G.(1993), Gregory of Nyssa [Gregorius Nyssenus, S.]: Homilies on Ecclesiastes: An English Version with Supporting Studies: Proceedings of the Seventh International Colloquium on Gregory of Nyssa(St. Andrews, 5~10 September 1990), Berlin; New York: Walter de Gruyter Inc.

Hartog, J. & Oosterbeek, H.(1998), Health, Wealth and Happiness: Why Pursue a Higher Education? Economic of Education Review, 17(3), pp.245~256.

Hodgkinson, C.(1982), Wealth and Happiness: An Analysis and Some Implications for Education, Canadian Journal of Education, 7(1), pp.1~14.

Irwin, T. H.(1995), Plato's Ethics, Oxford: Oxford University Press.

Klein, S.(2006), The Science of Happiness: How Our Brains Make Us Happy, and What We Can DO to Get Happier, (trans.) Stephen Lehmann, New York: Marlowe & Company.

Koenig, H. G., McCullough M., & Larson, D. B.(2001), Handbook of Religion and Health: a century of research reviewed, New York: Oxford University Press.

Lamotte, E.(1998), Suramgamasmadhisutra, Curzon, London.

Layard, R.(2005), Happiness: Lessons from a New Science, London: Allen Lane.

Lee, J. K.(2008), Education and Happiness: Perspectives of the East and the West, http://unpan1.un.org/intradoc/groups/public/documents/unpan/unpan 034402.pdf; ERIC No: ED503756.

Liddell, H. G. & Scott, R.(1995), An Intermediate Greek-English Lexicon, Oxford: Oxford University Press.

Lykken, D. T.(1995), The Antisocial Personalities, Hillsdale, New Jersey: Lawrence Erlbaum Associates, Inc.

Lyubomirsky, S.(2008), The How of Happiness: A New Approach to Getting the Life You Want, London: The Penguin Press.

Lyubomirsky, S., Schkade, D., & Sheldon, K. M.(2005), Pursuing Happiness: The Architecture of Sustainable Change, Review of General Psychology, 9(2), pp.111~131.

Moreira-Almeida, A., Neto, F. L., & Koenig, H. G.(2006), Religiousness and Mental Health, A Review, 28(3), pp.242~250.

Myers, D. G.(1992), The Pursuit of Happiness: Who Is Happy and Why, New York: William Morrow and Co.

Namgyal, T. T.(1986), Mahamudra Shambhala, Boston and London.

New Economics Foundations(NEF)(2006), Happy Planet Index(HPI), London: The New Economics Foundations.

Oswald, A. J.(1997), Happiness and Economic Performance, Economic Journal, 107(445), pp.1815~1831.

Peterson, C.(2006), A Primer in Positive Psychology, New York: Oxford University Press.

Radcliff, B.(2001), Politics, Markets, and Life Satisfaction, American Political Science Review, 95(4), pp.939~952.

Robbins, B. D.(2008), What Is the Good Life? Positive Psychology and the Life Well-lived, Washington DC: American Psychological Association.

Robinson, D. N.(1999), Aristotle's Psychology, New York: Columbia University Press.

Ross, D.(trans.)(1988), Aristotle: The Nicomachean Ethics, Oxford: Oxford University Press.

Seligman, M. E. P.(2002), Authentic Happiness: Using the New Positive Psychology to Realize Your Potential for Lasting Fulfillment, New York: Free Press.

Seligman, M. E. P. & Csikszentmihalyi, M.(2000), Positive Psychology: An Introduction, American Psychologist, 55(1), pp.5~14.

Smith, M. K.(2005), Happiness and Education-Theory, Practice and Possibility, The Encyclopaedia of Informal Education, www.infed.org/biblio/happiness_and_education.htm.

Smith, T., McCullough, M., & Poll, J.(2003), Religiousness and Depression: Evidence for a Main Effect and Moderating Influence of Stressful Life Events, Psychological Bulletin 129(4), pp.614~636.

Snoep, L.(2007), Religiousness and Happiness in Three Nations: a Research Note, Journal of Happiness Studies, Feb. 6, 2007.

Soothill, W. E., & Hodous, L.(1997), A Dictionary of Chinese Buddhist Terms, Motilai Banarsidass, Delhi.

Stevenson, B., & Wolfers, J.(2009), Economic Growth and Happiness(Economic Growth and Subjective Well-being: Reassessing the Easterlin Paradox)(Survey): An article from Brookings Papers on Economic Activity [HTML].

The Legatum Group(2010), The 2010 Legatum Prosperity Index, Mayfair, London: The Legatum Group.

The World Bank(2010), World Development Indicators(WDI), Washington, DC: The World Bank.

Tkach, C. & Lyubomirsky, S.(2006), How Do People Pursue Happiness?: Relating Personality, Happiness-Increasing Startegies and Well-Being, Journal of Happiness Studies, 7(2), pp.183~225.

United Nations(2011), Huamn Development Index(HDI) 2011, New York: Human Development Report Office.

Van Praag, Bernard M. S. & Ferrer-i-Carbonell, A.(2004), Happiness Quantified: A Satisfaction Calculus Approach, Oxford: Oxford University Press.

Veenhoven, R.(1984), Conditions of Happiness, Dordrecht, The Netherlands: Springer.

_____.(1993), Happiness in Nations: Subjective Application of Life in 56

Nations, Rotterdam: Erasmus University.

Veenhoven, R.(2011), World Database of Happiness, German Data Forum(Rat SWD), Germany: Federal Ministry of Education and Research.

Wallis, C.(2005, Jan. 09), The New Science of Happiness, Time Magazine, http://www.time.com/time/magazine/ article/0,9171, 1015902-1,00.html.

Wang, Y.(2003), Linguistic Strategies in Daoist Zhuangzi and Chan Buddhism: The Other Way of Speaking. London: Routledge.

Weiss, A., Bates, T. C., & Luciano, M.(2008), Happiness is Personal(ity) Thing: the genetics of personality and well-being in a representative sample, Psychological Science, 19, pp.205~210.

Williams, P.(1989), Mahayana Buddhism: The Doctrinal Foundations, London: Taylor & Francis, Inc.

World Intellectual Property Organization(2011), World Intellectual Property Indicators Report, Geneva, Switzerland: WIPO.

Yamamoto, K.(1975), Mahayanism: A Critical Exposition of the Mahayana Mahaparinirvana Sutra, Karinbunko, Ube City, Japan.

⟨인터넷 웹사이트⟩

http://www.businessweek.com/globalbiz/content/oct2006/gb20061011_072596.htm, Rating Countries for the Happiness Factor.

http://www.corpusthomisticum.org/sth0000.html, 토머스 아퀴나스: "신학대전", 라틴어 본: Corpus Thomisticum: Sancti Thomae de Aquino: Summa Theologiae.

http://en.wikipedia.org/wiki/Summa_Theologica, 토머스 아퀴나스의 신학대전.

http://www.forbes.com/2010/07/14/world-happiest-countries-lifestyle-realestste-gallup.html, 세상에서 가장 행복한 나라(The World Happiest Countries).

http://www.gallup.com/poll/142727/religiosity-highest-world-poorest-nations.aspx, 갤럽조사: 부국과 빈국의 행복도.

http://www.grossnationalhappiness.com, GNH: Bhutan's Peace and Happiness.

http://www.newadvent.org/fathers/1201.htm, 히포의 아우구스틴, "신의 도시", 영어 번역본: St. Augustine of Hippo's The City of God against the Pagans.

http://www.newadvent.org/summa/2003.htm, 토머스 아퀴나스, "신학대전", 영

어 번역본: St. Thomas Aquinas' Compendium of Theology.

http://www.people-press.org/, Pew Research Center for the People & the Press, Washington, DC.

http://www.ratswd.de/download/RatSWD_WP_2011/RatSWD_WP_169.pdf, World Database of Happiness(행복에 대한 세계 DB).

http://www.thelatinlibrary.com/august.html, 히포의 아우구스틴, "신의 도시", 라틴어 본: De Civitate Dei, "고백," 라틴어 본: Confessiones.

http://www.worldbank.org/all?qterm_WDI2010, The World Development Indicators 2010.

Chapter 5

인터넷 시대의
대학교육과 행복

이 논문은 영국에서 발간되는 국제학술지 『Higher Education Review』 2011년 여름호, Volume 43 Number 3, pp.70~79에 게재된 저자의 영어논문 「Higher Education and Happiness in the Age of Information」를 일부 개정 및 보완하여 번역한 것임을 밝힌다. 그리고 저자가 한글로 번역한 이 국문번역본은 한국대학교육협의회[대교협]의 2011년 학술 Position Paper(RM 2011-32-443)로 작성/발행되었다.

이 연구의 목적은 인터넷 시대에 있어서 "행복추구대학(교)"의 필요성에 초점을 맞추어 고등교육과 행복의 관계를 고찰하는 데 있다. 이 연구를 논리적으로 논의하기 위해 아래와 같이 세 가지 연구문제를 설정한다.

첫째, 고등교육은 왜 행복을 추구해야 하는가?

둘째, 정보화 시대에 있어서 대학의 형태와 특성은 무엇인가?

셋째, 인터넷 시대에 고등교육과 행복의 관계는 어떠한가?

:: 제1절 서론: 왜 대학교육은 행복을 추구해야 하는가?

　전통적으로 고등교육은 엘리트교육으로서 동서양을 막론하고 수세기 동안 지도자 양성과 전문가 육성을 위한 기능을 수행하고 학문연구를 통한 지식의 보존, 전달 및 진보를 추구하였다(Millet, 1962). 그러나 현대에 이르러 대학은 대중화된 고등교육기관으로서 가르침, 연구, 사회봉사의 기능이 확대되어 개인의 삶의 질 향상과 복지사회 및 경쟁력 있는 국가발전을 위해 전문지식과 과학기술 습득을 위한 인재양성으로 다양화되었다(Lee, 2008b). 대학교육은 개인의 삶의 질 향상을 위한 최고의 투자로 인지되고 있을 뿐만 아니라 서구에서 도입된 인간자본론에 근거하여 국가사회 발전을 위한 인력 효율의 극대화에 최적의 수단이 되고 있다.

　새로운 지식기반 사회와 정보통신 기술시대를 맞아 세계 각국은 세계화의 문명사적 흐름에 편승하여 국가교육 정책으로 국가경쟁력 강화를 위해 과학기술 중심의 연구중심 대학 및 세계 수준의 연구중심 대학을 선택적으로 집중 육성하고 있다. 세계화 시대에 있어서 대학교육은 국가적 관점에서 지식기반 사회를 선도하는 중심축의 하나로 인적자원을 제공하는 공급처뿐만 아니라 국가경쟁력 제고를 위한 도구적 기능을 수행하고 있다(Lee, 2005). 더욱이 정보통신 기술시대에 있어서 인터넷을 통한 정보의 홍수는 지식공유의 용이성과 지식의 보편화를 초래하여 전통적인 고등교육의 정형적인 제도, 형태, 규모 및 특성마저 변화시키고 있다. 따라서 기존 고등교육의 기능과 목적 또한 시대의 흐름에 따라 달라지고 있다.

시대적 흐름과 사조의 변화에 따라 고등교육의 기능과 목적이 달라졌으나 개인적 관점에서 삶의 질 향상은 이러한 흐름과 변화에 영향을 받지 않는 대학교육의 주요한 목적 중 하나이다. 고대 그리스의 위대한 철학자 가운데 한 사람인 아리스토텔레스의 주장처럼 그의 저서『니코마케안 윤리학』에서 행복은 인간이 추구하는 지고의 선(善)이라 하였다. 동서고금을 통하여 수많은 현자, 철학자, 및 연구자들이 행복의 본질과 특성을 정의하거나 논의하고, 행복의 추구 내지 소유 방법을 설명하거나 탐구해왔다.

행복은 지역과 시대에 따라 다르게 인지되어 왔다. 서양의 관점에서 고대 그리스인들은 행복을 덕성으로, 로마인들은 번영과 신(神)의 호혜로, 기독교인들은 신과 더불어 동화함을 의미하였다(McMahon, 2006). 동양의 관점에서 고대 중국인들, 특히 도교인들은 도(道)에 거스름이 없는 것을 완전한 삶이라고 생각하였고, 불교인들은 모든 욕망을 정복함으로 열반(nirvana)에 이를 수 있다고 생각하였다(Lee, 2008a). 동서양의 대표적인 종교에 있어서 행복은 비록 관점과 표현은 다르지만 절대가치로서 혹은 궁극적인 목표로서 강조되거나 추구되어 왔다.

현대에 이르러서도 행복은 세계 여러 나라 – 부탄, 태국, 중국, 호주, 캐나다, 미국, 프랑스, 영국 – 에서 사회복지 국가정립을 위한 정책이나 진보를 위한 길잡이뿐만 아니라(Newsweek, 2007), 여러 기관에서도 인류의 공익과 복지 및 평화를 위한 척도나 지표로서 갖가지 행복 관련 인덱스(Indexes) – National Happiness Index, The Satisfaction with Life Index, The Happy Planet Index, Gross National Happiness, The World

Database of Happiness, Legatum Prosperity Index, Happy Life Years, Heritage/WSJ Economic Freedom Index, Oxford Happiness Inventory, UN Human Development Index, Vision of Human Global Peace Index, WEF Global Competitiveness Index—를 개발했거나 개발하고 있다.

그리고 대학이나 여러 학문 분야에서도 중요한 연구주제로서 논의되거나 탐구되고 있다. 특히 교육 분야에 있어서도 행복은 주요한 연구주제가 되고 있다(Arzeni, 2009; Barker and Martin, 2009; Barrow, 1980; Durgin, 2010; Frey and Stutzer, 2002; Halpin, 2003; Hodgkinson, 1982; Hartog and Oosterbeek, 1998; Keller and Mangold, 2002; Krueger and Lindahl, 1999; Lee, 2008a, 2008b; Michalos, 2007; Miller and Tcha, 2005; Noddings, 2003; Smith, 2005; Stefano, 2006; Watson, 2009).

그러나 행복이 삶과 교육의 궁극적인 목표임에도 불구하고 지금까지 교육학적 관점에서 "고등교육과 행복"이란 주제로 연구한 학술논문은 몇 편 되지 않는다(Barker and Martin, 2009; Durgin, 2010; Frey and Stutzer, 2000; Hartog and Oosterbeek, 1998; Keller and Mangold, 2002; Lee, 2008b; Miller and Tcha, 2005). 더욱이 한국의 고등교육행정 분야에서는 저자의 논문 "대학교육이 행복한 생활을 위한 황금열쇠인가?(2008b)"를 제외하면, 행복과 관련된 연구는 실행되지 않고 있다. 행복이 교육의 연구주제로 중요한 이유로서는 행복은 교육이 추구해야 할 궁극적 목표이며, 교육은 행복을 추구하고 소유하기 위한 필요조건이자 주요변인이기 때문이다.

고등교육은 개인적 측면에서 볼 때 전문지식과 기술을 제공하여 정신적으로나 물질적으로 자아실현과 사회적 성공을 이루게 하는 것이 주된 목적이다(Lee, 2008b). 그리고 국가 사회적 측면에서 대학교육은 사회복지와 국가번영을 위한 매체이자 추진력이다.

이런 맥락에서 볼 때 고등교육의 중요성은 개인의 행복과 복지국가를 지향하고 공리주의 원칙에 입각한 '최대 다수의 최대 행복'을 추구하는 데 있다. 이러한 중요성에 기초하여 이 논문은 인터넷 시대에 있어서 우리나라 고등교육 행정가, 정책입안자 및 연구자들에게 미래의 이상적인 고등교육기관으로서 '행복추구대학(happiness pursuit university)'의 필요성과 그 기초이론을 제공하고자 한다.

:: 제2절 정보화 시대에 대학의 형태와 특징

이십 세기 후반부터 시작된 정보화 시대는 인터넷 시대, 디지털 시대, 컴퓨터 시대, 모빌리티 시대, 정보통신기술 시대 등 여러 가지 다른 이름으로 불리고 있다. 정보화 시대는 동시대의 세계화 흐름을 타고 마찬가지로 지식기반 사회, 지식운용 사회, 디지털 경제사회 등의 이름으로 불리며 지식경제 사회를 선도하고 있다. 비록 여러 가지 이름으로 일컬어지고 있지만 오늘날 같은 지식기반 경제사회에 있어서 새로운 정보통신기술은 고등교육에 지대한 영향을 미치고 있다. 더욱이 정보망의 개방화로 인한 지식접근의 용이성, 다양한 일자리에 필요한 노동시장 수요는 기존 고등교육의 형태, 특성, 제도, 기관, 기능을 변화시키고 있다.

새로운 시대적 흐름에 따라 교육의 형태도 다중매체(multimedia), 하이퍼미디어(hypermedia) 및 원거리통신매체(telecommunications) - 인터넷(internet), 온 - 라인(on-line), 전자우편(e-mail), 트위터(twitter), 페이스북(facebook), 세계광역 웹(WWW: World Wide Web), 디지털콘텐츠(digital contents), 이동웹서비스(mobile web service), 스마트폰(smartphone), 이동통신기술 응용물(mobile communication technology applications)-를 이용한 원격학습(distant learning), 개방학습(open learning), 원격개방학습(distant open learning), 사이버학습(cyber learning), 인터넷학습(internet learning), 평생학습(continuous learning), E-학습(e-learning), 유비쿼터스

학습(ubiquitous learning) 등 다양한 이름의 학습방법으로 달라지고 있다.

따라서 고등교육기관도 건물과 캠퍼스에서 기존의 전통적인 행정제도와 교육과정을 답습하던 정형적인 대학(교)(formal university)에서 각 대학의 특성과 교육과정에 따라 인터넷과 웹(www)을 주축으로 정보통신기술을 이용한 유동적인 행정제도를 채택하는 비정형적인 대학-인터넷대학(internet university), 온라인대학(online university), 가상대학(virtual university), 사이버대학(cyber/satellite university), 개방대학(open university), 메가대학(mega-university), 메가개방대학(mega open university), 원격학습대학(distance education university), 원격개방대학(distance open university), 평생학습대학(life-long education university) - 의 여러 이름으로 추가 혹은 전환되고 있다.

이러한 시대적 흐름에 편승한 변화와 더불어 대학은 지식기반 경제사회에서 노동시장 수요를 충족시키기 위해 연구개발에 집중한 학문의 자본화(academic capitalism) 및 실용화, 대학의 상업화(business university)를 추진하며 대학의 기업화(entrepreneurial university) 및 고등교육의 사업화(higher education Inc.)를 지향하고 있다. 따라서 현재 대학의 주요기능도 기존의 가르침, 연구, 사회봉사에 더하여 개인 삶의 질, 사회복지, 국가경쟁력 고양을 위한 전문지식과 과학기술 습득 및 인간자본론과 노동시장 수요에 근거한 인력개발 양성에 초점을 맞추고 있다.

미래대학은 더욱 보편화 및 대중화된 교육기관으로서 가까운 장래에 2008년 UN 미래포럼에서 예측한 것처럼 통신매체를 통한 사이버 강좌나 온라인 강좌가 주축을 이루는 개방원격학습/교육(open distance learning/education)의 형태로서 가상대학, 사이버대학, 혹은 인터넷대학으로 변환하게 될 것이다(Lee, 2008b; Lush, 2010). 그 후 점차 대학은 윌리스 하만(Willis W. Harman, 2002)이 주장한 것처럼, 책이 없는 대학

(Bookless University), 학사 일정이 없는 대학(No Calendar University), 다중매체를 활용한 대학(Multi-Mode University)으로 변모할 것이다. 더욱이 선진국의 세계적인 연구대학들은(World Class Research Universities) 지역과 국가를 초월한 모든 인류가 접근 가능한 대학(All Have Access University), 가칭 "세계동포적 메가개방대학(Cosmopolitan Mega Open University)" 혹은 "가상적 세계개방대학(Virtual Global Open University)"으로 전환될 가능성이 높다.

2004년 OECD 교육연구혁신센터(CERI: Centre for Educational Research and Innovation)의 고등교육 전문가 회의에서 논의된, "대학의 미래와 새로운 기술(University Futures and New Technologies)"에서 제기된 "대학을 위한 여섯 가지 시나리오(Six Scenarios for Universities)"는 고등교육에 영향을 끼칠 수 있는 여섯 가지 중요변인과 여섯 가지 유형으로 대학을 특징지을 수 있는 시나리오를 제시하고 있다. 여섯 가지 유형의 대학 시나리오는 다음과 같다: 1. 전통(Tradition), 2. 기업대학(Entrepreneurial Universities), 3. 자유시장(Free Market), 4. 평생학습과 개방교육(Lifelong Learning and Open Education), 5. 대학기관의 세계적 통신망(Global Network of Institutions), 6. 인지된 학습의 다양성 – 전통적 대학의 소멸 (Diversity of Recognized Learning-Disappearance of Universities).

이 시나리오는 미래의 대학이 현재의 가르침과 연구중심의 전통적인 대학형태부터 시작하여 실용성과 기업성을 중시하는 연구중심, 노동시장 수급중심 대학형태를 거쳐, 다음엔 인터넷과 글로벌 네트워크가 주축이 된 평생학습과 개방교육을 중시하는 대학, 세계적인 통신망을 갖춘 대학, 그리고 e-학습(e-learning) 위주의 다양성 있는 대학형태로 발전하고, 결국 대학이 사라진다는 가설을 제시하고 있다.

이 발전 가설은 각 나라의 내외적 요인과 상황에 따라 다소 차이가 있을 수 있다. 그리고 고등교육에 영향을 미칠 수 있는 주요변인도 다를 수 있다. 만일 이 발전 가설을 받아들인다면 CERI/OECD(2004)의 여섯 가지 시나리오에서 나타난 것처럼 다음 사항을 예측할 수 있다. 미래대학은 개방교육 및 평생학습으로 나이와 장소의 제약 없이 고등교육 이수를 희망하는 모든 사람들이 언제 어디에서라도 대학 접근이 용이하고 교육 신임장인 학위를 받을 수 있다. 대학의 프로그램도 각 대학의 사명에 따라 전문성이 부여되고, 대부분의 대학은 연구보다는 가르침에 중점을 두게 될 것이다. 대학의 정책이나 전략도 지역사회나 국가보다 세계에 초점을 둘 것이다. 교직원과 학생의 구성 및 기관은 동질성보다는 다양성과 다국적성을 지니고, 재정이나 재무구조는 국가나 지방정부보다 개인이나 사단법인에 더욱 의존하게 된다. 그리고 e-학습과 ICT의 역할이 대학교육의 주축이 될 것이다.

요약하면 미래대학의 형태는 각 나라마다 다소 시간적 차이는 있지만 전통적인 대학은 점차 쇠퇴하고, 멀지 않은 장래에 비정형적인 개방대학 형태로서 가상대학 혹은 인터넷대학이 고등교육을 지배할 것이다. 그리고 미래대학의 특성은 인터넷과 광역웹(world-wide-webs)과 같은 정보통신기술의 도입으로 고등교육 접근의 용이성, 프로그램의 다양성, 원격 및 개방교육, 평생교육 체제, 국제화, 교육혁신, 교육비용 절감, 가상대학 양산, 온라인 학위(online degrees) 등의 양상을 띨 것이다.

:: 제3절 인터넷 시대에 고등교육과 행복

앞으로 후기 인터넷 시대 혹은 정보시대에 있어서 전통적인 고등교육은 결코 더 중요하지 않을 수 있다. 왜냐하면 통신기술은 대학의 건물과 캠퍼스를 통하지 않고 지식사회에서 요구되는 정보와 지식을 용이하게 접근할 수 있도록 할 뿐만 아니라 새로운 정보와 지식을 쉽게 확산시킬 수 있는 매체이기 때문이다(Lush, 2010; Spellings, 2006). 인터넷은 초고속 연결망(unmetered high-speed connections), 세계광역 웹(the world-wide-web), 웹 응용체(web applications), 스마트폰(smartphones), 다른 고안품(other devices) 등과 같은 이동통신매체를 통해 거의 어느 곳에서나 접속할 수 있다. 우리는 지금 세계적인 정보통신 혁명의 한가운데 있다(Poisant, 2010).

인터넷은 이런 용이성, 개방성, 광역성, 신속성으로 인해 일자리뿐만 아니라 교육현장에서도 시간과 공간의 제약성 및 제도의 경직성과 정형성을 탈피하여 교육비용을 절감하고 효율성을 높일 수 있는 장점이 있다. 더욱이 통신매체를 통한 개방원격학습 시스템(Open and Distance Learning System)을 갖춘 e-learning이 주축이 되는 미래의 고등교육은 여러 가지 요인에 의해 영향을 받을 수 있다(Lush, 2010; Sethy, 2008).

2008년 12월에 OECD 교육연구혁신센터(CERI)는 프랑스 정부와 함께 "Higher Education to 2030(고등교육 2030)"이란 '대학의 미래

(university futures)'에 관한 중장기 연구를 발주하였다. 이 연구는 미래 고등교육에 중요한 영향을 미칠 수 있는 여섯 가지 주요한 주제 — 인구 변화(Demographic Change), 정보통신기술(Information and Communication Technology), 세계화(Globalization), 시장과 유사 시장의 힘(Market and Quasi-Market Forces), 대학(교)의 연구활동(University Research), 노동시장 수요(Labour Market Demand) — 를 설정하고 각 주제와 이와 관련된 사항들이 미래 고등교육의 제도와 기관에 어떠한 영향을 미칠 수 있는가를 주제별로 심도 있게 분석하고 있다(OECD/CERI, 2008a). 아직도 진행 중인 연구 프로젝트이므로 모든 주제에 대한 연구결과가 나오지 않았지만 이 주제들은 기존 고등교육의 형태, 특성, 제도, 기관, 기능을 변화시키고 미래 고등교육에 영향을 미칠 수 있는 결정적 요인이다. 특히 정보통신기술은 미래대학의 형태, 특성, 기능에 지대한 영향을 미치게 될 것이다.

또한 OECD 교육연구혁신센터(CERI)는 "대학의 미래(University Futures)" 연구에서 "고등교육을 위한 네 가지 미래 시나리오(Four Future Scenarios for Higher Education)"를 고등교육의 국제화된 집약적인 통신망, 대학의 국가적/지역적 사명, 시장력과 재정적 강화를 위한 새로운 재원확보, 상업화에 기초한 교육 및 연구의 경쟁력 강화에 초점을 두고 다음과 같이 제시하고 있다: 1. 개방 통신망(Open Networking), 2. 지역사회 봉사(Serving Local Communities), 3. 새로운 공공책무(New Public Responsibility), 4. 고등교육사업(Higher Education Inc.)(OECD/CERI, 2008b). 이 시나리오는 장래 고등교육이 지향해야 할 네 가지 분야를 정책 분석적 관점에서 논의하고 있다.

이 시나리오를 미래대학의 기능과 책무에 초점을 맞추어 본다면, 정보통신기술로 접근성이 용이하고 개방화된 미래대학은 세계화와 디지털 경제시대의 흐름에 편승하여 개인의 삶의 질 향상, 지역사회 봉사와 책무성 제고, 사회복지 향상과 국가발전, 세계의 번영과 평화유지를 위한 가르침과 연구개발로 확대되어야 할 것이다.

이러한 미래대학의 기능을 실현하기 위한 일련의 과정으로 고등교육의 개방화 및 보편화로 인해 교육신임장 중심의 학력사회는 당분간 심화되는 현상을 나타내겠지만, e-학습(e-learning)을 통한 지식의 보편화와 인터넷대학에서의 e-학위(e-degrees) 양산은 나중엔 고등교육의 보편화 내지 모든 사람을 위한 교육의 대중화를 초래할 것이다. 이로 인해 전형적인 고등교육의 가치와 중요성이 점차 감소되고 학력가치의 하락을 유발할 수 있지만 학력사회화로 기인된 계층 간 불평등의 간격이 좁혀지고 사회의 응집력은 개선될 것이다. 더욱이 보편화된 고등교육을 이수한 사람들의 혜택과 보상은 보다 나은 선택을 하고, 건전한 시민으로서 책무를 높이고, 행복과 번영을 이룰 수 있고, 자유를 옹호해야 할 것이다(Ezechieli, 2003).

그러나 역설적으로 국가적 관점에서 고등교육이 국가경쟁력 제고 및 국력신장이라는 목표 아래 자국의 경제적 이익추구와 정치적 입지강화를 위한 과학기술 연구개발에 치중한다면 세계의 번영과 평화를 추구하는 유익한 기능보다 생태시스템을 파괴하고, 문화의 다양성을 저해하고, 다른 국가와 인류를 위협하고 불안하게 만들 수 있는 치명적인 수단이 될 수 있다. 이런 맥락에서 '총체적 국가행복(Gross National Happiness)'의 연구자인 Ezechieli(2003)가 주장한 것처럼 지속적 발전, 문화가치 고양, 환경보존, 올바른 행정구축이라는 중추적 개념하에 미래 고등교육은 개인의 행복한 삶을 토대로 사회의 복지와 국가의 번영을 지향하고 나아가 모든 인류가 함께 평화롭게 살 수 있는 행복과 평화를 추구하는 일에 그 기능과 목표를 두어야 할 필요성이 있다. 이에 대한 구체적인 고등교육 정책과 전략은 각 국가와 기관마다 다소 차이가 있겠지만 인류의 행복과 세계의 평화라는 궁극적인 목표는 동일해야 할 것이다.

:: 제4절 요약 및 결론

　　본 연구에서 논의한 것처럼 인터넷 시대 및 지식경제 사회에 있어서 앞으로의 고등교육기관은 새로운 정보통신기술, 특히 인터넷, 광역 웹 (world-wide-webs), 이동통신기술 고안품(mobile communication technologies and devices)과 같은 다중매체를 활용한 e-학습(e-learning) 혹은 온라인 학습(on-line learning)이 중심이 된 사이버대학(cyber/satellite university), 개방대학(open university)으로 변모하여 지역과 국가를 초월한 "모든 사람을 위한 대학(University for All)" 내지 "가상적 개방대학(Virtual Open University)"으로 전환될 것이다.

　　그러므로 후기 정보시대에 있어서 대학의 보편화 및 개방화에 따른 기능과 책무 또한 기존의 가르침, 연구, 사회봉사 및 개인, 사회, 국가가 바라는 전문지식과 과학기술 습득 그리고 인력개발 양성에 더하여 자아실현, 지역사회 봉사와 책무성 제고, 사회복지와 국가발전, 세계의 번영과 평화를 위한 가르침과 연구개발로 확대될 것이다.

　　새로운 정보통신기술을 주축으로 한 고등교육은 용이성, 개방성, 광역성, 대중성, 신속성으로 인해 기관과 프로그램의 시공간의 제약성, 제도의 경직성과 정형성을 탈피하여 교육비용을 절감하고 선택의 다양성과 효율성을 높일 수 있는 장점이 있다. 그러나 미래의 고등교육은 몇몇 딜레마(dilemma)와 문제에 직면할 수 있다.

첫째, 『The University of Google』(구글대학교)의 저자 Tara Brabazon이 주장한 대로 컴퓨터와 이동통신매체를 학습환경의 주축으로 하는 인터넷대학은 웹 문자(web literacy)의 만능 및 사이버문화(cyber culture)의 보편화로 인해 다른 매체와 사회적 구조와의 통합을 저해할 수 있다(Brabazon, 2007).

둘째, 통신기술은 정보와 지식을 용이하게 습득하고 확산시킬 수 있는 매체이지만 학문연구와 학습을 위한 합당하고 가치 있는 도구인가?

셋째, 대부분의 일자리가 고등교육의 신임장을 요구하는 지식경제사회에서 비전형적인 인터넷대학이 질적으로 높은 경쟁력을 갖춘 고등교육기관으로 확신할 수 있고 인정받을 수 있는가?

넷째, 정보시스템을 주축으로 한 사이버개방대학이 전통적인 사회시스템을 융합함이 없이 개인의 행복을 위한 자아실현과 사회적/국가적책무와 봉사를 다하고 세계의 평화를 지원할 수 있는 교양인을 양성할수 있는가?

다섯째, 미국 '고등교육인증협의회(CHEA: Council for Higher Education Accreditation)'의 2010년도 연차회의(2010 Annual Conference, Washington, D C, Jan. 26, 2010: The Future of For-Profit Education)에서 제시된 것처럼, 기술(Technology), 가용성(Capacity), 정책(Policy)의 세 분야에서 특히, 기술 분야인 미래세대 e-학습을 위한 전문적/사회적 통신망(professional and social networking for next-generation e-learning environment) 구축이과연 고등교육의 혁신을 위한 질적 제고 및 효율의 개선을 가져다줄 수있을까?

이러한 여러 딜레마와 문제점에도 불구하고 미국 CHEA(2010)가제시한 것처럼 합리적인 정책이 입안되고 실행된다면 새로운 정보통신

기술은 고등교육을 위한 혁신으로 보다 광범위한 사람들에게 교육의 질과 효율을 증진시킬 수 있는 미래세대를 위한 e-학습 환경을 조성할 수 있을 것이다. 모든 사람이 정보와 지식에 쉽게 접근할 수 있는 후기 정보시대에 지적 자산(intellectual capital)이 개인과 국가에 높이 평가된다면 고등교육은 더 이상 중요하지 않을 수 있다. 그러나 대학의 교육신임장과 전문성을 나타내는 학위의 가치는 크게 감소하지 않을 것이다. 왜냐하면 미래사회에서 시장의 다변화로 인해 전문성을 요구하는 노동시장의 수요가 점차 증가할 것이기 때문이다.

디지털 경제시대에 정보통신기술을 활용한 미래의 고등교육이 위와 같은 문제점과 도전에 대비하여 정부와 대학의 교육정책 입안자와 행정가들은 인터넷대학이 주축이 될 미래대학이 일자리 선택, 경제성장, 사회의 결집, 국가발전을 위한 인적 및 지적 자산의 핵심적 근원 혹은 동력이 될 수 있도록 고등교육의 접근, 비용, 우월성, 다양성, 국제화, 혁신, 지도력, 책무증진에 대한 합리적인 정책과 구체적인 전략을 수립해야 할 것이다(Spellings, 2006; UNESCO Bangkok, 2007).

끝으로 이러한 정책 및 전략과 더불어 미래 고등교육기관, 즉 미래를 위한 유토피아 아카데미아(Utopian Academia)로서 '행복추구대학'은 개인의 자아실현, 사회복지, 국가번영을 지향하고 모든 인류가 세계동포주의자로서 함께 평화롭게 살 수 있는 행복과 평화를 추구하는 일에 그 사명과 기능을 두어야 한다. '행복추구대학'의 구조와 제도 및 특성과 기능에 대한 구체적인 정책과 전략은 추후 연구과제로 남겨두고자 한다. 앞으로 한국의 정부와 고등교육 관련 정책입안자나 행정가들은 고등교육기관을 실용주의 및 자유주의 경제논리에 편승한 개인의 직업선택과 국가의 경쟁력 제고를 위한 수단이나 도구로만 인지하지 말고 이 논문에서 논의하고 제시한 것처럼, 개인의 행복추구를 위한 자아실현, 사회복지, 국가번영, 그리고 세계평화를 위한 '행복추구대학'으로 인지하고 이를 실행하길 권고한다.

:: 참고문헌

Arzeni, F.(2009), An Education in Happiness(Educazione alla felicita), trans., Howard Curtis, London: Pushkin Press.

Barker, C. & Martin, B.(2009), "Dilemmas in Teaching Happiness", Journal of Teaching and Learning Practice, 6(2), pp.1~14.

Barrow, R.(1980), Happiness and Schooling, New York: St. Martin's Press.

Brabazon, T.(2007), The University of Google, Burlington, VT: Ashgate Publishing Com.

Centre for Educational Research and Innovation/Organisation for Economic Co-operation and Development(CERI/OECD)(2004), "Six Scenarios for Universities", CERI/OECD Experts Meeting on "University Futures and New Technologies" Discussion Paper, Paris: OECD. http://www.wwwords.co.uk/ PFIE accessed on Jan. 20, 2011.

CERI/OECD(2008a), Higher Education to 2030: What Futures for Quality Access in the Era of Globalisation? Paris: OECD, http://www.oecd.org/document/ 18/0,3746,en_2649_39263238_ 3124552 accessed on Jan, 24, 2011.

_____(2008b), University Futures: Four Scenarios for Higher Education, Paris: OECD, http://www.oecd.org/ edu/universityfutures accessed on Jan, 24, 2011.

Council for Higher Education Accreditation(CHEA)(2010), The Future of For-Profit Education, CHEA 2010 Annual Conference, Washington, D.C., 1/26/10.

Durgin, C. J.(2010), Achieving Success and Happiness in College: 5 Ways to Make It Work, Baltimore, MD: Johns Hopkins University, Johns Hopkins Publishing Group.

Ezechieli, E.(2003), Beyond Sustainable Development: Education for Gross National Happiness in Bhutan, School of Education, Stanford University, http://suse-ice.stanford.edu/monographs/ Ezechieli.pdf accessed on Jan, 18, 2011.

Frey, B. S. & Stutzer, A.(2000), "Happiness, Economy and Institutions", Economic Journal, 110(466), pp.918~938.

Frey, B. S. & Stutzer, A.(2002), Happiness and Economics: How the Economy and Institutions Affect Human Well-being, Princeton, NJ: Princeton University Press.

Halpin, D.(2003), Hope and Education: The Role of the Utopian Imagination, London: Routledge-Falmer.

Harman, W. W.(2002), The Future of Universities: An Example of the Harman Fan Scenario Approach, UHCL Future Studies Department, http://www.infinitefutures.com/tools/ sbharman.ppt accessed on Jan, 15, 2011.

Hartog, J. & Oosterbeek, H.(1998), Health, Wealth and Happiness: Why Pursue a Higher Education? Economic of Education Review, 17(3), pp.245~256.

Hodgkinson, C.(1982), Wealth and Happiness: "An Analysis and Some Implications for Education", Canadian Journal of Education, 7(1), pp.1~14.

Keller, S. & Mangold, M.(2002), "Glueck zwischen Oekonomie und Paedagogik(Happiness between Economics and Pedagogy)", Zeitschrift fuer Paedagogik, 48(4), pp.534~552.

Krueger, A. B. & Lindahl, M.(2002), Education for Growth in Sweden and the World, Swedish Economic Policy Review, 6, pp.289~339.

Lee, Jeong-Kyu(J.K.)(2005), "Asiatic Values in East Asian Higher Education: From a Standpoint of Globalization", Globalization, 5(1), pp.1~9.

Lee, J. K.(2008a), Education and Happiness: Perspectives of the East and the West, http://unpan1.un.org/intradoc/groups/public/documents/unpan/unpan034402. pdf; ERIC No: ED503756.

_____.(2008b), Is University Education a Golden Key for a Happy Life? http://unpan1.un.org/intradoc/ groups/public/documents/unpan/unpan036748.pdf; ERIC No: ED504051.

Lush, G.(2010), The Virtual University: Issues for Administrators, http://en.wikipedia.org/wiki/Virtual_ university accessed on Jan, 16, 2011.

McMahon, D. M.(2006), Happiness: A History, New York: Grove/Atlantic Inc.

Michalos, A. C.(2007), Education, Happiness and Wellbeing, Prince George, B.C.: University of Northern British Columbia, First Draft for Discussion for International Conference on "Is Happiness Measurable and What do Those Measures Mean for Public Policy", at Rome, April 2~3, 2007.

Miller, P. W. & Tcha, M.(2005), Happiness in University Education, International Review of Economics Education, 4(1), pp.20~45.

Millet, J. D.(1962), The Academic Community: An Essay on Organization, New York: McGraw Hill Company, Inc.

Newsweek(2007), "The Joy of Economics", http://www.newsweek.com/2007/04/04/the-joy-of-economics.html accessed on Jan, 18, 2011.

Noddings, N.(2003), Happiness and Education, New York: Cambridge University Press.

Poisant, J. H.(2010), Fulfilling the Promise of the Digital Age for Everyone, http://www.unpan.org/Portals/2/docs/MDGeNabler/PrepcomStatements/1.pdf accessed on Jan, 21, 2011.

Sethy, S. S.(2008), Distance Education in the Age of Globalization, ERIC_No: ED502078.

Smith, M. K.(2005), Happiness and Education—Theory, Practice and Possibility, The encyclopaedia of informal education, www.infed.org/biblio/happiness_and_education.htm.

Spellings, M.(2006), A Test of Leadership: Charting the Future of U. S. Higher Education, A report of the Commission Appointed by Margaret Spellings, Secretary of Education, U.S. Department of Education, Contract No, ED-06-Co-0013, http://www.ed.gov/about/bdscomm/list/hiedfuture/index.html accessed on Jan, 21, 2011.

Stefano, C.(2006), Education and Happiness: a Future Explanation to the Easterlin Paradox? Tor Vergata University, Departmental Working Papers, No. 246.

UNESCO Bangkok(2007), Higher and Distance Education, Bankok: UNESCO, http://www.unescobkk.org/education/higher-and-distance-education/accessed

on Jan, 20, 2011.

Watson, D.(2009), The Question of Morale: Managing Happiness and Unhappiness in University Life, Berkshire, McGraw-Hill House: Open University Press.

Chapter 6

대학교육, 행복, 정의로운 사회

이 연구의 목적은 대학교육이 개인의 행복과 정의로운 사회구현에 기여할 수 있는가를 탐색하는 데 있다. 이를 논리적으로 고찰하기 위해 문헌 위주의 기술적 연구방법으로 다음과 같은 순서로 논술한다. 첫째, 프롤로그로서 대학이 행복한 삶을 가져다줄 수 있는가를 서술한다. 둘째, 대학교육이 사회정의 실현을 위한 가치 있는 수단인가를 두 가지 부제로ー대학교육과 노블레스 오블리주 및 대학에서 도덕교육과 사회정의ー논의한다. 셋째, 행복한 삶과 행복한 사회를 사회적 네트워크(social network)의 관점에서 사회적 연대와 행복의 확산에 대해 기술한다. 넷째, 공동선과 정의로운 사회를 세 가지 측면ー공동선(The Common Good), 자원봉사(volunteering), 자선(Tzedakah)ー에서 논술한다. 끝으로 에필로그로서 대학이 과연 정의로운 사회실현을 위한 희망사다리인가를 기술한다.

∷ 제1절 프롤로그: 대학, 행복한 삶을 가져다줄 수 있는가?

　　현재 한국사회는 국내 및 국외적으로 새로운 도전과 위협을 받고 있다. 급변하고 있는 국제정세를 살펴보자면 공산주의 왕조가 새롭게 대물림된 북한 지도부의 상존하는 군사적 위협과 중국의 정치/경제/군사의 대국화로 인한 압력으로 철저한 대비가 필요한 시점이다. 특히, 중국의 세계 강대국으로서의 등장은 과거의 역사에서 비추어볼 때 한국의 안위를 위한 정치, 외교, 경제, 군사력 대비가 무엇보다 시급한 현실이다. 그리고 미국에서 유발된 금융위기와 일부 유럽국가에서 직면하고 있는 재정위기로 인해 가뜩이나 경제적 어려움에 봉착하고 있는 세계 각국의 경제가 더욱 경색되고 있다. 비록 한국이 세계 10위권 이내에 속하는 수출대국으로 부상하였다고 하나 세계경제의 높은 불황의 파고에 거센 파장을 피하기 어려운 현실이다.

　　국가통계 수치상으로 볼 때 국내적으로는 수출과 국력이 신장되고 사회가 유기적으로 활발하게 작동하고 있지만, 국내외 대중매체나 연구조사 기관을 통해 알려지는 한국사회의 현실과 실상은 염려 수준을 넘어서고 있다.

　　한국갤럽조사연구소(2010)가 발표한 1992년부터 2010년까지의 소득과 행복지수 변화 조사결과에 의하면, 이 기간 1인당 소득은 300% 증가하였으나 행복하다고 느끼는 사람은 오히려 10% 감소하였다. 그리고 한국인은 대체적으로 정부를 신뢰하지 못하고 공권력을 추종하지 않는 것으로 밝혀지고 있다. 이러한 사회적 신뢰도 하락이 정치권에만 한정되지 않고 한국사회 전반에 파급되어 있다는 데 문제가 있다. 한국사회 과학데이터센터(2010)에서 실시한 세계가치관조사(World Value Survey)에 의하면 한국인의 사회적 신뢰도는 2000년대에 20%대로 나타나고 있다. 이런 사회신뢰도 하락의 주요 요인은 경쟁지상주의 및 부(富)의 획득과 분배에서의 불공정한 사회 구조/체계를 지적하고 있다. 그리고 한 중앙 일간신문(중앙일보 2011년 7월 31일 자) 보도에 의하면, 한국은 OECD 국가들 중 최저 행복지수, 최고 자살률, 최저 출산율을 기록하고 있으며 그 원인으로 경쟁만능주의와 살인적 경쟁교육 및 열악한 복지제도를 지적하고 있다.

현재 한국사회의 이러한 염려스러운 암울한 현실은 외국 언론에서도 보도되고 있다. 미국에서 발행되는 언론매체인 "워싱턴 포스트(Washington Post)" 2011년 6월 28일 자 기사에 의하면, 급속한 경제발전과 더불어 경쟁과 잘 나가는 사회로 명성을 얻은 한국에서 최근 '공정(fairness)'이 새로운 독특한 사회적 가치가 되었으나 부정부패와 계층 간 갈등으로 현실적 한계에 이르고 있다고 보도하고 있다. 그리고 "뉴욕타임즈(New York Times)" 2011년 7월 7일 자 인터넷판 아시아/태평양 지면에서는 이혼율 상승, 학생들의 숨 막힐 듯한 학업부담, 세계 최고의 자살률, 일과 후 독특한 음주문화와 더불어 한국인들이 과중한 업무와 스트레스 및 불안 등으로 신경쇠약에 걸리기 바로 직전처럼 느끼고 있다고 보도하고 있다.

그리고 영국에서 발행되는 경제 주간지인 "이코노미스트(The Economist)"지 2011년 12월호 "한국의 입학시험: 한 방으로 결판나는 사회(Exam in South Korea: The One-Shot Society)"라는 제목의 특집기사에서, 교육열과 근면으로 이룩한 한국의 경제 및 교육의 성과를 소개한 뒤 단 한 번으로 결판나는 한국 교육제도의 기이성(?)과 문제점을 지적/비판하고 있다. 과도한 교육비로 인한 출산율 저조와 고령화 사회의 급속한 진입은 역동성이 줄어든 인구구조를 초래하고, 사고력보다 기계적 학습을 중시하는 현행 교육제도로는 창의적인 국가가 될 수 없다고 지적하고 있다.

위의 국내외 기사에서 공통적으로 지적하고 있는 사실은 경쟁만능주의 사회체제와 사고력보다 기계적 학습을 강요하는 극심한 경쟁교육이 한국사람과 한국사회를 행복하게 만들지 못하는 주요 요인으로 보고 있다는 점이다. 행복하게 살기 위해 대학을 입학하고, 특히 세칭 일류대학 입학은 지나친 경쟁교육으로 학생과 학부모가 과도한 정신적/육체적 및 경제적 부담과 고통을 감내해야 할 정도로 힘들고, 비싼 등록금 내며 대학을 입학해서 다녔지만, 대학 졸업 후엔 학력/학벌 사회화로 대다수의 졸업자들이 적절한 교육효과와 보상을 받지 못하는 한국 고등교육의 현실에 대해, 그간 한국교육이 국가발전의 동력이라는 긍정적인 시각에서, 이제 비인간적인 교육이라는 부정적인 시각으로 변하고 있음을 나타내고 있다.

한국 경제발전의 핵심동력으로서 경이로운 교육 확대와 교육열을 치켜세우고 대학교육의 성과로서 세계 최고의 청년층 고등교육 이수율(2008년도 기준: 58%)을 내세우지만, 외형적으로 나타난 화려한(?) 성과만 보고 평가할 것이 아니라 대중교육단계로 접어든 대학교육이 개인의 삶을 얼마나 행복하게 하고, 정의사회 구현에 얼마나 이바지하고 있는가, 그리고 이바지할 수 있는가를 판단하는 것이 더욱 실속 있는 올바른 평가라 할 수 있다.

미국 고등교육 전문지인 "The Chronicle of Higher Education"의 최

근 보도(2011년 12월 11일 자)에서 글로벌(Global) 이슈의 한국 대학교육에 따르면, 미국 오바마 대통령의 한국인의 높은 교육열과 놀라운 교육 성과에 대한 거듭되는 찬사와는 달리, 한국 정부관료와 교육 전문가들의 한국 고등교육에 대한 많은 비판과 부정적 견해를 인용하면서 대체적으로 정확하게 한국교육의 현실과 장래문제를 진단하고 있다. 한국에서 지난 수십 년 동안 경제발전과 더불어 많은 대학건물이 증축되었지만 앞으로 수년 이내에 대학생 수 부족에 봉착하게 되고 수십 년 내에 많은 대학이 문을 닫게 될 것이라는 고등교육의 미래를 예시하고 있다. 그 주요 원인으로 세계 최저의 출산율과 학령인구 감소 및 OECD 국가 최고 수준의 사교육비와 비싼 대학등록금 등 과다한 교육비용을 지적하고 있다. 그러므로 한국교육이 소위 "교육 성공의 모델"이 될 수 없음을 보도하고 있다.

국내외 언론과 조사기관의 보도를 중심으로 평가해볼 때, 외형적 내지 통계적 성과와 달리 행복지수는 거의 제자리걸음을 하고, 정의사회 구현은 오히려 역행되었다고 판단할 수 있다. 치열한 경쟁교육 시스템 속에서 두각을 나타내어 우월한 교육신임장이나 성적표를 획득한 소수 사람들은 대체적으로 경쟁만능주의 사회체제 속에서 소아적 이기주의와 출세주의에 몰입하고 기득권 세력에 합류하여 그들 자신만의 바벨탑 쌓기에 여념이 없다. 성과 혹은 결과 중시의 경쟁지상주의 사회체제에 익숙한 기득권 세력에겐 상생과 나눔, 공영과 화합은 이미 먼 나라의 이야기가 된 지 오래되었고 사회지도층의 도덕적 의무를 의미하는 노블레스 오블리주(*Noblesse Oblige*)와 부자들의 의무를 지칭하는 리세스 오블리주(*Risesse Oblige*)도 '이상한 나라의 앨리스(Alice in Wonderland)'가 되고 말았다.

소수 교육경쟁의 승자들은 지난 수십 년 동안 대학이 신분상승의 유용한 수단이자 사회경제적 이권을 가져다주는 희망사다리로 조선시대 관리 등용문의 홍패(紅牌)에 상응하는 가치를 지니고 있었지만, 나머지 다수는 이들을 위한 소위 "갈채 부대" 내지 "관객(觀客)"에 불과하였다고 말한다면 극히 과장되거나 폄하된 표현일까? 이제 시대와 세상이 많이 달라졌다. 대학과 대학교육이 달라져야 함은 두말할 필요가 없다. 지금 세상은 굳이 대학을 가지 않더라도 한 가지 재능이나 특기가 있으면 돈을 많이 벌 수 있고 사회적 명성도 얻을 수 있다. 그러나 문제는 이런 기회를 가질 수 있는 사람의 수가 얼마 되지 않는 데 있다. 대학의 본질과 사명 및 효율과 보상이 교육경제학적 관점에서 실용중심의 교육으로 취업과 돈을 벌기 위한 지식과 기술을 전수하는 취업중개소 내지 직업 양성소/위탁소 역할만을 하는 곳이라면, 굳이 대학에 입학하기 위해 처절한 경쟁과 갖은 고생을 하며, 대학 졸업장/학위증을 얻기 위해 비싼 등록금을 내면서 수년간 강의를 들을 필요가 있을까? 대학의 기능과 사명은 실용성이라는 형이하적 사실이나 실체를 진작함은 물론, 형이상학적 덕목과 가치인 품성과 교양, 행복과 진리, 자유와 정의를 함양하고 추구하는 데 있지 않을까?

지금까지 우리의 대학이 엘리트 중심 닫힌 캠퍼스교육으로 소수인의 성공이나 출세를 위한 보증수표 역할을 해왔다면, 앞으로 대중의 지혜가 요구되는 스마트시대 혹은 후기 정보시대에는 대학이 만인을 위한 실용적 대중교육 및 형이상학적 덕목과 가치를 함양하는 보편화된 열린 고등교육기관으로서의 기능과 사명을 수행하는 것이 시대적 요청이 아닐까? 그러나 현재 한국 정부는 실용중심의 글로벌인재 육성이라는 근시안적인 사시적 교육정책을 외치고 있다. 이 정책이 실용에만 집착한 소수의 소아적 엘리트 양성이 아닌, 더불어 살 수 있는 다수의 건전한 시민을 양성하는 멀리 내다보는 교육으로 바르게 되길 바란다.

이 연구논문에서는 대학교육이 과연 다수 개인의 행복과 사회정의를 구현할 수 있는 유용한 수단이자 가치 있는 도구인가를 논의하고자 한다.

:: 제2절 대학교육, 사회정의 실현을 위한 가치 있는 수단인가?

본서 "제2장 사회정의와 사회정의 교육"의 개념과 상호 연관성에 대해 간략하게 언급하였으나, 이 논문에서는 대학교육과 노블레스 오블리주(*Noblesse Oblige*)를 사회정의 관점에서 논의하고, 대학에서 사회정의 실현을 위한 도덕교육과 인권교육의 필요성에 대해 기술한다.

먼저 한국 대학에 질문을 던진다. 한국의 대학이 고등교육기관으로서 실용지식과 함께 과연 인간의 권리를 이해하고 존중하도록 가르치고 있으며, 모든 인간의 존엄성을 자각하는 평등과 사회연대의 원리를 이해하고 이에 기초한 사회나 제도에서 창안된 이념을 배우고 실천할 수 있도록 교육하고 있는지, 더욱이 사회정의 운동의 일환인 인권교육이 정규 교육과정에 포함되어 가르쳐지고 있는지 묻고 싶다. 한국의 대학교육이 상위 1% 학생들의 성공과 영달을 위한 교육이라면 나머지 99%의 학생들의 삶과 행복을 위한 대학교육은 무엇인가? 이 질문에 대한 해답을 찾아보고자 다음 두 가지 부제로 논의하고자 한다.

1. 대학교육과 노블레스 오블리주

현재 한국 대학에서 인간의 자유와 권리를 이해하고 존중하도록 가르치는 것은 일반적인 일이 아니다. 대학의 교양과목은 교과 과정상으로 저학년에서 요구되는 강제 규정임으로 이수하고 학점만 획득하면 그만인 일반과목이다. 초/중등 교육과정을 거치는 동안 경쟁교육에 익숙해진 대부분의 학생들은 남보다 우수한 평가점수를 받는 것이 선결과제가 되고 있다. 따라서 대학교육을 통해 사람의 자유와 권리 및 존엄성과 사회정의를 배우고 실천하는 것은 현실적으로 어려운 일이다.

한국의 현대사에서 볼 때 정치, 경제, 사회를 주도 내지 선도하는 소위 사회지도자나 저명인사의 상당수는 도덕 불감증이나 도덕적 위험(moral hazard)으로 지탄받는 부정부패, 청탁, 뇌물수수, 탈세, 병역기피, 부동산 투기, 위장전입, 이권개입 등의 비리와 탈법으로 천박화/멸시화되었고, '사회지도층의 도덕적 의무(*Noblesse Oblige*)'는 이미 깨어진 지 오래되었으며 그들의 일탈된 행태와 진부한 생활로 인해 권위와 존경을 상실하고 조롱거리로 회자되거나 비난의 대상이 되고 말았다.

'귀족들의 사회적 책무'라고 지칭되는 "노블레스 오블리주(*noblesse oblige*)"는 서양 문화사에서 오랜 전통을 가지고 있다. 고대 그리스 시대의 문학작품인 호머(Homer)의 『Iliad & Odyssey』(일리아드 및 오디세이)에서도 나타나고 있으며, 로마 시대엔 '귀족들의 사회적 책무(*Nobilitate Obligare*)'로서 또한, 로마제국을 지탱해온 사회정의의 지주로서 평가되고 있다(http://en.wikipedia.org/wiki/Noblesse_oblige). '노블레스 오블리 주(*noblesse oblige*)'는 프랑스 말로서 '귀족의 의무'를 의미한다. 고대 그리스어와 라틴어의 어원에서 미루어 볼 때, 노블레스(*noblesse*)는 닭 볏의 의미를 함유하고, 오블리주(*oblige*)는 달걀의 의미를 함유하고 있다. 즉, 닭의 본래 사명은 자신의 머리 위에 붉게 돋아난 벼슬을 자랑하듯 머리를 치켜세우고 우쭐거리면서 거만하게 걷는 것이 아니라 충실하게 달걀을 낳는 데 있듯이, 권력, 부, 혹은 사회적 명성을 얻은 다른 사람과 구별되는 고귀한 사람은 사회적으로 자신이 향유하고 있는 특권과 대접에만 몰두할 것이 아니라 그 신분과 지위에 상응하는 도덕적 의무를 충실히 다할 것을 의미한다.

특히 자본주의 경제체제하에서 금전만능주의가 팽배한 사회에서는 '부자의 의무(리세스 오블리주: *richess oblige*)'도 노블레스 오블리주의 범주로서 인식되고 있다. 고대 유대의 지혜서(탈무드: *Talmud*)와 구약성경(창세기 1장 26~30절)에 기록된 대로, 세상 만물의 주인은 창조주 하느님이며, 우리 인류는 세상 만물을 소유한 것이 아니라 잠시 공동 관리를 맡아 그것을 돌보고 있을 뿐이며, 그것은 만인을 위한 것이라고 가르치고 있다. 즉, 인간의 재물은 본래 우리의 것이 아니라 창조주로부터 잠시 맡긴 것으로 정당하게 사유재산에 대한 권리를 가진다 하더라도 공동의 선물이다. 그러므로 부자는 재물을 공동체를 위한 공동선의 증진을 위해 사용해야 하는 의무를 져야 한다.

이러한 부자의 의무는 천주교 구약성경 '집회서' 4장 서두에 "가난한 이들에 대한 자선"으로 구체적으로 다음과 같이 기록되고 있다.

> 가난한 이의 살길을 막지 말고 궁핍한 눈들을 기다리게 하지 마라. 배고픈 사람을 서럽게 하지 말고 곤경에 빠진 사람을 화나게 하지 마라. 화난 마음을 더 이상 괴롭히지 말고 없는 이에게 베푸는 일을 미루지 마라(집회서 4장 1~3절).

권력, 부, 명예를 가진 자에 대한 도덕적 의무는 시대를 막론하고 정의로운 사회구현을 위해 필요한 사회적 책무이다. 우리나라의 속담인

"윗물이 맑아야 아랫물이 맑다"는 경구도 '노블레스 오블리주'의 맥락에서 이해될 수 있다.

그러나 현재 극심한 경쟁지상주의와 금전만능의 물신주의가 팽배한 한국사회와 교육체제에서, 사회지도층 내지 사회경제적 상위계층의 도덕적 의무실행을 기대할 수 있을까? 간간이 종교계 성직자와 보통 사람 중에서 선행으로 사회의 어둡고 흐린 거울을 맑게 닦아 주는 일이 보도되고 있긴 하지만, 상생(相生)과 공영(共榮)이 부재하는 갈등과 반목, 불신과 불만이 가득 찬 불평등/불공정한 사회구조와 환경, 또한 배려와 협력이 실종된 승자와 패자, 일등과 꼴찌, 서열과 경쟁이 난무하는 학교에서 과연 사회경제적 및 교육적 약자를 위한 양보와 자선이 실행되고 조화와 협력이 이루어질 수 있을까?

한국의 대학이 줄 세우기와 경쟁 대신 상생과 협력 중심 교육을 실행하고, 일등과 승자 중심의 극소수를 위한 교육 행정/정책이 아닌 다수와 상생(相生)을 위한 교육으로 전환하고, 개인의 출세와 성공에 앞서 공동체의 책무와 공동선(共同善)을 가르치고, 실용성과 함께 도덕/종교교육과 인권/시민 교육을 강조하여 이를 실행할 수 있는 사회교육의 장(場)을 마련한다면 지금보다는 나은 공생의 장이 열리리라 본다. 그러나 학교교육에 앞서 개인과 가정 및 사회와 국가가 공생공영(共生共榮)할 수 있는 도덕과 사회 법질서 및 정의를 정립하고 환경을 조성할 때 '노블레스 오블리주'와 '리세스 오블리주'는 빛을 발하게 될 것이다.

2. 대학에서 도덕/인권 교육과 사회정의

한국이 정의로운 사회가 되기 위해서는 무엇보다도 사회정의의 정립이 필요하다. 사회정의가 인간의 권리를 이해하고 존중하며 인간의 존엄성을 인식하는 자유와 평등, 정의 및 사회연대의 원리에 기초한 사회나 제도에서 창안된 이념으로 정의될 때, 대학에서 도덕교육과 인권교육은 이러한 사회정의의 개념을 지향하는 이론과 실제를 포괄하는 교양교육 내지 시민교육으로 실행되는 것이 바람직하다.

대학의 특성과 사명을 고취시킬 수 있는 사립대학, 특히 종교단체에서 설립한 종립(宗立) 사립대학은 교양교육과목으로 종교과목을 채택하여 도덕/인권 교육을 대체할 수 있다. 그리고 평생교육으로 시민교육을 실행할 수 있다. '세계인권선언' 전문에 기록된 것처럼 세상 모든 사람의 존엄성과 권리를 인정하는 것이 세상의 자유, 정의, 평화의 기초라는 주장에 입각하여 대학교육에서 인간의 존엄성과 이를 위한 권리와 자유, 평등과 차이, 민주시민 의식의 함양, 인간의 연대성과 보조성을 이해하고 실행할 수 있는 기회와 장소를 부여할 수 있다면, 이 세상의 자유, 정의, 평화는 한결 우리 가까이에 머물 수 있을 것이다.

지금까지 우리 한국의 교육은 '세계인권선언문(United Nations, Universal Declaration of Human Rights)'에서 제시하고 있는 것처럼 "교육은 사람의 개성을 온전히 개발하고 인권과 근본적인 자유를 존중하는 힘을 강화할 수 있도록 이행되어야 한다(세계인권선언(문) 26절 2항)"는 취지로부터 멀리 떠나 있었다. 우리 교육은 각 개인의 재능과 개성을 개발하기보다 경쟁과 사욕으로 남을 이기는 방법 주입시키기에 여념이 없었고, 건전한 비판의식과 창의력을 장려하기보다 맹목적 순종과 추진력을 강조하고, 사람의 인권과 자유를 존중하는 힘을 기르기보다 자신과 가족

이기주의에 몰입하여 상생과 화합은 우리에게 어울리는 옷이 될 수 없었다. 한국 교육의 가장 큰 문제점은 각 개인의 인격을 상호 존중할 줄 아는 법을 가르치지 않고, 평등과 차이의 본질과 권리를 깨닫고 인정하는 것을 교육받지 못하고, 민주시민 의식고취와 문화의 다양성을 가르치지 않고, 자연보존과 생명존중 교육을 실행하지 않고, 함께 살아가는 방법을 습득하지 못하고, 노후와 죽음에 대비하는 교육을 행하지 않고, 정치활동과 사회생활에 자발적으로 참여하는 자율성과 주체성, 그리고 사회적 도덕성과 책무성을 배우지 못한 것을 대표적으로 들 수 있다.

앞으로 한국이 정의사회를 구현하기 위해서는 범국가적으로 여러 가지 고질적인 악습과 제도 및 관행이 혁신되고 정비되어야 하겠지만, 교육적으로는 위에서 지적한 문제점을 필히 개선 내지 개혁할 필요가 있다. 대학에선 출세와 성공을 위한 소아적인 이기적 탐욕과 경쟁이 난무하는 교육이 아닌 사회경제적 격차를 줄이고 진리, 자유, 평화, 평등, 정의가 함께할 수 있는 참교육과 상생(相生)교육이 실행되어야 한다. 특히 대학에서 평생교육 차원으로 도덕/인권 교육과 더불어 확고한 주인의식과 시민정신이 깃든 정치의식 및 교양 수준을 고양하여 올바른 정치인을 선출하고 능동적으로 정치에 참여하여 각자의 주권을 제대로 행사할 수 있도록 시민교육과 교양교육을 지속적으로 실행하며, 다른 인종과 문화를 이해하고 화합할 수 있는 다문화교육, 그리고 자연환경을 보호하고 생명을 존중하는 환경교육이 강조되고 반드시 실행되어야 한다.

:: 제3절 행복한 삶과 행복한 사회

1. 행복한 사회

대한민국 헌법 제10조에 "모든 국민은 인간으로서의 존엄과 가치를 가지며, 행복을 추구할 권리를 가진다"고 천명하고 있다. 한국이 행복한 사회가 되기 위해서는 헌법에 명시된 대로 모든 사람이 인간으로서의 존엄과 가치를 지니며, 행복을 추구할 권리를 가지고, 도덕성과 혜안을 갖춘 지도자가 정치를 하며, 사람들이 행복을 누릴 수 있는 사회환경을 조성하고, 이를 지향하는 실천적 활동을 할 수 있도록 국가정책과 사회복지 제도가 마련되고, 사회정의가 실현될 수 있는 공정사회가 조성되어야 한다.

대통령소속 사회통합위원회(2011)가 제시한 것처럼, 한국사회는 앞으로 "개인의 자유와 창의가 존중받고 공정한 기회와 경쟁이 보장되는 사회적 약자를 배려하는 사회"로 나아가야 한다. 사회통합위원회(2011)는 이를 실천하기 위한 추진방향으로, "자유민주주의와 시장경제의 성장, 지속한 경제발전, 사회통합을 위한 사회적 갈등과 격차해소, 시민의식의 성숙 및 수준 높은 국격, 나눔과 키움의 선순환"을 제시하고 있다. 그리고 공정사회 실천을 위한 중점과제로 학력/학벌에 의한 차별, 전관예우성 관행과 같은 고착화된 불공정 제도/관행의 개선 촉진, 교육 희망사다리 구축 등을 내세우고 있다.

그러나 무엇보다도 중요한 것은 전시행정 방식으로 과시 혹은 추진방향 설정에 그칠 것이 아니라 이것을 제대로 공명정대하게 실행하는 데 있다. 이를 위한 실천과제는 평등과 차이의 존중, 공동선을 위한 덕목함양과 실천, 직업과 학벌에 따른 차별과 독과점 말소, 사회지도층의 절제된 행동과 모범적인 생활, 사회 각계각층의 부정/부패 방지, 전관예우 관행 일소, 관료사회의 원리/원칙주의 관행 및 봉사적 자세 견지, 권력과 부의 결탁과 편중 말소, 국민의 교양 및 정치의식 수준 고양, 타문화의 이해 등을 들 수 있다.

현재 한국사회는 물신주의와 금전만능주의, 권력자와 부자 그리고 사회 엘리트계층의 오만과 탐욕 및 소아적 이기주의로 인해 사회 양극화가 심화되고 갈등과 반목 그리고 불신과 불안이 팽배해 있다. 한국사회에서 보편적으로 일반인은 권력을 지향하면서도 정치가를 신뢰하지 않고 공권력과 법질서를 경시하며, 물신주의와 금전만능주의를 추종하면서도 부자를 시기하고, 돈 잘 버는 예체능계 유명인을 선망하는 반면 상대적 소득이 높지 않은 현학자를 존경하지 않는 경향을 보이고 있다. 더욱이 평등을 주장하면서도 차이를 인정하지 않고, 올바른 정치참여와 시민정신은 고갈되고, 사회적 약자를 배려하지 않으며, 경쟁과 기회가 공정하게 보장되지 않고, 편법과 차별이 득세하고 있다.

행복한 사회가 되기 위해서는 모든 혹은 대다수 사람들이 행복을 느낄 수 있는 상태, 즉 양호한 건강, 평안한 생활, 안락한 환경이 조성되고 빈곤, 불행, 갈등, 차별이 없거나 최소화된 복지사회가 이루어져야 한다. 나아가 공정한 기회와 경쟁이 이루어져 약자의 박탈감과 억울함이 없고 강자의 오만과 탐욕이 배려와 나눔으로 전이되어 사회통합과 화합이 조성되어야 한다. 행복한 사회는 절대다수에게 사회적으로 행복한 상태에 이를 수 있는 사회복지가 이루어지고, 국가의 포괄적 복지제도 시행으로 전 국민의 보육, 교육, 고용, 건강, 노후를 책임지는 보편적 복지국가를 이룰 때 가능한 일이다.

2. 사회적 연대와 행복의 확산

사람들과의 유대(human relationships)는 행복과 상당히 중요한 상관관계가 있는 것으로 여러 실증적 연구결과에서 밝혀지고 있다. 미국의 사회심리학자/정신의학자인 조지 베일랜트(George E. Vaillant)는 "성공적인 삶(successful living)"에 영향을 끼치는 중요 요인을 중장기적 실증적 연구를 통해서 밝혀내었다. 그의 연구결과에 의하면 성공적인 삶의 핵심적 요인은 건강과 경건한 신앙생활 그리고 '사람과의 친밀한 유대(strong relationships)'로 나타났다(Vaillant, 2002). 그리고 독일의 내과의사인 히르슈하우젠(Eckart von Hirschhausen)은 그의 저서, 『*Glueck Kommt Selten Allein*』(행복은 혼자 오지 않는다, 2009)에서 행복은 다른 사람들과 함께 오며 행복은 전염된다고 말한다. 그는 행복의 나침반을 제시하면서 "5가지의 행복(*Fuenf arten des Gluecks*)"을 주장하고 행복은 어느 방향에나 있으며, 나의 행복을 다른 사람에게 나누어주라고 말한다. 5가지의 행복이란: 첫째, 사랑, 우정, 가족애, 온정 같은 공동의 행복; 둘째, 행운, 재수, 좋은 기회 같은 우연의 행복; 셋째, 향락, 쾌락 같은 순간의 행복; 넷째, 몰입, 도전, 노력 후에 오는 만족감/성취감 등의 자기 극복의 행복; 다섯째, 자연, 창조물, 예술의 아름다움, 음악의 선율, 영적 체험 같은 충만한 행복이다(Hirschhausen, 2009).

또한, 영국의 임상심리학자인 크리스터키스 및 파울러(Nicholas A.

Christakis & James H. Fowler, 2009)는 사회적 유대가 사람의 행복과 불행에 어떻게 확산되고 어떤 구조(mechanism)를 가지고 있는가를 밝혀내기 위해 20년 동안 거의 5,000명에 이르는 사람들을 조사/추적하여 과학적으로 연구하였다. 이 연구에서 행복은 배우자, 자녀, 자손, 친구, 이웃 사람 같은 친밀한 인간관계를 통해 확산되고, 행복은 더욱더 긴밀하고 많은 사회적 유대를 통해 지속적으로 확산된다고 밝히고 있다. 개인 혹은 집단이 하나의 교점 내지 중심점이 되어 이들 간의 상호의존적 유대에 의해 조성된 사회적 네트워크(social network)의 구조가 행복에 영향을 미친다고 한다. Christakis & Fowler(2009)에 의하면 사회적 네트워크를 지배하는 규칙은: 우리 자신이 네트워크를 만든다; 네트워크가 우리를 만든다; 친구가 우리에게 영향을 미친다; 친구의 친구도 우리에게 영향을 미친다; 네트워크는 스스로의 생명력이 있다고 주장한다.

그리고 Christakis와 Fowler는 그들의 저서 『Connected』(연고관계가 있는, 2009)에서 즐거움도 전염이 되며 행복도 바이러스(virus)처럼 확산된다고 주장한다. '사회적 연결망(Social Network)'을 수학적으로 분석한 결과에 따르면, 1단계 영향/거리 안에 있는 사람(직접 연결된 사람)이 행복할 경우, 나 자신이 행복할 확률은 약 15% 높아지고, 2단계 영향/거리 안에 있는 사람(친구의 친구)에 대한 행복 확산효과는 10% 증가하고, 3단계 영향/거리에 있는 사람(친구의 친구의 친구)에 대한 행복 확산효과는 약 6% 증가하고, 4단계에서는 그 효과가 거의 사라진다. 더욱이 그들의 연구에 의하면 행복한 친구가 한 명 더 생길 때마다 행복 확률은 약 9%씩 증가하고, 불행한 친구가 한 명 더 생길 때마다 약 7%씩 감소한다고 한다. 또한 1마일 안에 사는 친구가 행복하다면, 그 사람의 행복효과는 약 25% 증가하지만, 1마일 밖에 사는 친구는 아무 효과도 미치지 못한다고 주장한다.

Christakis와 Fowler(2009)는 개인의 행복이라는 잔물결은 '사회적 네트워크(social network)'를 통해 파장처럼 퍼져 나가면서 점차 사라진다고 말한다. 즉, 개인의 행복은 사회적 네트워크를 통해 파장처럼 확산되어 네트워크에 하나의 형태를 만들고, 행복한 사람과 불행한 사람의 무리를 만든다고 주장한다.

이 연구자들이 사회적 연대(social network)가 행복과 어떤 영향을 미치는가를 장기적인 과학적 연구방법으로 석명하고자 하였다는 점에서 찬사를 받을만하지만, 그들이 주장하는 행복의 메커니즘(mechanism)은 그들의 저서, 『Connected』(연결된 사람들)에서 "당신과 함께 있는 사람을 사랑하라", "당신이 아픈 만큼 나도 아프다"는 장절의 부제가 나타내고 있듯이, 기독교의 신약성경 마태오복음서 구절인 "네 이웃을 너 자신처럼 사랑해야 한다(22장 39절)"는 예수 그리스도의 가르침의 범위를 크게 벗어나지 못하고 있다.

위의 선행연구에서 밝혀진 대로 사회적 유대는 개인의 행복에 영향을 미칠 뿐만 아니라, 그 파장이 연대성(Solidarity)이란 사회적 덕목으로서 집단의 행복에도 파급되어 행복한 사회조성에 크게 이바지할 것이다. 행복해지려면 가까이에 있는 사람들을 만나고 함께 즐겁게 지내는 것이 중요하다.

:: 제4절 공동선과 정의로운 사회

공동선(共同善)이 정의로운 사회의 초석이라면, 정의로운 사회는 행복한 사회의 초석이라고 볼 수 있다. 이 절에서는 먼저 공동선에 대한 개념을 기술하고 서구 여러 나라의 사회법 제도에 많은 영향을 끼친 공동선을 가톨릭교회의 사회 교리적 측면에서 논의한다. 그리고 사회지원 활동(Volunteering)의 개념을 간략히 소개하고, 끝으로 기독교의 성경에 나타난 자선(慈善)의 개념과 중세시대 유대의 율법/철학자 중 한 사람인 마이모니데스(Maimonides, 1135~1204)와 유대의 율법/윤리서인 『Mishneh Torah』(미슈네 토라)에 기록된 자선(Tzedakah: Charity)에 대해서 간략하게 기술한다.

1. 공동선(The Common Good)

공동선(the Common Good)은 "공공복리(the Public Weal)", 혹은 "공공번영(the Public Wealth)" 등의 몇 가지 용어로 사용되고 있다. 또한 공동선(共同善)은 종교학, 철학, 윤리학, 정치학 등의 분야에서 나름대로의 정의를 내리고 있으나, 보편적으로 공동선은 공동체의 전부 혹은 대다수에게 재화의 올바른 분배와 혜택을 나누는 것으로 정의되고 있다. 본고에서는 종교학적 관점, 특히 가톨릭교회의 사회교리에 초점을 맞추어 논술하고자 한다.

공동선은 가톨릭교회 사회교리(Social Teaching)의 핵심적 개념이다. 『가톨릭교회 교리서』(2003)에 의하면 공동선은 "집단이든 구성원 개인이든 자기완성을 더욱 충만하고 더욱 용이하게 추구하도록 하는 사회생활 조건의 총화(pp.703~704)"로 정의하고 있다. 즉, "만인의 권익과 행복한 삶을 위한, 정상적이고 안정된 공적인 조건을 마련하는 것(한국천주교 주교회의 정의평화위원회, 2011.12.4~2011.12.10, 사회교리 주간 교육자료, p.4)"으로 설명하고 있다. 그리고 공동선의 세 가지 본질적 요소로서, "첫째, 공동선은 인간을 인격체로 존중할 것을 전제로 한다. 둘째, 공동선은 사회의 안녕과 집단 자체의 발전을 요구한다. 끝으로 공동선은 평화를 지향한다(p.704)"를 제시하고 있다.

앞에서 기술한 대로 공동선은 가톨릭교회 사회교리의 핵심적 원리로서, 근대 가톨릭교회 사회교리의 시원(始原)에 해당되는 교황 레오 13세(Pope Leo XIII)가 1891년에 발표한 회칙(encyclical letter)인 "*Rerum Novarum*(새로운 사태)"에서 자유방임적 자본주의와 공산주의의 과도함에 자본가와 노동자 계층의 권리와 의무, 정부와 시민의 상호관계와 의무뿐만 아니라, 권리보호를 통한 사회정의 증진과 사회계층 간 화합을 주창하고 있다(Curran, 2002; Mich, 2011).

그리고 교황 요한 바오로 2세(Pope John Paul II)는 1991년 "*Rerum Novarum*(새로운 사태)" 100주년을 맞아 회칙으로 "*Centesimus Annus*(100주년)"를 발표한다(Bergman, 2011; Curran, 2002). "*Rerum Novarum*"의 주제를 상기시키면서 국가는 정의실현의 중재자로서 모든 시민의 인권을 보호하고 가난한 사람을 특별히 배려할 것을 요청한다. 또한, 교황 요한 바오로 2세는 1993년에 공동선(共同善)과 연관하여 도덕적 규범과 정치적 타락 간의 화해를 도모하기 위해 교황의 회칙인 "*Veritas Splendor*(진리의 광채)"를 발표한다(Mich, 2011; O'Brien & Shannon, 2010).

공동선은 현재 가톨릭 교리의 근본원리 중 하나로서 이를 이루기 위해서는 "모두가 함께 혜택을 누릴 수 있도록 재화의 올바른 분배와 이웃사랑의 정신이 필수적(한국천주교 주교회의 정의평화위원회, 2011.12.4~2011.12.10, 사회교리 주간 교육자료, p.4)"임을 가르치고 있다. 그리고 『가톨릭교회 교리서』(2003)에는 "모든 인간은 각자가 차지하고 있는 지위와 맡은 일에 따라 공동선을 증진하는 데 참여해야 한다 (p.705)"고 기술하고 있다.

공동선은 윤리적/도덕적 책무로서 가톨릭교회뿐만 아니라 여러 종교에서 중심적 교의(敎義)가 되고 있다. 또한 철학과 정치학에서도 채용되어 정의(正義)나 공동체주의(Communitarianism)의 핵심적인 진보적 가치로서 공공복리(public wealth), 좋은 삶, 사회적 연대와 시민적 덕목으로서 강조되고 있다.

2. 사회봉사(Volunteering)

사회봉사는 공동선과 연대성의 원리에 따라 개인의 삶의 질이나 사회 또는 공공의 이익과 구성원과의 유대감을 증진하기 위한 이타적 활동으로 간주된다.

일반적으로 사회봉사는 다른 사람의 안녕을 위해 봉사하는 이타적 (利他的) 내지 애타적(愛他的) 마음, 시민이나 국민의 한 구성원으로서의 의무감, 영성을 고양시키기 위한 종교적 의무감, 그리고 사회봉사자 자신의 경험과 경력 쌓기 및 봉사를 통한 자신의 삶의 보람을 찾기 위한 방법 등 여러 가지 동기로 실행된다(Bennett, 2001; Rochester et al., 2009). 대부분 비영리적 및 이타적 활동으로 이행됨으로써 봉사자의 입장에서는 물질적 및 재정적 보상보다는 자신의 삶을 윤택하게 하는 정신적 보상을 얻을 수 있다.

사회봉사는 여러 가지 형태로 다양한 경험과 배경을 가진 사람들에 의해 수행되고 있다. 봉사자의 전문직업 - 의료, 교육, 건축, 재난구조 등 - 과 관련된 봉사활동이 있는가 하면, 수혜자의 필요와 상황-병고, 생활고, 자연재해, 재난 등 - 에 따라 여러 가지 형태의 활동이 이루어지고 있다(Rochester et al., 2009). 봉사는 대체적으로 물질적 및 인력 도움을 필요로 수행되지만 정신적 및 종교적인 봉사활동의 차원에서 수행되기도 한다. 이러한 사회봉사는 공동선과 연대성의 차원에서뿐만 아니라 자선과 나눔으로 이어져 유대와 화합을 강화하고 정의로운 사회를 일구는 밑거름이 될 수 있다.

교육 분야에서도 여러 가지 형태의 봉사활동이 이루어지고 있다. 지식이나 재능 나눔의 차원에서 새로운 정보통신기술(ICT)과 컴퓨터를 통하여 서로의 지식을 공유하고 교육을 확산시키고 있는 위키피디아(Wikipedia), 구글(Google), 유튜브(U-Tube) 등의 등장은 새로운 사회봉사 형태라고 볼 수 있다. 물론 상업적인 색채를 전혀 배제할 수 없지만 '집단지성(collective intelligence)'의 활성화 측면에서 볼 때, '공생적 지능/지성(Symbiotic Intelligence)'으로서 사회 봉사적 요인을 함유하고 있다.

3. 자선(慈善)/쩨다카(Tzedakah)

(1) 성경(The Bible)에 나타난 자선

자선과 나눔의 전통은 사람의 삶과 함께하고 있다. 고대 유대의 정경이자 그리스도교의 구약성경 중 '모세(Moses) 오경(五經, Pentateuch)'에 속하는 '신명기(Deuteronomy)'에 나타난 여러 가지 규정 가운데 자선에 대한 규정은 "(너희가 사는) 그 땅에서 가난한 이가 없어지지는 않을 것이다. 그러므로 내가, 너희 땅에 있는 궁핍하고 가난한 동족에게 너희 손을 활짝 펴주라고 너희에게 명령하는 것이다(신명기 15장 11절)"라고 하여 자선을 책무화하고 있다.

그리고 '집회서' 3장 말미(30~31절)와 4장 서두(1~10절)에 가난한 이들에 대한 자선을 권고하면서 자선을 보속(補贖)의 한 형태로서 가난한 사람, 배고픈 사람, 재난을 당한 사람, 애걸하는 사람, 억눌린 사람, 고아들에게 베푸는 일을 미루지 말라고 가르치고 있다. 더욱이 '집회서' 14장에 탐욕과 인색을 경계하면서, 29장에서 자선을 다음과 같이 권고하고 있다.

> 그렇지만 비천한 이에게는 참아 주고 자선을 베풀 때 그를 기다리게 하지 마라.
> 계명을 생각해서 빈곤한 이를 도와주고 그가 궁핍할 때 빈손으로 돌려보내지 마라.
> 형제나 친구를 위해 돈을 내주어 그 돈이 돌 밑에서 녹슬지 않게 하여라……
> (29장 8~10절).

자선은 구약성경에 나타난 책무와 권고뿐만 아니라 신약성경에선 형제애의 주요한 증거로서, 사랑의 행위로서, 그리고 의로운 일로서 정의를 실현하는 길로 나타나고 있다. 신약성경 '마태오복음' 6장에 올바른 자선에 대해 언급하고 있다.

> 너희는 사람들에게 보이려고 그들 앞에서 의로운 일을 하지 않도록 조심하여라……. 네가 자선을 베풀 때에는 오른손이 하는 일을 왼손이 모르게 하여라. 그렇게 하여 네 자선을 숨겨두어라. 그러면 숨은 일도 보시는 네 아버지께서 너에게 갚아주실 것이다(6장 1~4절).

그리고 신약성경 '히브리서' 13장에 참된 공동체를 위해, 형제애를 계속 실천하고(1절), 선행과 나눔을 소홀히 하지 말라(16절)고 권고하고 있다. 신약성경 서간문 '1요한'에 기록되기를 "누구든지 세상 재물을 가지고 있으면서도 자기 형제가 궁핍한 것을 보고 그에게 마음을 닫아버리면, 하느님 사랑이 어떻게 그 사람 안에 머물 수 있겠습니까?"(3장 17절).

위에서 고찰한 것을 종합하여 신/구약 성경에서 나타난 자선을 요약한다면, 자선은 보속의 한 형태로서 책무이자, 사랑의 행위이며 정의를 실현하는 방법이라고 말할 수 있다.

(2) 마이모니데스(Maimonides)와 쩨다카(Tzedakah)

성경(The Bible)에 나타난 자선과 마찬가지로 중세 유대의 탁월한 철학자이자 토라(Torah) 학자 중의 한 사람인 마이모니데스(Moses Maimonides: Rabbi Moshe ben Maimon, 1135~1204)도 유대의 전통적인 율법/윤리서 중의 하나인 『Mishneh Torah』(미슈네 토라) 제10장(Laws about Giving to the Poor People)에서 '자선(Tzedakah)의 8단계'를 기록하고 있다.

마이모니데스는 성경에 기초한 신앙과 아리스토텔레스의 철학을 조화시켜 체계를 세우고, 이는 가톨릭교회의 교리/신학 체계정립에 크게 이바지한 토머스 아퀴나스(St. Thomas Aquinas)의 교부철학 및 신학 사상에 지대한 영향을 끼쳤다(Russell & Weinberg, 1981; Twersky, 1982). 마이모니데스가 집대성한 14권의 『미슈네 토라』는 지금까지 유대 탈무드 법의 성문법전으로서 전통과 권위를 유지하고 있다(Neusner, 1982). 『미슈네 토라』(Mishneh Torah)에서 가장 널리 참고되는 부문이 구약성경의 신명기를 참조해서 기록된 다음의 '자선의 8단계(제10장 7~14절)' 이다(trans., Russell & Weinberg, 1981; Twersky, 1982).

> 궁핍한 사람에게 이자 없이 돈을 빌려주어라.
> 어떤 사람을 통해서 모르는 이에게 익명으로 자선하여라.
> 아는 사람에게 익명으로 자선하여라.
> 모르는 이에게 널리 자선하여라.
> 요청받기 전에 자선하여라.
> 요청받은 후엔 적절하게 자선하여라.
> 온당치 않더라도 기꺼이 자선하여라.
> 긍휼함으로써 기꺼이 자선하여라.

마이모니데스가 언급한 자선의 8단계도 자애로운 마음으로 자신을 드러내지 않고 자선을 행할 것을 권고하고 있다. 성경과 미슈네 토라에 나타난 자선행위는 가진 자의 자랑과 오만을 나타내는 행위가 아닌 사랑과 자비의 일로서 정의를 실현하는 방법임을 밝히고 있다.

:: 제5절 에필로그: 대학, 정의로운 사회실현을 위한 희망사다리인가?

　　본고에서 제시된 두 가지 연구문제인 "대학교육, 행복, 정의로운 사회"라는 제목으로 대학이 과연 행복한 삶을 가져다줄 수 있는가? 그리고 대학교육, 사회정의 실현을 위한 가치 있는 수단인가를 다음과 같이 판단/평가하였다.

　　먼저 한국의 대학은 교육경쟁에서 승자가 된 소수 사람들에게는 지난 수십 년 동안 사회적 신분상승의 유용한 수단이자 사회경제적 이권을 가져다주는 희망사다리로서 도구적 가치를 지니고 있었지만, 나머지 다수에게는 기득권 세력을 위한 소위 "갈채 부대"에 불과하였다고 평가하였다. 물론 다수의 많은 사람들이 소수인의 특권의 그늘에서 나름대로의 반사효과를 느낄 수 있었지만 '절대다수의 행복'과는 너무나 많은 격차와 거리가 있었다. 이런 맥락에서 볼 때 지금까지 한국의 대학은 대다수 사람들의 행복보다 소수인에게 보다 나은 사회경제적 이권을 도모해주는 유용한 수단이자 도구 역할에 더욱 충실하였다고 평가하였다.

　　그리고 둘째 연구문제인 한국 대학교육이 사회정의 실현을 위한 가치 있는 수단인가에 대해선 회의적으로 판단하였다. 현재 극심한 경쟁지상주의와 금전만능주의가 만연한 한국의 교육체제와 한국사회에서 사회지도층 내지 사회경제적 상위계층의 도덕적 의무실행을 기대하기 어렵다. 상생(相生)과 공영(共榮)이 부재하는 갈등과 반목, 불신과 불만이 가득 찬 불평등/불공정한 사회구조와 환경, 또한 학력/학벌 지상주의 풍토하에 배려와 협력이 실종된 승자와 패자, 일등과 꼴찌, 서열과 경쟁이 난무하는 대학 사회에서 사회경제적 및 교육적 약자를 위한 양보와 배려, 나눔과 자선이 실행되고, 조화와 협력이 이루어지는 것은 어려운 일로 평가하였다.

한국의 대학이 정의로운 사회실현을 위한 희망사다리가 되기 위해서는 위에서 지적한 대로 한국의 대학에서 점수/성적 중심주의의 줄 세우기와 경쟁 대신 상생과 협력 중심 교육을 실행하고, 학력/학벌 지상주의에 입각한 일등과 승자 중심의 극소수를 위한 교육 행정/정책이 아닌 다수와 상생(相生)을 위한 행복교육으로 전환되고, 공동체 의식과 문화의 다양성이 중시되는 도덕과 인권/시민 교육 및 다문화교육이 중점적으로 실행될 수 있는 사회교육의 장(場)이 마련된다면 지금보다는 나은 화합과 공생의 장(場)이 열릴 수 있다고 본다.

더욱이 대학에선 출세와 성공에 집착한 소아적인 이기적 탐욕과 경쟁이 난무하는 비인간적인 교육이 아닌 사회경제적 격차를 줄이고 진리, 자유, 평화, 평등, 정의가 함께할 수 있는 참교육과 상생(相生)교육이 실행되고, 개인의 개성을 말살시키는 기계적 교육방식이 아닌 건전한 비판과 창의력을 신장시키는 교육방식으로 전환하고, 평생교육 차원으로 환경과 생명을 소중히 하고, 노후와 죽음을 고귀하게 대비할 줄 아는 교육을 실행하고, 확고한 주인의식과 시민정신이 깃든 올바른 정치의식과 교양 수준을 높일 수 있는 시민/교양 교육이 지속적으로 실행될 수 있다면 대학이 정의사회 실현을 위한 효과적인 도구나 수단이 될 수 있을 것이다.

나아가 한국이 행복한 사회가 되기 위해서는 앞에서 기술한 대로 모든 혹은 대다수 사람들이 행복을 느낄 수 있는 상태, 즉 양호한 건강,

평안한 생활, 안락한 환경이 조성되고, 사회적 연대와 공동선의 원리에 따라 나눔, 자선, 봉사활동이 일반화되어 빈곤, 불행, 갈등, 차별이 없거나 최소화된 복지사회가 이루어져야 한다. 또한 공정한 기회와 경쟁이 이루어져 약자의 박탈감과 억울함이 없고 강자의 오만과 탐욕이 배려와 나눔으로 전이되어 사회통합과 화합이 조성되어야 한다. 정의로운 사회가 선행된 행복한 사회는 공동선의 원리 아래 절대다수에게 사회적으로 행복한 상태에 이를 수 있는 사회복지가 이루어지고, 국가의 포괄적 복지제도 시행으로 전 국민의 보육, 교육, 고용, 건강, 노후를 책임지는 보편적 복지국가를 이룰 때 가능한 일이다. 대학이 행복한 사회를 이루는 일에 직간접적으로 선도하고 참여하여 나름대로의 역할을 충실히 수행할 수 있다면 정의로운 사회를 정립하는 일에 희망사다리가 될 수 있을 것이다.

:: 참고문헌

〈국내문헌〉

사회통합위원회(2011), "교육기회의 균등 제공 방안 마련", 서울: 사회통합위원회.

한국갤럽조사연구소(2010), "소득과 행복지수 변화 조사", 서울: 한국갤럽조사연구소.

한국사회과학데이터센터(2010), "세계관 조사(World Value Survey)", 서울: 한국사회과학데이터센터.

한국천주교주교회의(2005), 「성경」, 창세기, 서울: 한국천주교주교회의.

_____, 창세기 1장 26~30절; 29장 8~10절.

_____, 신명기 15장 11절.

_____, 집회서 3장 30~31절; 4장 1~10절.

_____, 마태오복음 22장 39절; 6장 1~4절.

_____, 히브리서 13장 1절 및 16절.

_____, 1요한 3장 17절.

한국천주교주교회의 정의평화위원회(2011.12.4~2011.12.10), 사회교리 주간 교육자료.

한국천주교중앙협의회(2003), 「가톨릭교회 교리서」, 서울: 한국천주교중앙협의회.

〈외국문헌〉

Bennett, C. A.(2001), Volunteering: The Selfish Benefits: Achieve Deep-Down Satisfaction and Create That Desire in Others, Oak View, CA: Committee

Communications, Inc.

Bergman, R.(2011), Catholic Social Learning: Educating the Faith That Does Justice, Bronx, NY: Fordham University Press.

Christakis, J. H. & Fowler, N. A.(2009), Connected: The Surprising Power of Our Social Networks and How They Shape Our Lives, New York: Little, Brown and Company, Hachette Book Group.

Curran, C. E.(2002), Catholic Social Teaching: 1891-Present: A Historical, Theological, and Ethical Analysis(Moral Traditions series), Washington DC: Georgetown University Press.

(Von) Hirshhausen, Eckart(2009), Glueck Kommt Selten Allein, Reinbeck bei Hamburg, Rowehlt Verlag GmbH.

Mich, Marvin L. K.(2011), The Challenge and Spirituality of Catholic Social Teaching, Maryknoll, New York: Orbis Book.

Neusner, J.(1982), Tzedakah: Can Jewish Philanthropy Buy Jewish Survival? Chappaqua, NY: Rossel Books.

O'Brien D. J. & Shannon, T. A.(2010), Catholic Social Thought: The Documentary Heritage, Maryknoll, New York: Orbis Book.

Rochester, C., Paine, A. E., & Howlett, S.(2009), Volunteering and Society in the 21st Century, New York, NY: Palgrave Macmillan.

Russell, H. M. & Weinberg, J.(trans.)(1981), The Book of Knowledge: from the Mishneh Torah of Maimonides, Edinburgh: Royal College of Physicians of Edinburgh.

Twersky, I.(1982), Introduction to the Code of Maimonides(Mishneh Torah)(Yale Judaica Series), New Heaven: Yale University Press.

United Nations(1948), Universal Declaration of Human Rights(UDHR), New York: UN Publications.

Vaillant, G. E.(2002), Aging Well: Surpring Guideposts to a Happier Life from the Landmark Harvard Study of Adult Development, Boston: Little, Brown.

〈외국 정기간행물〉

New York Times(2011년 7월 7일 자), 신경쇠약 걸리기 직전의 한국인들 관련 기사.

The Chronicle of Higher Education(2011년 12월 11일 자), 한국 고등교육 관
　　　련 비판 기사.

The Economist(2011년 12월 일 자), 한국 교육의 문제점 관련 기사.

Washington Post(2011년 6월 28일 자), 한국사회 관련 기사.

〈국내 정기간행물〉

중앙일보(2011년 7월 31일 자), 한국, OECD 국가 중 최저 행복지수, 최고 자
　　　살률, 최저 출산율 관련 기사.

〈인터넷 웹사이트〉

http://www.harmonykorea.go.kr/project2011/project5.asp, 사회통합위원회 프로
　　　젝트 2011.

http://www.lawb.com/lawinfo/contents_view.asp?cid, 대한민국 헌법.

http://oce.catholic.com/index.php?title=Home, The Original Catholic Encyclopedia.

http://www.papalencyclicals.net/, 교황회칙.

http://en.wikipedia.org/wiki/Universal_Declaration_of_Human_Rights,　세계인권
　　　선언문.

http://en.wikipedia.org/wiki/Noblesse_oblige, 노블레스 오블리주.

Chapter 7

미래의 대학교육과 유토피아

:: 제1절 프롤로그

새로운 정보통신 기술시대를 맞아 대학도 변화가 불가피하게 되었다. 본서 제5장 "인터넷 시대의 대학교육과 행복"에서 기술하였듯이, 캠퍼스를 중심으로 교육, 연구, 사회봉사의 전통적인 활동과 기능을 연이어 오던 대학이 인터넷, 광역 웹, 스마트폰 등과 같은 이동통신기술 고안품을 중심으로 지식의 보편화, 신속화, 개방화, 공유화를 지향하면서 탈캠퍼스화되어 e-학습(e-learning) 내지 온라인학습(on-line learning)이 중심이 된 사이버대학(cyber/satellite university) 및 개방대학(open university)으로 변모하고, 머지않아 지역과 국가를 초월한 "모든 사람들을 위한 대학(University for All)"으로 전환될 것이다.

따라서 후기 정보통신 기술시대에 있어서 지식의 보편화 및 대학의 개방화에 따른 기능과 책무 또한 개인, 사회, 국가가 바라는 전문지식과 과학기술 습득 그리고 인력개발 양성을 위한 기존의 가르침, 연구, 사회봉사 기능과 역할에 더하여, 개인의 행복과 자아실현, 지역사회 봉사와 공동체의 책무성 제고, 사회복지 향상과 국가발전, 세계의 평화와 공존을 위한 다문화 교육과 세계시민 교육의 강화 등의 기능과 역할로 변화/확대될 것이다.

이러한 변화의 흐름에 편승하여 미래 개방대학과 복지사회의 청사진을 제시하기 위해 본고에서는 미래 대학교육과 앞으로의 이상적인 사회와 국가에 대하여 예시적 및 조망적 관점에서 다음과 같은 순서로 논의하고자 한다.

첫째, 미래 고등교육의 전망을 2008년 12월에 경제협력개발기구(OECD) 산하 교육연구혁신센터(CERI)와 프랑스 정부가 함께 발주한 "Higher Education to 2030(고등교육 2030)", 'University Futures(대학의 미래)'에 관한 중장기 프로젝트를 중심으로 몇몇 서구학자들의 이론을 살펴보고 미래 한국 고등교육을 전망한다.

둘째, 미래의 이상적인 고등교육기관으로서 행복추구대학과 대학교육을 논의한다. 행복추구대학은 개인의 실용성과 행복추구뿐만 아니라 공동체의 일원으로서 도덕적인 올바른 민주시민을 육성하는 고등교육기관으로, 개인의 행복, 공동체의 복지와 공동선, 국가의 발전과 번영, 세계의 평화와 공생공영을 위해 중요한 몇몇 덕목과 가치에 렌즈를 부각하여 논의한다.

셋째, 도덕적인 삶과 정의로운 사회에 대해 논술한다. 특히, 도덕적인 삶과 박애주의(Philanthrocapitalism), 대중박애주의(Mass-Philanthropism)와 세계동포주의(Cosmopolitanism) 교육, 그리고 사회적 자본(Social Capital)과 정의로운 사회에 대해 논술한다.

끝으로 이 논문의 요약과 더불어 유토피아(Utopia)에 대해 간단히 소개하고, 에필로그로서 행복한 사람, 올바른 사회, 살기 좋은 나라에 대한 저자의 생각을 기술한다.

:: 제2절 미래의 고등교육—CERI/OECD: 대학의 미래 프로젝트를 중심으로—2)

　　세계화의 문명사적 흐름을 타고 새로운 정보통신기술(ICT)은 지식 기반 경제사회를 선도하며 미래 고등교육의 혁신을 일으키고 있다. 컴퓨터와 통신기술을 매체로 한 정보시스템, 특히 인터넷은 세계광역 웹(world wide web), 웹 애플리케이션(web application), 스마트폰(smart phone) 등과 같은 하이퍼미디어(hypermedia) 및 이동통신매체(mobile communications)를 통하여 정보의 홍수와 지식의 보편화를 이루는 동력이 되고 있다. 이로 인해 앞으로 고등교육은 기관과 제도 전반에 걸쳐 혁신과 새로운 패러다임 정립이 필요하다.

　　본고에서 저자는 2008년 12월에 OECD 교육연구혁신센터(CERI)와 프랑스 정부가 함께 발주한 "Higher Education to 2030(고등교육 2030)", 'University Futures(대학의 미래)'에 관한 중장기 프로젝트를 중심으로 몇몇 서구학자들의 혜안적 이론을 소개하여 우리나라 미래 고등교육의 정책수립과 전략에 대한 비전 내지 시사점을 제공하고자 한다.

　　CERI/OECD 연구는 미래 고등교육에 중요한 영향을 미칠 수 있는

---

2) 본고 제7장 제2절 "미래의 고등교육"은 대학교육(2011.5.6), Vol. 171, pp.71~74에 게재된 저자의 글을 재인용하였다.
　* 본고 내용 중 일부는 『Higher Education Review』, Summer 2011, Volume 43 Number 3에 게재된 저자의 논문 『Higher Education and Happiness: In the Internet Age』에서 'CERI/OECD' 관련 내용을 일부 번역하여 인용하였다.
　* CERI/OECD 관련 내용은 www.oecd.org/edu/universityfutures를 참조하였다.

여섯 가지 핵심적인 주제－인구변화(Demographic Change), 정보통신기술(Information and Communication Technology), 세계화(Globalization), 시장과 유사시장의 힘(Market and Quasi-Market Forces), 대학의 연구활동(University Research), 노동시장 수요(Labour Market Demand)－를 설정하고 각 주제와 이와 관련된 사안들이 미래 고등교육의 제도와 기관에 어떤 영향을 미칠 수 있는가를 각 주제별 연구로 심도 있게 분석하고 있다. 2011년 3월 현재 두 가지 주제(인구변화, 세계화)에 대한 연구 보고서만 발간되었고 나머지 주제들은 계속 진행 중이다. 선정된 여섯 가지 주제들은 기존 고등교육의 기관, 제도, 형태, 특성 및 기능을 변화시키고 미래 고등교육에 영향을 미칠 수 있는 결정적 요인이다. 더욱이 새로운 정보통신기술(ICT)은 미래대학의 형태, 특성, 기능에 가속적으로 지대한 영향을 미치게 될 것이다.

그리고 OECD 교육연구혁신센터(CERI, 2008b)는 "University Futures(대학의 미래)"에서 "Four Future Scenarios for Higher Education(고등교육을 위한 네 가지 미래 시나리오)"을 다음과 같이 제시하고 있다: 1. 개방 통신망(Open Networking); 2. 지역사회 봉사(Serving Local Communities); 3. 새로운 공공책무(New Public Responsibility); 4. 고등교육사업(Higher Education Inc.). 이 시나리오는 고등교육의 국제화된 집약적 통신망, 대학의 국가적/지역적 사명, 시장력과 재정적 강화를 위한 새로운 재원 확보, 상업화에 기초한 교육 및 연구의 경쟁력 강화에 초점을 두고 장래 고등교육이 지향해야 할 네 가지 분야를 정책 분석적 관점에서 논의하고 있다.

이 시나리오를 미래대학의 기능과 책무에 초점을 맞추어 본다면, 정보통신기술로 접근성이 용이하고 개방화된 미래대학은 세계화와 디지털 경제시대의 흐름에 편승하여 개인의 삶의 질 향상, 지역사회 공헌과 책무성 제고, 사회복지 향상과 국가발전, 세계의 번영과 평화유지를 위한 학습과 연구개발로 확대되어야 할 것이다.

특히 새로운 정보통신 및 과학기술의 발달로 미래대학은 온라인교육의 가속화를 초래하여 다양한 형태의 온라인 프로그램, 학위과정 및 학습방법이 개발되어 미래학자 윌리스 하만(Willis W. Harman, 2002)의 주장처럼 Multi-Mode University 형태로 나아갈 것이다. 그리고 미래 비즈니스 전략과 조직전이에 관한 세계적 권위자인 돈 탭스콧(Don Tapscott, 1998)은 새로운 정보통신기술을 기반으로 한 온라인, 인터넷, 디지털에 익숙한 N세대 혹은 D세대는 새로운 마케팅 규칙인 ABCDE, 즉 A(Anyplace: 모든 장소), B(Brand: 브랜드), C(Communication: 통신), D(Discovery: 발견), E(Experience: 경험)에 따라 움직일 것이라고 예견하고 있다. 능숙한 정보 수집력, 멀티태스킹 능력, 선택의 자유와 혁신 주도, 협업과 관계 중시를 특징으로 하는 N세대는 마케팅 규칙뿐만 아니라 교육방식과 제도를 포함한 기존사회의 틀을 바꾸고자 한다.

정보통신매체를 통한 개방원격학습 시스템(Open and Distance Learning System)을 갖춘 e-learning이 주축이 되는 N세대 혹은 D세대에 의한 미래의 고등교육은 여러 가지 요인에 의해 영향을 받게 될 것이다. 그러나 이러한 변화는 『The University of Google』의 저자 태라 브라바존(Tara Brabazon, 2007)이 지적한 것처럼 컴퓨터와 새로운 통신기술을 매체로 한 정보시스템이 학생들과 교육자들에게 혁신의 바람을 가져다주지만 학습기관에 부정적인 영향을 야기할 수 있기에 사회시스템, 즉 다른 미디어나 사회구조에 통합되어야 한다.

이러한 부정적인 영향에도 불구하고 인터넷과 온라인교육의 확산은 앞으로 위키피디아(wikipedia), 구글(google), 유튜브(utube), 크라우드소싱(crowdsourcing) 등과 같은 집단지성3)을 더욱 활성화하고, 새로운 융합기술과 고부가가치 지식을 기반으로 하는 지식서비스 산업을 발달시키고, 컴퓨터가 정보자원의 뜻을 이해하고 논리적 추론까지 할 수 있는 차세대 지능형 웹인 Semantic Web을 발전시켜 기존의 교육방식과 제도의 변화를 촉진할 것이다. 지식노동자의 개념을 고안한 경영학자이자 사회생태학자인 피터 드러커(Peter Drucker, 1998)는 과학기술을 지식기반 시대의 사회변화를 견인하는 핵심동력으로 간주하면서 정보화 사회의 발현과 평생교육의 필요성 및 지식경영자의 역할을 강조하고 있다.

더구나 과학발전과 더불어 여러 인종과 문화가 함께 살아가야 하는 다문화 시대에서 데이비드 리버모어(David A. Livermore, 2009)가 주장하는 "문화적 지능/지성(Cultural Intelligence: CQ)"은 미래의 지식기반 사회에서 "공생적 지능/지성(Symbiotic Intelligence: SQ)" 혹은 Tama Leaver(2011)가 주장하는 "인위적 지능/지성(Artificial Intelligence: AQ)"의 부분집합으로서 함께 발전시켜야 할 것이다. 하루가 다르게 신기술이 등장하는 글로벌 지식기반 사회에서 고등교육은 평생교육 확산과 지식경영자 양성 그리고 급격한 시대적 변화에 대처할 수 있는 유연성과 자율성 및 창의성을 수용해야 한다. 국가와 대학은 고등교육에 대한 실현 가능한 중장기 미래비전과 전략을 구체적으로 제시하고 새로운 과학기술 발전에 병진할 수 있는 교육제도와 지식시스템의 개발과 혁신이 필요하다.

우리나라 교육과학기술부의 '과학기술미래비전(2010)'은 30년 후 우리 사회 비전을 "삶의 가치를 높이며 꿈을 실현하는 사회구현"으로

---

3) 사회학자인 Pierr Levy(1997)는 사이버 공간에서의 "집단지성(Collective Intelligence)"의 개념을 그것은 어디에나 분포하며, 지속적으로 가치가 부여되고, 실시간으로 조정되며 발현되는 그룹 지성으로 정의하고 있다. 이 집단지성은 우수한 한 명의 지능보다 여러 명의 덜 우수한 지능의 조합이 더 우수한 결과를 만든다는 James Surowiecki(2004)의 "군중의 지혜(Wisdom of Crowds)", Francis Heylighen(1990)이 주장한 기존의 인간지능의 한계를 초월한 지능인 "지구적 두뇌(Global Brain)", Norman L. Johnson(1998)의 "공생적 지능(共生的 知能: Symbiotic Intelligence)" 등의 개념으로 정리되고 있다.

제시하고 과학기술 인재양성, 지식재산 전문 인력확충, 국제협력을 통한 글로벌 개방형, 세계적 경쟁력을 갖춘 지식 클러스터 육성 등을 주요 전략으로 내세우고 있다. 과연 교과부의 '과학기술미래비전'과 '과학기술기본계획(577전략)'이 급속히 변화하는 후기 정보시대에 미래 고등교육 발전과 혁신을 위한 합당한 시나리오나 타당한 전략인지 면밀한 분석과 평가가 필요하다. '교육과학기술'에 걸친 지나치게 육중한 '과학기술'의 갑옷 대신 '교육'의 색상이 보다 선명하게 드러나는 간편한 옷으로 갈아입고, CERI/OECD의 프로젝트인 "대학의 미래"에서 예시된 것처럼 우리나라의 미래 고등교육 혁신에 필요한 몇 가지 핵심주제를 선정하고, 각 주제와 이와 관련된 사안을 고등교육 전문가가 포함된 여러 전문가들이 면밀히 분석 평가하여 구체적이며 실행 가능한 '한국의 미래 고등교육' 위주의 단기 및 중장기 정책과 전략을 수립할 것을 권고한다.

:: 제3절 행복추구대학과 대학교육[4)]

행복추구대학과 대학교육은 개인의 행복, 공동체의 복지와 공동선, 국가의 발달과 번영, 세계의 평화와 공생공영을 위해 중요한 몇몇 덕목과 가치에 렌즈를 부각하여 논의한다.

행복추구대학이란 일반적으로 개인과 인류의 행복을 추구하는 교육기관으로 설명할 수 있지만, 본고에서 저자는 행복추구대학을 개인의 실용성 및 행복추구뿐만 아니라 공동체와 사회의 일원으로서 공동선과 복지사회를 이룩하기 위한 도덕적으로 올바른 민주시민을 육성하고, 국가구성원의 일원으로서 국가의 발전과 정의로운 국가실현을 도모하며, 나아가 세계동포의 한 사람으로서 세계의 평화와 인류의 공생공영을 위한 교육을 실행하는 고등교육기관으로 정의한다.

1. 개인의 행복을 추구하는 대학교육

지금까지 대학교육은 전통적으로 교육, 연구, 봉사의 기능으로 학문과 기술을 습득하고 보전하고 발전시키면서 개인의 실용성 추구, 지

---

4) 본고 제7장 제3절 "행복추구대학과 대학교육"은 대학교육(2012. 봄), Vol. 176, pp.66∼68에 게재 확정된 저자의 글을 가필, 정정, 보완하여 재인용하였다.

식과 기술함양, 자아성취뿐만 아니라 사회와 국가발전에 이바지하여 왔다. 본질적으로는 대학이 '학문의 자유'라는 기치 아래 진리를 탐구하고 정의를 내세우고 있으나, 실제적으로 대학은 최고의 투자재로서 교육의 성과, 보상, 효율에 더 관심을 가져온 것이 사실이다. 따라서 인문적 교양이나 도덕함양, 그리고 인권, 평등, 자유, 정의, 진리 등과 같은 덕목 배양에 소홀히 하여 왔음을 부인할 수 없다. 윤리와 도덕은 대학보다는 종교기관이나 가정에서 배우고, 인문적 교양이나 개인적/사회적 덕목은 학교교육의 울타리 안에서보다 밖에서 습득하는 경향이 농후하다.

대학교육이 지난날의 엘리트 교육기관이 아닌 이제 보편화된 대중 교육기관으로서 실용성에 더하여 인문적 교양이나 도덕 및 윤리적 가치를 강조하고 교육할 필요성이 대두되고 있다. 그동안 한국사회에서 대학교육은 국가의 산업화와 민주사회 발전에 크게 기여하였을 뿐만 아니라 개인의 사회경제적 지위나 신분상승에도 크게 이바지하였다. 대학교육이 보편화된 현시점에서 한국도 국가발전과 경쟁력 신장 및 개인의 출세와 성공에 중점을 둔 교육에서 공동체와 인류가 보편적으로 추구하는 미덕과 가치를 교육하고 실천하는 방향으로 눈을 돌려야 할 때이다.

한국은 전통적으로 윤리/도덕 교육을 가정과 더불어 종교 및 교육기관에서 실행해왔다. 특히 수백 년 동안 조선왕조의 황금률이었던 유교를 토대로 상식화/관습화된 윤리적 덕목과 도덕적 원리는 한국사회 전반에 뿌리내려 한국인의 가치와 철학으로서 일상화되었다. 비록 정치사회 윤리로서 남성중심의 편향적 윤리덕목과 도덕적 가치가 일반화되어 있었지만 사단(四端)인 인(仁), 의(義), 예(禮), 지(智)의 기본 덕목과 집단적 윤리가치의 주요 덕목으로서 예(禮), 의(義), 신(信), 성(誠), 충(忠), 효(孝), 경(敬), 서(恕), 중용(中庸), 정명(正名) 등을 강조하였고, 예(禮), 의(義), 신(信), 성(誠)은 주종 간 상호 호혜적 덕목으로서, 충(忠),

효(孝), 경(敬)은 하위자나 종속자가 상위자나 지도자에게 취해야 할 상향적 덕목으로서, 서(恕), 중용(中庸), 정명(正名)은 상급자 내지 지도자가 하급자 및 종속자에게 취해야 할 윤리가치로 인지되고 있었다(이정규, 2010, p.192). 그리고 개인적 윤리덕목과 도덕적 가치로서는 사단(四端)의 기본 덕목과 더불어 정(精), 정(正), 성(誠), 용(勇), 중용(中庸) 등의 가치와 원리를 강조하였다. 유교는 정치사회 윤리뿐만 아니라 개인윤리로서 도덕적 이상인(理想人)인 도덕군자(君子) 혹은 성현(聖賢)이 되기 위한 도덕적 인격구현을 내세우고 있었다(위의 책, p.199).

이러한 유교의 윤리덕목과 도덕적 가치가 비록 실행과정에서 시대적 및 문화사적 흐름에 편승하여 개인윤리보다는 정치사회 윤리로서의 기능과 역할이 강조되어 인격의 수양이나 연마보다 유학(儒學)을 통한 입신출세와 민생통제나 억압의 도구로 전락되었지만, 도덕과 윤리를 강조하는 관습과 풍조는 현대 한국사회와 가정을 유지하고 지탱하는 디딤돌 역할을 해온 것이 사실이다.

서양문물과 사상의 도입으로 한국인의 전통적인 윤리적 가치와 덕목이 퇴색 내지 변질되었다. 특히 자유와 평등을 기치로 내세운 자유민주주의 정치제도, 경제와 실용을 기반으로 한 자본주의 자유경제체제, 인간의 기본권과 존엄성을 강조하는 서구사상, 과학과 실용을 강조하는 서양의 학문이 도입되어 한국의 전통적인 사상과 문물에 접목됨으로써 한국인 고유의 윤리덕목과 가치가 혼재되어 정체성이 혼절하고 이질화되는 경향을 나타내고 있다. 특히, 물신주의나 금전만능주의가 팽배한 사회환경은 덕성과 학문을 숭상하는 풍토를 흐리게 하였고, 자유와 평등을 구가하는 서구의 인본주의 정치사상은 차이와 다름에 대한 개인의 능력과 지위의 다양성과 한계성마저 허물어버렸다. 돈이 만물의 척도가 되고 황금률이 된 세상에서 인권, 미덕, 학식, 교양은 보잘것없는 장신구로 전락되었고, 진리, 자유, 정의, 평화는 단지 정치/사회적 구호에 불과하게 되었다.

더 이상 늦지 않게 지금부터라도 대학은 실용성과 함께 개인의 덕성을 함양하고 행복을 추구할 수 있도록 학식과 교양뿐만 아니라 윤리적 덕목과 도덕적 가치를 강조하고 가르쳐야 한다. 개인의 삶과 행복은 자신이 스스로 만들어가는 것임을 깨닫게 해주어야 한다.

2. 올바른 민주시민을 키우는 대학교육

행복추구대학으로서 대학은 개인의 실용성 및 행복추구뿐만 아니라, 공동체와 사회구성원의 일원으로서 공동선과 복지사회 정립을 위한 도덕적으로 올바른 민주시민을 육성할 필요가 있다.

앞에서도 간략하게 언급하였지만 지금까지 한국의 대학은 국가발전과 개인의 사회경제적 지위와 이득을 위한 기능과 역할에 충실해 왔다고 볼 수 있다. 대학은 국가산업 발달을 위한 주요한 동력이자 민주사회 발전을 위한 추진력이었다. 더욱이 대학은 개인의 사회적 지위향상과 경제적 효과와 보상을 획득하기 위한 유용한 도구이자 수단이었다. 대학의 기능과 역할이 국가나 개인의 실용적인 면에 치우치다 보니 개인의 인문적 소양이나 공동체를 위한 건전한 시민의식, 사회복지, 올바른 정치참여에 대한 교육은 경시되었고, 사회구성원의 공생공영과 공동선을 정립하기 위한 연대성, 생명존중, 환경보호, 상대 문화의 이해, 봉사활동, 자선에 대한 실천적 교육은 형식에 그치거나 도외시되었다.

한국사회 일각에서, 특히 다수의 사회지도층이나 사회경제적 상위계층이 명예나 권익만을 추구하고 도덕적 책무를 소홀히 한다든지, 가진 자와 힘 있는 자의 사회적 약자에 대한 배려, 양보, 자선, 봉사에 대한 실천적 의지와 활동이 미약한 것은 대학을 포함한 생존 경쟁적 대학 입학시험 중심 교육제도도 그 책임을 면하기 어렵다. 사회경제적 강자가 누리는 권력, 재물, 명예, 대접은 상생(相生)의 조건에서 약자에 대한 관심, 배려, 나눔, 자선, 봉사 등의 책무를 수행함으로써 유지될 수 있다는 것을 가르치고 배워야 한다.

더구나 힘 있는 자가 힘없는 자에게, 부자가 가난한 자에게, 많이 배운 자가 많이 배우지 못한 자에게, 높은 자리에 있는 자가 낮은 자리에 있는 자에게, 일등이 꼴찌에게 배려와 격려의 박수를 보내고, 강자가 약자의 몫을 부당하게 혹은 교묘하게 가로채지 않고, 각자가 제 몫을 정당하게 소유하고 모두가 더불어 인간답게 행복하게 살 수 있도록 가르치고 배워야 한다.

상호공영과 화합은 민주시민 교육이 나아가야 할 방향이며, 올바른 시민의식 함양, 인권과 도덕심 앙양, 사회복지 향상, 봉사활동 권장, 연대성(Solidarity) 실행은 사회공동체의 공동선을 이루기 위한 필수 덕목과 가치로서 학교에서 반드시 교육되어야 한다.

3. 국가발전과 정의로운 국가실현을 도모하는 대학교육

한국의 대학은 국가적 측면에서 볼 때 지금까지 국가발전을 위한 도구로써 산업의 현대화 및 선진화 그리고 국가경쟁력 신장을 위한 인력 내지 인적자원 양성을 위한 양성소 역할을 수행해왔다고 해도 지나친 말은 아니다. 수년 전까지만 해도 한국 정부는 전적으로 대학을 감독/통제하면서 대학의 자율성과 전문성을 부여하지 않고 일방적으로 국가경제발전을 위한 인력수급을 충당하고 조절해왔다. 지금도 국가경쟁력 강화, 대학의 질적 제고, 대학 쇄신 등의 구호 아래 여러 가지 정책과 명분을 내세워 대학을 통제/압박하고 있다.

현재까지 한국 정부는 국민의 과도한 교육열과 학력/학벌주의 사회화 덕택으로 공교육비 비용을 상대적으로 경쟁국가보다 적게 투입하고도 높은 경제성장을 이룰 수 있었다. 고등교육이 보편화 단계에 이른 현시점에서 국가경쟁력 신장을 위한 고급인력 육성 및 충원 위주의 대학교육 정책은 수정이 불가피하다고 본다. 고급 인력은 대학원 중심 교육정책을 실시하여 대학원에서 충원하고, 대학은 대중교육기관으로서 선량하고 도덕성 있는 시민 혹은 국민을 육성하기 위한 역할에 충실해야 할 것이다.

미래의 대학교육은 자유와 정의, 평등과 화합, 기회와 경쟁이 공정하게 이루어질 수 있도록 환경과 여건이 조성되고, 국가가 대학을 도와주되 대학에 책무성과 더불어 자율성을 부여하는 보조성(Subsidiarity)의 원리가 준행되어 정의로운 사회/국가 실현을 위한 밑거름이 되어야 한다.

4. 올바르고 평화로운 세계시민을 육성하는 대학교육

현재 세계문물의 흐름은 서구 중심에서 태평양 중심으로 판도가 이동하고 있다. 특히 정치와 경제의 축이 미국과 유럽 중심에서 미국과 중국이 중심이 된 태평양 시대가 도래하고 있다. 앞으로 두 강대국의 세력은 자석의 파장처럼 서로 화합하기 어려운 힘의 대결이 예상된다. 서로 간에 화합과 조화를 이루기 어려운 이질적인 여러 요소들 - 역사, 문화, 사상, 종교, 인종 등 - 이 상존하거나 경쟁해야 하기에 충돌과 힘겨

루기가 불가피할 것이다. 신흥 강대국인 중국의 힘은 정치, 경제, 군사력을 필두로 과거의 위세를 회복하기 위해 강대국과의 마찰을 굳이 피하거나 약소국에 대한 압박과 위협을 중지하지 않을 것이다. 세계사를 돌이켜볼 때 강대국의 속성은 약소국에 대한 침략과 찬탈, 핍박과 멸망의 역사를 되풀이함을 상기해야 할 것이다.

　한국의 역사적 관점에서 한국은 중국으로부터 문화적 수혜를 받기도 하고 국가적 위기에 도움을 받기도 하였지만 중국이 강대국으로서 등장할 때마다 한국은 번번이 침략을 받고, 갖가지 형태로 위협과 수모를 당한 잊지 못할 쓰라린 경험을 가지고 있다. 저자의 주관적 관점에서 금세기가 시작된 이후 중국은 급속한 정치/경제력의 신장과 더불어 새로운 강대국으로 등장하여 나름대로의 오만한 잣대로써 한반도에 합당치 못한 거센 입김을 불어넣고 있다. 이러한 중국의 태도는 지난날 한반도의 불행한 역사를 떠올려 경각심을 갖게 하고 있다. 더욱이 중국의 정치/경제적 우산 아래 있는 북한이 번번이 남한에 군사적 위협을 가하거나 느끼게 하는 불안정한 정치/군사적 역학구조는 한국 정부와 국민에게 항상 큰 부담과 우려가 되고 있다.

　그리고 이웃 나라인 일본은 독도 영유권 문제로 번번이 대립각을 세우며 불행한 과거사를 떠올리게 하여 공생 공영할 수 있는 진정한 이웃으로서 신뢰를 주지 못하고 있다. 또한 우방인 미국은 자국의 금융 불안 및 이슬람 테러와의 장기적인 전쟁의 여파로 경제력 약화 그리고 유럽국가들의 총체적인 경제적 불안정성으로 인해 팍스 아메리카나(Pax Americana)의 위세가 꺾이어 초강대국으로서의 힘을 이미 제대로 발휘하지 못하고 있다.

　올해(2012년) 1월 삼성경제연구소(2012)에서 발표한 "2012년도 국외 10대 트렌드" 보고서에서도 G-2(미국과 중국) 및 신흥국 간의 무역

분쟁과 통상(通商) 주도권(hegemony) 쟁탈전을 예상하면서, 사회통신망 서비스(SNS)의 영향력 확대와 스마트화의 물결로 인한 IT 영역 확장 및 글로벌 인재 경쟁의 가속화 등을 지적하고 있다.

이러한 국제정세와 시대적 흐름을 감안해볼 때, 한국에서 미래의 대학교육은 미래를 대비한 실용/전문성 제고, 행복추구, 공동체와 사회의 공동선과 복지사회 실현을 위한 도덕적으로 올바른 민주시민 육성, 국가발전과 국가경쟁력 신장, 나아가 세계평화와 인류의 공생공영을 위한 전문분야교육, 환경교육, 다문화교육 및 세계시민교육이 중심이 되어야 한다.

:: 제4절 도덕적인 삶과 정의로운 사회

정의로운 사회가 되기 위해서는 미국의 정치철학자 마이클 샌델 (Michael Sandel, 2010)이 주장한 것처럼, 우리 국민들이 도덕적인 삶을 회피하기보다 적극적으로 개입하는 것이 정의로운 사회를 추구하는 최선의 방법이다.

이 절에서는 먼저 도덕적 삶이 무엇이며, 세계평화를 위한 박애주의와 박애자본주의 및 대중박애주의와 세계동포주의를 논의하고, 다음으로 박애주의와 세계동포주의를 심고 확산하기 위한 교육과 종교의 역할을 논술하고, 끝으로 시대적 흐름으로 대두된 사회적 자본과 정의로운 사회의 관련성을 기술한다.

1. 도덕적인 삶과 박애자본주의(Philanthrocapitalism)

도덕적인 삶이란 개인적으로 자신의 덕성개발을 통한 자아실현과 인성의 균형적인 발전을 도모하고, 사회적으로 도덕적인 조화로운 사회를 구현하고 국가적으로 도덕적 이상 국가를 건설하는 삶을 말한다. 이런 도덕적인 삶은 고대 동서양의 대표적인 현자인 중국의 공자(孔子, B.C. 552~479)와 그리스의 아리스토텔레스(Aristotle, B.C. 384~322)의 저서에서도 기술되고 있다. 공자는 『논어(論語)』에서 인간의 덕성을 이룩하기 위해 '배움(學)'을 강조하면서 '양화(陽貨)편' 제8장, 덕성을 함양하고 성인군자(君子)가 되기 위한 핵심적 덕목으로서 사단(四端)인 인(仁), 의(義), 예(禮), 지(智)를 가르치고 있다(Legge, trans., 1971). 아리스토텔레스 또한 그의 『니코마쿠스 윤리학』(Nicomachean Ethics)과 『정치학』(The Politics)에서 덕성의 함양을 통한 개인의 자아실현과 이상 국가의 건설을 주장하고 있다(Barker, trans., 1946; Grant, trans., 1885). 정치학 제8권 1장에서 '교육(paideia)'은 덕성의 실행을 위한 도구로써 강조되고 있다.

도덕적인 삶에 대한 고대 동서양의 위대한 사상가인 두 현자의 사고(思考)는 공통적으로 교육을 수단으로 한 개인의 자아실현을 위한 덕성함양과 사회의 조화와 정의실현을 위한 이상 국가의 건설에 두고 있음을 알 수 있다.

도덕적인 삶을 개인과 사회를 위한 덕성함양을 위한 것으로 간주한다면 박애주의(philanthropism)는 인간을 사랑하는 것으로 간주할 수 있다. 전자가 삶의 목표를 제시한 것이라면, 후자는 삶의 방법을 제시한 것이라고 볼 수 있다. 도덕적인 삶을 이루기 위해서는 자신을 사랑해야 함은 물론 타인도 사랑해야 한다. 박애주의의 근본사상은 굳이 기독교의 성경이나 교리를 세세히 인용하지 않더라도 사람과 사람이 서로 평등하게 사랑하는 데 있다.

박애주의는 오랜 전통과 역사를 가지고 있다. 박애주의는 동서고금의 종교, 정치, 철학, 윤리적 개념으로서, 불교의 자비(慈悲), 유교의 인(仁), 기독교의 사랑, 이슬람교의 자선(慈善)이 그 맥을 이루고 있으며, 인문주의, 인본주의, 인도주의라 불리는 휴머니즘(humanism) 사상도 인간성을 중심으로 한 박애주의를 근간으로 하고 있다.

고대 그리스어인 헬라어에서 어원적으로 '박애(philanthropos)'는 '사랑하는' 혹은 '좋아하는'이란 개념인 '필레오(phileo)'와 인류 내지 인간을 뜻하는 '안쓰로포스(anthropos)'의 합성어로서 '인간을 사랑하는'이란 의미를 담고 있다(Liddell & Scott, 1995). 고대 그리스에서 '박애(philanthropos)'는 인문교육의 교육적 이상으로서 육체, 마음, 정신의 자아실현을 위한 최고의 미덕(arête)으로 간주되었다(McCully, 2008).

근/현세의 실제적 의미로서 박애(philanthropy)는 고전적인 인간애 개념과 더불어 21세기에 사회과학적 측면에서 강조되고 있는 삶의 질에 초점을 맞춘 공공선을 위한 개념으로 주도되고 있다. 박애는 물질적 번영에 초점을 맞춘 사적인 이익을 위한 개인/사업적 주도와 법과 질서에 초점을 맞춘 공공선을 위한 정부 주도로 실행되고 있다(Handy & Handy, 2006).

지난 20세기 말엽의 20∼30년간의 자본주의 황금기를 거치면서 나타난 새로운 거부(巨富)들이 그들의 재정적 성공과 고도의 기업경영 비법과 기술을 자선가로서 그 목표를 이루기 위해 기부에도 적용하려고 노력하고 있다. 매튜 비숍(Matthew Bishop)과 마이클 그린(Michael Green)의 공저(2009)인 『Philanthrocapitalism: how giving can save the world』(박애자본주의: 자선이 세상을 어떻게 구제할 수 있는가)에서 지적한 대로, 이름 하여 박애자본주의 문화를 만들어가는 박애자선사업가인 박애자본주의자(Philanthrocapitalists)이다.

박애자본주의는 미국의 신흥재벌이나 부호들이 주도가 된 신자선가 집단의 기부문화로서 "Venture Philanthropy(모험적 박애 혹은 투기적 자선)"이라고도 부르며, 사회 환원의 나눔 문화 차원에서 기부와 자선사업 활동을 전개하며 다른 사람들의 기부활동을 독려하는 새로운 형태의 사회운동이자 활동이다. 비숍(M. Bishop)과 그린(M. Green)은 개인의 부에 사업적인 비법과 기술이 더해질 때 공익은 놀랍게 향상될 수 있음을 주장하고 있다(Bishop & Green, 2009).

도덕적인 생활의 관점에서 박애자본주의는 미국의 전 대통령 빌 클린턴(Bill Clinton)이 위의 책 추천사에서 기술한 대로, 이 세상이 현재 너무나도 불공평하고 불안정할 뿐만 아니라 기후와 환경변화로 미래마저도 불확실하므로, 이런 불공평하고 불안정한 현재 상황에서 가진 자들이 박애정신으로 나눔과 사회적 책무를 실행하고 공동체 의식을 공유함으로써 공익을 향상시키고 세상을 변화시키고 있다(Bishop & Green, 2009, 추천사). 박애자본주의는 가진 자들이 마땅히 해야 할 일을 깨닫고 함께 살아가기 위한 방법을 시작했다는 점에서 공동선(共同善)에 이익이 되는 활동을 하고 있다고 평가한다.

2. 대중박애주의(Mass-Philanthropism)/ 세계동포주의(Cosmopolitanism)

비숍과 그린(Bishop & Green)의 공저 『Philanthrocapitalism: how giving can save the world』(박애자본주의: 자선이 세상을 어떻게 구제할 수 있는가)의 추천사에서 빌 클린턴(Bill Clinton)이 주장한 것처럼, 가장 바람직한 형태의 박애자본주의는 부유하지 않은 보통 사람들이 시간과 돈, 지식과 재능 그리고 노력과 열정을 기꺼이 나누고 강화하고 증대하는 대중박애주의(Mass-Philanthropism)이다.

기업이나 부호들의 사회적 책무가 수반된 박애자본주의나 사회 유명인들의 자선형태와 달리 대중박애주의는 일반대중의 평범한 사람들이 그들과 비슷하거나 그들보다 힘들고 어려운 처지에 있는 사람들에게 행하는 기부나 자선활동을 말한다. 이런 활동은 사회봉사 활동처럼 주로 종교적 의무감이나, 자신의 삶의 보람과 재미를 느끼거나, 자신의 경력을 쌓기 위해서 이루어진다. 돈이나 재물과 같은 물질적인 것으로 행해지기도 하고, 노동과 신체적 협동 같은 육체적인 일이나, 지식이나 재능과 같은 지성의 힘이나 정신적인 것으로 이루어지기도 한다. 박애적 행위는 어떤 원칙이나 원리에 준하여 이루어지기도 하지만, 감정이나 조건이 수반되기도 한다. 일반적으로 돈이나 재물의 기부나 자선행위는 물질적 조건을 요구하고, 지식이나 재능 나눔은 정신적 조건을 선행한다.

박애주의를 기반으로 한 나눔의 윤리와 문화가 인종, 국가, 종교를 초월하여 지구촌이라는 하나의 공동체에 귀속되어 세계시민 혹은 세계동포의 이념을 나타낼 때 세계주의/세계동포주의(Universalism/Cosmopolitism/Cosmopolitanism)로 발전할 수 있다.

세계주의(Universalism)와 세계동포주의(Cosmopolitism/Cosmopolitanism)를 서구 이론가들은 구분하여 사용하기도 하는데, 다 같이 인간의 존엄성이나 인간애에 기초를 두고 있는 점에서는 차별성이 없으나, 전자가 국제법과 같은 제도적으로 보호받고 안치되는 특성을 가지고 있는 반면, 후자는 도덕성에 기초를 두고 있다(Anderson, 1998).

세계동포주의 혹은 사해동포주의는 모든 인종의 인간들이 공통적으로 공유된 도덕성에 기초한 단일공동체에 귀속된다는 개념이다. 세계동포주의(Cosmopolitanism)는 애국주의(Patriotism)나 민족주의(Nationalism)와 대치되는 이념으로서 세계 동포적 공동체(cosmopolitan community)는 서로 다른 종교적 및 정치적 신념에도 불구하고 상호존중의 관계에서 물질적/경제적인 다양성을 공유하는 가능성을 지니면서 서로 다른 나라를 포괄하는 배분적 경제관계, 정치구조, 도덕체계에 기초를 두고 있다(Appiah, 2006).

세계동포주의(Cosmopolitanism)는 어원적으로 고대 그리스어인 헬라어의 우주를 뜻하는 '*kosmos*(cosmos/universe)'와 도시 혹은 시민을 뜻하는 '*polis*(city)'의 합성어이다. 어원적으로는 우주시민 혹은 세계시민을 의미한다(Liddell & Scott, 1995).

세계동포주의의 철학적 근원을 간단히 살펴본다면 고대 그리스 시대 시닉학파(Cynic movement: 견유주의(犬儒主義, 냉소주의)의 창시자인 철학자 시노페의 디오게네스(Diogenes of Sinope, B.C. 412~323)로 거슬러 올라갈 수 있다. 디오게네스(Diogenes)는 자신을 세계의 시민인 '세계시민/세계동포주의자(*kosmopolites*)'로 칭하였다. 디오게네스(Diogenes)의 이러한 이념은 자제와 금욕을 강조하는 스토아학파의 철학자들(The Stoics)에 의해 계승/발전하였다(Nussbaum, 1997). 근세에 이르러 독일의 철학자 임마누엘 칸트(Immanuel Kant, 1724~1804)는 1795년 그의 에세이『항구적인 평화』에서 전쟁으로부터 사람들을 보호하기 위한 원칙을 제시하였다. 칸트는 인간애라는 만유의 유산과 더불어 호의적인 대우/환대를 확산시키는 일은 결국 인류에게 세계 동포적 권리를 가져다준다고 주장하였다.

세계동포주의의 철학적 이념은 현대에 이르러 여러 서구학자들에 의해 논쟁의 대상이나 담론의 주제로서 다루어지고 있다. 본고에선 대표적인 두 학자의 논리를 간단히 소개하고자 한다. 세계동포주의적 관점에서 다른 사람들에게 어떻게 하는 것이 상호 간 최선의 영향을 끼치는가에 대한 문제에 대해 유대계 프랑스 철학자인 레비나(Emmanuel Levinas, 1906~1995)는 다른 사람들에게 응답하는 '책무(obligation)'가 도덕적 기초가 되어야 한다고 주장하고 있으나(Levinas, 1998), 같은 프랑스 철학자인 데리다(Jacques Derrida, 1930~2004)는 '호의적 대우' 혹은 '환대(hospitality)'가 도덕적 기초가 되어야 한다고 주장하고 있다(Derrida, 2000). 두 학자가 비록 방법적인 면에서 다른 견해를 나타내고 있지만, 동일한 도덕적 기초에서 출발하고 있다. Appiah(2006)가 주장한 대로 철학적 세계동포주의자들은 도덕적 세계주의자들이다.

정치/사회적 관점에서 철학적 세계동포주의자들이 모든 인간을 동일한 도덕 기준 아래 있다고 보는 것과는 달리, 정치/사회적 세계동포주의자들은 다소 비판적인 시각을 가지고 있다. 울리히 벡(Ulrich Beck, 1944~)은 세계동포주의와 같은 한 가지의 세계질서를 부여하는 것은 최상으로 '지배적(hegemonic)'이 되거나 최악으로 '민족중심적(ethnocentric)'이 될 수 있으므로 차이를 인정하는 것이 중요하다고 주장한다(Beck, 2006). 즉, 문화적 차이가 있는 다른 사람을 인정하고, 미래가 다름을 인정하고, 본질의 다름을 인정하고, 목적의 다름을 인정하고, 다른 사람의 이성적 행동이 다름을 인정하는 것이다(Beck, 2006).

종교적 측면에서 볼 때, 앞의 두 가지 관점과는 다르게 각 종교적 가르침에 따라 다른 방식을 제시하고 있다. 불교의 관점에서, 현존하는 대표적인 세계동포주의적 승려인 베트남 출신의 틱나한(Thich Nhat Hanh)은 다른 사람과의 관계 속에서 자신의 삶을 살아가는 방식으로 '상호존재(interbeing)'를 제시하고 있다(1987). 그는 불교의 가르침을 배경으로 사람, 동/식물, 자연 모두가 자애, 동정, 조화로써 평화를 이루어야 한다고 주장한다. 불교의 교리에서 인생은 인과법칙(因果法則)에 의해 현실 속의 인과응보(因果應報)로써 이루어지는 과정으로 모든 것은 상호 인연을 맺고 있으며, 그 업보(業報)에 따라 대윤회(大輪廻)를 경험한다고 가르치고 있다.

그리고 기독교, 특히 로마 가톨릭교(Roman Catholic)의 관점에서 세계동포주의에 연관된 교리는 연대성(Solidarity)과 공동선(Common Good)에 초점을 맞출 수 있다.

연대성이란: 개인들 간에 개인과 사회, 민족들 간에 상호 의존과 유대를 바탕으로 서로 책임을 지고 돌보아야 한다는 원리[이다]……. 평등한 존엄과 권리를 누리기 위해서는 모든 인간관계에 내재되어 있는 도덕적인 요구로서 서로 돕고 의지하는 연대성이 요구[된다]. 연대성은 '사회적 덕목'으로서 모든 사람이 이웃에 대한 책임감을 느끼며, 이웃과 자신의 선익을 위해 '공동선에 투신하겠다는 강력하고도 항구적인 결의[이다](2011년 사회교리 주간 교육자료, p.5).'

인간의 연대성을 '우정(friendship)', '사회적 사랑(social charity)'이라고도 부르며 인간적이고 그리스도인다운 형제애가 표출되는 기독교의 중요한 덕목의 하나로서 가르치고 있다(가톨릭교회 교리서, 2003, pp.711~713). 가톨릭교회에서 연대성은 그리스도교 연대성, 인간의 존엄성, 모든 피조물의 상호유대, 인간과의 상호유대, 국가들 사이의 연대 의무를 강조하고 있다.

연대성과 함께 공동선은 제6장에서 간단히 기술한 대로, "만인의 권익과 행복을 위한, 정상적이고 안정된 공적인 조건을 마련하는 것(2011년 사회교리 주간 교육자료, p.6)"으로 가르치면서, 공동선의 세 가지 요소로서 인간을 인격체로 존중하고, 사회의 안녕과 집단 자체의 발전을 요구하고, 평화를 지향하는 것으로 설명하고 있다(가톨릭교회 교리서, 2003, p.704).

가톨릭교회에서 주장하는 교리는 인간의 존엄성과 인류 가족의 단일성을 내세우면서 전 세계적인 공동선을 내포함으로써 세계동포주의를 주장하고 있다고 평가한다.

앞에서 불교와 기독교의 두 종교에서 세계동포주의 관련성을 살펴보았지만, 세계성을 지향하는 종교는 세계주의 내지 세계동포주의를 표방하고 있다고 볼 수 있다. 세계적인 종교의 특성은 박애주의를 기초로 세계동포주의를 내포하고 있으며 지향하고 있다는 것이다.

이 지구촌에서 박애주의와 세계동포주의의 구현을 위한 교육의 역할은 종교의 역할 못지않게 중요하다. 먼저 인간의 존엄성과 평등을 가르치는 인권교육, 세계동포주의의 근본을 이루는 도덕성 함양을 위한 윤리/도덕 교육과 교양교육, 인류 가족의 구성원으로서 시민의식 고취와 다른 문화의 이해증진을 위한 세계시민교육과 다문화교육, 세계 각국 간 연대성 정립과 공동선의 구현을 위한 사회정의교육이 전반적인 교육체제에서 단계별로 실행되어야 한다. 특히 대학에서는 인권교육, 교양교육, 다문화교육, 세계시민교육, 그리고 사회정의교육이 체계적으로 이루어져 도덕적이고 책무성 있는 세계시민을 육성해야 한다. 특히 환경과 기후 변화로 인해 파괴되어 가고 있는 지구촌을 보호하고 인류의 지속적인 생존을 위해 생명/환경교육의 실시는 반드시 필요하다.

3. 사회적 자본(Social Capital)과 정의로운 사회

새로운 정보통신 기술시대에 있어서 인터넷의 사용은 사회적 자본(Social Capital) 접근과 축척을 신속하고 용이하게 하는 긍정적인 효과를 가져오고 있다. 페이스북(Facebook)이나 마이스페이스(Myspace)와 같은 사회통신망서비스(SNS: social network services)의 급속한 발달은 개인이 사회적 자본(Social Capital)과의 유대와 가교를 구성하는 가상적 네트워크를 창조하도록 한다(Shah, et al., 2001). 사회적 자본은 일반적으로 정치학/사회학적 개념으로 사회관계망(Social Networks) 안에서나 사이에서 발생된 사회적 관계의 가치와 집단적/경제적 성과를 얻기 위해 협동과 신뢰의 역할을 강조한다(Bolin et al., 2004; Perkins et al., 2002). 즉,

사회적 자본은 사회적 관계의 산물이며 개인과 집단 간에 우애와 협동에서 기인된 기대되는 혜택으로 구성하고 있다.

사회적 자본은 일찍이 교육적 관점에서 담론이 시작되었다. 미국의 교육사상가인 존 듀이(John Dewey, 1859~1952)는 1899년에 그의 저서 『School and Society』(학교와 사회)에서 '사회적 자본(social capital)'을 메인스트림(mainstream: 교육 주류에 순응시키는 일)의 첫 번째 방향으로 제시하였다. 그리고 1916년에 미국의 해니팬(L. J. Hanifan)은 시골학교를 위한 지역사회의 지원에 대한 논문에서 개인의 투자와 물질적 재화에 대조되는 개념으로서 사회적 결집과 공동체의 개념으로 사회적 자본을 교육사회학적 관점에서 사용하였다(Portes, 1998).

그 후 1960~1970년대 사회적 자본은 정치학과 사회학에서 담론의 대상으로서 활발히 논의되었고, 1990년대에 "세계은행(The World Bank)"에서 이 주제에 관심을 가지고 정책연구를 시작하였다. 대표적인 연구자로서 미국의 하버드대학교 공공정책학 교수인 로버트 푸트넘(Robert Putnam, 1941~)은 그의 저서, 『Bowling Alone: The Collapse and Revival of American Community』(2000)에서 1960년 이래로 미국은 시민, 사회, 정치생활에서 일어나고 있는 유례없는 붕괴현상 및 최근 미국인의 저조한 정치참여 문제를 사회적 자본과 관련성을 두고 설명하면서, 사회적 자본을 민주주의를 건설하고 유지하는 핵심적 요소라고 주장하고 있다.

사회적 자본(Social Capital)에 대해선 다양한 해석과 정의가 내려지고 있다. 몇몇 대표적인 학자들의 주장을 소개하면, 프랑스의 사회/인류학자이자 철학자인 피에르 부르디외(Pierre Bourdieu, 1930~2002)는 자본을 문화적(cultural), 사회적(social), 상징적(symbolic) 형태의 세 가지로 구분하면서, 사회적 자본을 상호 면식과 인식이 다소 제도화된 관계의 지속성 있는 네트워크(network)에 연결된 실제적/잠재적 재원의 집합체로 정의하고 있다(Bourdieu, 1972, 1998). 그리고 부르디외는 '계층의 분별(分別)(class fractions)'을 사회, 경제, 문화적 자본의 다양한 조합에 의해 결정된다고 주장하고 있다. 부르디외의 자본의 형태에 대한 담론의 렌즈는 주로 교육, 사회, 문화의 재생산에 맞추어지고 있다.

미국의 사회학자인 제임스 콜맨(James S. Coleman, 1926~1995)은 사회적 자본을 기능적 및 일반적으로 두 가지 측면을 지닌 실체의 다양성으로 정의하고, 사회적 자본을 중립적 재원으로 간주하고 있다(Coleman, 1990). 두 요소 모두 어느 측면에선 사회적 구조를 지니며 그 구조 내에서 행위자의 행동을 촉진하고, 결국엔 사회적 자본이 미래세계에 인적 자본의 창조로 이어져 사회적 자본의 불평등을 초래할 것이라고 주장하고 있다(Coleman, 1988, 1990).

그리고 미국의 정치학자인 푸트냄(Putnam)은 사회적 자본을 모든 사회적 연결망의 총체적 가치로 정의하면서, 사회적 자본은 사회적 연결망으로부터 발생하는 경향을 나타내고 있다고 주장하고 있다(Putnam, 2000, 2006).

사회적 자본을 교육적 측면에서 볼 때, 콜맨(Coleman)과 부르디외(Bourdieu)는 서로 다른 견해를 나타내고 있다. 콜맨은 그의 공동 연구자인 호프(Hoffer)와 함께 공립학교와 가톨릭 사립학교에서 중등학교 학생들의 가족과 공동체의 사회적 자본이 학생들의 학업에 대한 중도 탈락률에 미치는 영향을 탐구한 장기적인 추적연구에서, 사회적 자본이 중도 탈락률에 높은 부정적 상관관계가 있음을 밝히고 있다(Coleman & Hoffer, 1987). 즉, 사회적 자본이 상대적으로 충만한 가톨릭 사립학교 학생들이 공립학교 학생들보다 학업의 중도 탈락률이 낮게 나타나고 있다는 것이다.

콜맨의 교육사회학에 대한 이론(사회이론의 기초: Foundations of Social Theory, 1990)과 업적(콜맨 보고서: Coleman Report, 1981)은 학문 분야뿐만 아니라 동시대 미국 정부의 교육평등과 교육 생산성에 대한 교육정책 입안과 결정에 큰 영향을 미쳤다.

콜맨과 달리 부르디외는 교육적 측면에서 볼 때, 문화적, 사회적, 상징적 자본이 교육의 성과를 높이는 데 유용하게 사용된다면 사회신분 이동을 용이하게 할 수 있지만, 그렇지 않을 경우엔 사회 계층화의 재생산이나 반복성을 가져올 수 있다고 주장한다(Bourdieu, 1972; Bourdieu & Passeron, 1990). 그리고 사회 계층화의 재생산은 모든 형태의 자본이 본연적으로 이러한 불가피한 양상을 드러내듯이, 이것은 사회적 자본의 부정적 양상의 한 가지가 될 수 있다고 지적하고 있다. 부르디외는 여러 가지 자본이 유용하게 사용되지 못하여 사회 계층화의 재생산을 초래하고 이로 인한 불평등의 재생산을 가져올 수 있다고 판단하고 있다.

위의 몇몇 이론가들이 주장하는 것처럼 사회적 자본은 긍정적/부정적인 양면을 가지고 있다. 유용하게 사용되면 교육의 평등과 생산성을 촉진시켜 사회신분 이동을 가져올 수 있게 하지만, 그렇지 않을 경우엔 사회계층의 재생산과 고착화를 가져와 사회 불평등과 교육 불평등을 심화시킬 수 있다.

정의로운 사회실현을 위해선 모든 형태의 자본의 공정한 분배와 효율적 사용이 무엇보다도 중요하다. 전자를 위해선 국가와 사회가 사회적, 경제적, 문화적 자본의 공정한 분배를 위해 법과 제도를 정비하고, 올바른 정책과 실행으로 모든 사람에게 모든 자본이 방법 면에서 올바르고 유용하게 사용되어야 한다.

:: 제5절 요약 및 에필로그: 행복한 사람, 올바른 사회, 살기 좋은 나라를 바라며

이 논문에서 "미래의 대학교육과 유토피아"라는 주제로 세 가지 부제를 문헌중심의 기술적 연구방법으로 논의하였다. 이 책의 마지막 절로 본 논문을 요약한 후, 서양의 관점에서 유토피아(Utopia)의 어원적 의미와 유토피아 문학과 사상에 대한 대표적인 저자와 글에 대해 간단히 소개하고, 에필로그로서 행복한 사람, 올바른 사회, 살기 좋은 나라를 구현하기 위한 저자의 생각을 기술한다.

1. 요약

첫 번째 부제인 '미래의 고등교육'은 경제협력개발기구(OECD) 산하 교육연구혁신센터(CERI)와 프랑스 정부가 함께 발주한 "Higher Education to 2030(고등교육 2030)", 'University Futures(대학의 미래)'에 관한 중장기 프로젝트를 중심으로 몇몇 서구학자들의 이론을 살펴보고 미래 한국 고등교육을 전망하였다.

미래의 고등교육은 전통적인 캠퍼스 중심의 교육에서 탈피하여 인터넷과 온라인교육의 확산으로 위키피디아(wikipedia), 구글(google), 유튜브(utube), 크라우드소싱(crowdsourcing) 등과 같은 집단지성을 더욱 활성화하고, 새로운 융합기술과 고부가가치 지식을 기반으로 하는 지식 서비스 산업을 발달시키고, 컴퓨터가 정보자원의 뜻을 이해하며 논리적 추론까지 할 수 있는 차세대 지능형 웹을 발전시켜 기존의 교육방식과 제도의 변화를 촉진할 것으로 내다보았다. 그러므로 미래의 고등교육은 평생교육 확산과 지식경영자 양성 그리고 급격한 시대적 변화에 대처할 수 있는 유연성과 자율성 및 창의성을 수용해야 한다고 예견하였다. 국가와 대학은 고등교육에 대한 실현 가능한 중장기 미래비전과 전략을 구체적으로 제시하고 새로운 과학기술발전에 병진할 수 있는 교육제도와 지식시스템의 부단한 개발과 혁신이 필요하다고 제안하였다.

두 번째 부제인 '행복추구대학과 대학교육'은 개인의 행복, 공동체의 복지와 공동선, 국가의 발달과 번영, 세계의 평화와 공생공영을 위한 중요한 몇몇 덕목과 가치를 중심으로 논의하였다.

저자는 행복추구대학을 개인의 실용성 및 행복추구뿐만 아니라, 공동체와 사회의 일원으로서 공동선과 복지사회를 이룩하기 위한 도덕적으로 올바른 민주시민을 육성하고, 국가구성원의 일원으로서 국가의 발전과 정의로운 국가실현을 도모하며, 나아가 세계동포의 한 사람으로서 세계의 평화와 인류의 공생공영을 위한 교육을 실행하는 고등교육기관으로 정의하였다.

미래대학은 행복추구대학으로서 다음과 같은 덕목과 가치를 가르쳐야 하고 조건을 구비해야 한다고 주장하였다.

첫째, 실용성과 함께 개인의 덕성을 함양하고 행복을 추구할 수 있도록 학식과 교양뿐만 아니라 윤리적 덕목과 도덕적 가치를 강조하고 가르쳐야 한다.

둘째, 상호공영과 화합은 민주시민 교육이 나아가야 할 방향이며,

올바른 시민의식 함양, 인권과 도덕심 앙양, 사회복지 향상, 봉사활동 권장, 연대성(Solidarity) 실행은 사회공동체의 공동선을 이루기 위한 필수 덕목과 가치로서 대학에서 교육되어야 한다.

셋째, 미래의 대학교육은 자유와 정의, 평등과 화합, 기회와 경쟁이 공정하게 이루어질 수 있도록 법과 제도가 구비되고, 국가가 대학을 도와주되 대학에 책무성과 함께 자율성을 부여하는 보조성(Subsidiarity)의 원리가 준행되어 정의로운 사회/국가 실현을 위한 밑거름이 될 수 있는 환경과 여건이 조성되어야 한다.

넷째, 개인의 실용/전문성과 행복추구, 공동체와 사회의 공동선과 복지사회 실현을 위한 도덕적으로 올바른 민주시민 육성, 국가발전과 국가경쟁력 신장, 나아가 세계평화와 인류의 공생공영을 위한 환경교육, 다문화교육 및 세계동포교육을 가르쳐야 한다.

세 번째 부제인 '도덕적인 삶과 정의로운 사회'는 도덕적 삶이 무엇이며, 세계평화를 위한 박애주의와 박애자본주의 그리고 대중박애주의와 세계동포주의를 기술하고, 다음으로 박애주의와 세계동포주의를 심고 확산하기 위한 교육과 종교의 역할을 논술하고, 끝으로 시대적 흐름으로 대두된 사회적 자본과 정의로운 사회의 관련성을 논의하였다.

먼저 도덕적인 삶을 고대 동서양의 위대한 사상가인 공자와 아리스토텔레스의 지혜를 통하여, 교육을 수단으로 한 개인의 자아실현을 위한 덕성함양, 사회의 조화, 정의구현을 위한 이상 국가의 건설에 두고 있다고 판단하였다.

그리고 불공평하고 불확실한 현재 상황에서 가진 자들이 박애정신으로 나눔과 사회적 책무를 실행하고 공동체 의식을 공유함으로써 공익을 향상시키고 세상을 변화시킬 수 있다는 미국의 전 대통령 빌 클린턴의 말을 인용하면서, 박애자본주의는 가진 자들이 마땅히 해야 할 일을 깨닫고 함께 살아가기 위한 방법임을 강조하고 공동선(共同善)에 이익이 되는 활동이라는 주장에 공감하였다. 그리고 이상적인 박애주의의 형태로서 기업이나 부호들의 사회적 책무가 수반된 박애자본주의나 사회 유명인의 명사자선가(celanthropist)의 자선행위보다 일반대중의 평범한 사람들이 그들과 비슷하거나 그들보다 힘들고 어려운 처지에 있는 사람들에게 행하는 기부나 자선활동이 이루어지는 대중박애주의를 제시하였다.

세계동포주의 혹은 사해동포주의는 모든 사람들이 인종, 국가, 종교에 관계없이 공통적으로 공유된 도덕성에 기초한 단일공동체에 귀속된다는 개념으로 설명하고, 세계동포주의(Cosmopolitanism)는 서로 다른 종교적 및 정치적 신념에도 불구하고 상호존중의 관계에서 물질적/경제적 다양성을 공유하는 가능성을 지니면서 서로 다른 나라를 포괄하는 배분적 경제관계, 정치구조, 도덕체계라는 세계동포적 공동체(cosmopolitan community)에 그 기초를 두고 있다고 기술하였다.

이 지구촌에서 박애주의와 세계동포주의의 구현을 위한 종교와 교육의 역할로서 먼저, 인간의 존엄성과 평등을 가르치는 인권교육, 세계동포주의의 근본을 이루는 도덕성 함양을 위한 윤리/도덕 교육과 교양교육, 인류 가족의 구성원으로서 시민의식 고취와 다른 문화의 이해증진을 위한 세계시민교육과 다문화교육, 세계 각국 간 연대성 정립과 공동선의 구현을 위한 사회정의교육이 전반적으로 실행되어야 한다고 주장하였다. 특히 대학에서는 인권교육, 교양교육, 세계시민교육, 그리고 사회정의교육이 체계적으로 이루어져 도덕적이고 책무성 있는 세계시민을 육성해야 하고 환경과 기후 변화로 인해 파괴되어 가고 있는 지구촌을 보호하고 인류의 지속적인 생존을 위해 생명교육과 환경교육은 반드시 필요하다고 강조하였다.

끝으로 정의로운 사회실현을 위해선 모든 형태의 자본의 공정한 분배와 효율적 사용이 무엇보다도 중요하며, 국가와 사회가 사회적, 경제적, 문화적 자본의 공정한 분배를 위해 법과 제도를 정비하고, 올바른 정책과 실행으로 모든 사람에게 모든 자본이 방법 면에서 올바르고 유용하게 사용되어야 한다고 주장하였다.

지금까지 저자는 행복한 사람, 올바른 사회, 살기 좋은 나라를 바라면서 행복과 대학교육을 여러 학문 분야와 일부 종교를 넘나들며 사회정의의 측면에서 논의하였다. 저자가 본 장과 이 책에서 논의한 것이 어쩌면 하나의 이상향(理想鄕)을 추구한 것인지도 모른다. 동서고금의 많은 현학자들과 문사들이 그려왔던 것처럼, 만일 그것이 또 하나의 이상향 혹은 유토피아(Utopia)를 그린 것일지라도 저자의 논리는 동서고금의 여러 지혜와 이론을 차용하여 나름대로의 부족한 개성과 인격 및 지식을 표출하면서 어설프게나마 이론과 실제의 차이를 좁히거나 불확실성과 불가능성을 감소시키고자 노력하였다. 행복한 사람, 올바른 사회, 살기 좋은 나라는 완전한 사람, 완전한 사회, 완전한 국가처럼 인간의 지성의 영역 내에선 공상이나 비현실적 내지 불가능한 무엇이지만, 이상적인 혹은 초월적인 무엇으로서 절대자의 영역에 속하는 것일지도 모른다.

2. 유토피아(Utopia)

유토피아(Utopia)의 의미를 고대 그리스어 어원에서 살펴본다면, *ou*(아니오: no/not)와 *topos*(장소: place)의 합성어로서 "없는 곳(no place)"과 *eu*(좋은: good/well)와 *topos*(장소: place)의 합성어인 "좋은 곳(good place)"의 두 가지 뜻을 내포하고 있다(Liddell & Scott, 1995). 어원에서

유추하자면 지성으로는 찾을 수 없는 곳이지만 공상이나 영성으로 찾을 수 있는 좋은 곳일지도 모른다.

'유토피아'라는 용어는 서양에서 정치, 경제, 사회, 종교, 역사, 문학, 과학 등 여러 분야에 다양하게 사용되며 공상적 혹은 이상적인 사회/국가를 지칭하고 있다(Manuel & Manuel, 1979). 동서고금(東西古今)을 통하여 사람들은 이상향(Utopia)을 꿈꾸며 그려왔다.

고대 신화나 설화 및 종교를 배경으로 유토피아를 그린 대표적인 몇몇 고대 문헌이나 작품을 소개하자면: 일찍이 구약성경 창세기 2장에 기록된 인류 최초의 낙원인 "에덴의 동산"(천주교주교회의,「성경」), 고대 그리스 시대의 문학가 호머(Homer, B.C. 8세기경 인물로 추정)의 서사시 『Odusseia; Odyssey』(오디세이)에서 "엘리시안의 들(Elysian fields)" 이라 불리는 행복을 누리는 낙원(Fox, 2006), 신의 은총을 받은 영웅과 위인만이 갈 수 있다고 믿었던 극락의 섬인 파라다이스(Paradeisos: Paradise, Garden)(Curwin, 2007), 호머(Homer)와 동시대 인물로 추정되는 고대 그리스의 문학가인 헤시오도스(Hesiodos)가 그린 모든 사람이 정의와 권리를 자발적으로 향유하며 행복한 삶을 누리던 "황금시대(Golden Age)(Griffin & Murray, eds., 1986)", 고대 그리스의 철학자 플라톤(Plato)의 『폴리테이아(Politeia)』(정체(政體): 국가론)에서 4주덕(절제, 용기, 지혜, 미덕)을 갖춘 현자가 통치하는 정의가 실현된 이상 국가로서의 유토피아(Utopia)(Baird & Kaufmann, 2008; Rosen, 2005; Nettleship, 2011), 고대 로마 시인인 베르길리우스(Vergilius, B.C. 70~19)의 시에 묘사된 목가적(牧歌的) 이상향인 "아카디아(Arcadia)" 낙원(Ahl, trans., 2007), 로마 제국의 전성기에 히포의 아우구스틴(Augustine of Hippo, 354~430)의 『The City of God』(신의 도시)에서 묘사된 그리스도교인의 유토피아의 전형으로서 「성경(The Bible)」이 약속한 "천국(Heaven)"인 "영원한 예루살렘

(Eternal Jerusalem)" 또는 "새로운 예루살렘(New Jerusalem)"을 이상향으로 묘사하고 있다(Ayres, 2010; Brown, 1967; Matthews, 2005).

그리고 16세기 인문주의 르네상스의 융성기와 더불어 신화와 종교적 이상향에서 탈피하여 인간에 의한 이상향을 묘사한 '유토피아 문학'이 부흥하게 된다. 인간의 자유, 평등, 평화에 기초한 공산주의적 이상사회를 그린 영국의 사상가 겸 문학가인 토머스 모어(Thomas More, 1478~1535)의 『Utopia』(-유토피아: trans., Robynson, 1999; trans., Logan & Adams, 2002), 토머스 모어의 『유토피아』는 르네상스 시대 이후 현대까지 유토피아 문학의 효시로서, 원래의 책 제목(라틴어)이 제시하듯이 『*DE OPTIMO STATU REIPUBLICAE DEQUE NOVA INSULA UTOPIA*』(최고/최적의 나라 새로운 이상향의 섬인 유토피아)를 그리고 있다(http://la.wikisource.org/wiki/Utopia).

그 후 과학의 발전과 신앙을 통한 과학적 유토피아인 『New Atlantis』(새로운 아틀란티스)를 그린 영국의 사상가/정치가 프랜시스 베이컨(Francis Bacon, 1561~1626)을 비롯하여 (Weinberger, 1989), 이탈리아 철학자/문학가인 캄파넬라(Tommaso Campanella, 1568~1639)가 묘사한 이성으로 계몽된 엘리트가 통치하는 인간의 평등과 공동선이 구현된 이상사회인 『*La Citta del Sole: Civitas Solis*』(태양의 도시)(http://ebooks.adelaide.edu.au/) 등 금세기에도 문학, 정치, 경제, 사회, 과학 등의 분야에서 많은 새로운 유토피아 관련 글과 사상이 살아 숨 쉬거나 움틀 거리고 있다.

3. 에필로그

저자가 이 논문과 책에서 추구하는 행복한 사람, 올바른 사회, 살기 좋은 나라는 교육을 통한 또 하나의 새로운 유토피아를 그리고 있는지도 모른다. 이미 고대 그리스의 철학자 플라톤(Plato)이 『폴리테이아』(*Politeia*)에서 그린 교육을 통한 정의로운 사회를 구현한 이상 국가를 추구하면서, 영국의 철학자 베이컨(Bacon)이 인간의 이성과 믿음을 서로 연결하여 지복의 상태를 그린 제2의 에덴동산인 "새로운 아틀란티스(New Atlantis)"의 벤살렘(Bensalem) 섬을 찾고 있는지도 모른다. 저자가 추구하고 있는 것은 목가적 이상향인 아카디아(Arcadia)나 고대 중국의 문학가 도연명(陶淵明, A.D. 365~427)이 도화원기(桃花源記)에서 그린 무릉도원(武陵桃源)이 아니다(Acker, trans., 1952; Kaltenmark, 1969). 더구나 남아메리카의 아마존 하구에 있는 것으로 상상하던 황금향(黃金鄕)이라 불리는 엘도라도(*El Dorado*)도 아니며, 도교(道敎)에서 추구하는 신비적인 동천(洞天)도 아니다(Mt. Kohn, ed., 2000).

저자가 추구하는 새로운 유토피아는 지혜와 이성 그리고 영성을 갖춘 덕이 있는 인간으로서 행복한 생활을 하고, 인간의 존엄성, 평등과 자유가 살아 숨 쉬는 정의로운 사회, 부(富)의 분배가 능력과 노력에 따라 합리적으로 공정하게 이루어지는 사회, 그리고 현자나 도덕군자가 국가를 통치하여 공동선과 보편적 복지가 이루어진 살기 좋은 나라, 세상의 모든 피조물과 국가들이 공생 공영할 수 있는 환경과 정서를 지닌 평화로운 세계이다.

이 새로운 이상향을 합리적으로 실현하기 위해 플라톤(Plato)이 주장한 것처럼 전인교육을 필요조건으로 하고, 토머스 모어(Thomas More)와 토마소 캄파넬라(Tommaso Campanella)의 생각처럼 만인의 평등과 자유가 합리적으로 보장되며, 프랜시스 베이컨(Francis Bacon)의 이상과 같이 인간의 이성과 신앙이 서로 연결되어 초월자가 허락하는 지복의 상태를 이룰 수 있도록 지성과 영성이 조화를 이루어, 사랑과 정의 그리고 평화가 함께하는 개인, 사회, 국가, 그리고 세상이 되어야 한다.

그리고 무엇보다도 물신주의와 금전만능주의(Mammonism) 사회/경제 체제를 개선 혹은 개혁할 수 있는 대안을 구상하고 마련하며, 감언이설이나 인기 및 연고주의에 영합한 가식적/선동적 정치 지도자가 아닌 4주덕을 갖춘 현자나 도덕적이고 정의로운 정치 지도자가 선출되어 나라를 다스릴 수 있도록 국민의 정치의식을 높이고 기존의 불합리한 정치제도를 혁신하며, 몇몇 강대국과 일부 호전적인 국가들의 정치 지도자들이 패권주의와 지배권(hegemony)을 포기하고 불안정한 국제정세와 불확실한 환경/기후로부터 지구의 평화를 유지하고 보호할 수 있는 국제협약 및 국제기구에 대한 보완과 신설 및 이에 따른 성실한 책무 준수와 이행이 절실히 필요하다.

앞으로의 다문화적 세상은 지속적인 과학문명의 발달과 SNS(Social Network Service)의 급속한 확산으로 인해 "인위적 지능/지성(Artificial Intelligence: AQ)"인 "문화적 지능/지성(Cultural Intelligence: CQ)"과 "공생적 지능/지성(Symbiotic Intelligence)"이 함께 발달하여 "군중의 지혜(Wisdom of the Crowd)"가 바벨탑처럼 솟아오를 것이다. 지성의 한계를 자각하지 못한 두뇌와 초월성을 지닌 영성 간에 상징적인 관계는 Charles Mark(2011)가 주장한 것처럼 "영적 지성(Spiritual Intelligence: SQ)"을 더욱 필요로 할 것이다.

인류의 공생공영을 위해 무엇보다도 중요한 것은 지혜와 지식을 통한 개인의 덕성함양과 자아실현, 공동선의 구현을 위한 더불어 사는 사회조성, 미덕과 지혜를 갖춘 도덕군자가 통치하는 정의로운 국가 건설이다. 이 모든 것을 성취하기 위한 기초가 되는 지혜와 지식은 교육과 신앙을 통해서 지성과 영성을 잘 조화시킬 때, 이론과 실제, 이상과 현실 사이에서 표류된 '공상의 유토피아(Utopia)' 내지 '불가능성의 이상향(理想鄕)'이 아닌 현실적으로 존재할 수 있는 만인을 위한 '태양(太陽)의 나라'를 만들 수 있을 것이다.

:: 참고문헌

〈국내문헌〉

교육과학기술부(2010), "과학기술미래비전", 서울: 교육과학기술부.

삼성경제연구소(2012), "2012년 국외 10대 트렌드", 서울: 삼성경제연구소.

이정규(2010), 『한국의 고등교육: 종교와 문화의 관점에서』, 파주: 한국학
　　술정보㈜.

＿＿＿(2011), "미래의 고등교육", 대학교육(2011.5.6), Vol. 171, pp.71~74.

한국천주교주교회의(2005), 「성경」, 서울: 한국천주교주교회의.

한국천주교주교회의 정의평화위원회(2011.12.4~2011.12.10), 사회교리 주
　　간 교육자료.

한국천주교중앙협의회(2003), 「가톨릭교회 교리서」, 서울: 한국천주교중
　　앙협의회.

〈외국문헌〉

Acker, W.(trans.)(1952), Tao the Hermit: Sixty Poems by Tao Chien. London &
　　New York: Thames and Hudson.

Ahl. F.(trans.)(2007), The Aeneid, Oxford: Oxford University Press.

Anderson, A.(1998), Cosmopolitanism, Universalism, and the Divided Legacies of
　　Modernity, In Cosmopolitics: Thinking and Feeling beyond the Nation,
　　edited by P. Cheah and B. Robbins, Minneapolis and London: The
　　University of Minnesota Press.

Appiah, K. A.(2006a), Cosmopolitanism, Ethics in a World Strangers, London:
　　Penguin Books.

_____.(2006b), "Moral Disagreement and Kindness to Strangers" in Cosmopolitanism: Ethics in a World of Strangers, New York: W. W. Norton & Co., pp.155~174.

Ayres, L.(2010), Augustine and the Trinity, Cambridge: Cambridge University Press.

Baird, F. E. & Kaufmann, W.(2008), From Plato to Derrida, Upper Saddle River, New Jersey: Pearson Prentice Hall.

Barker, E.(Trans.)(1946), The Politics of Aristotle, Oxford: The Clarendon Press.

Beck, U.(2006), The Cosmopolitan Vision, Cambridge: Polity Press.

Bishop, M. & Green, M.(2009), Philanthrocapitalism: How Giving Can Save the World, New York: Bloomsbury Press.

Bolin, B., Hackett, E. J., Harlan, S. L., Kirby, A., Larsen, L., Nelson, A., Rex, T. R., & Wolf, S.(2004), Bonding and Bridging: Understanding the Relationship between Social Capital and Civic Action, Journal of Planning Education and Research 24, pp.64~77.

Bourdieu, P.(1972), Outline of a Theory of Practice, trans., Cambridge; New York: Cambridge University Press.

_____.(1998), Practical Reason: on the Theory of Action, Stanford, CA: Stanford University Press.

Bourdieu, P. & Passeron, J. C.(1990), Reproduction in Education, Society, and Culture, trans., Richard Nice, London; Newbury Park, Calif.: Sage.

Brabazon, T.(2007), The University of Google: education in the (post) information age, Aldershot, Hampshire, England; Burlington, VT: Ashgate.

Brown, P.(1967), Augustine of Hippo, Berkeley: University of California Press.

Campanella, Tommaso(1568~1639), La citta del sole: dialogo poetico(The City of the Sun: a Poetical Dialogue), trans., Daniel J. Donno in 1981, Berkeley: University of California Press.

CERI/OECD(2008a), Higher Education to 2030: What Futures for Quality Access in the Era of Globalisation? Paris: OECD, http://www.oecd.org/document/18/0,3746,en_2649_39263238_3124552 accessed on Jan, 24, 2011.

_____(2008b), University Futures: Four Scenarios for Higher Education, Paris: OECD, http://www.oecd.org/ edu/universityfutures accessed on Jan, 24, 2011.

Coleman, J. S.(1981), Coleman Report on Public and Private Schools: the draft summary and eight critiques, Arlington, VA: Education Research Service.

_____.(1988), Social Capital in the Creation of Human Capital, American Journal of Sociology, 94 Supplement pp.95~120.

_____.(1990), Foundations of Social Theory, Cambridge, Mass.: Belknap, Harvard University Press.

Curwin, D.(2007), Balashon Hebrew Language Detective, http://www.balashon.com/2007/12/pardes-and-paradise.html.

Derrida, J.(1985), The Ear of the Other, (trans.) Peggy Kamuf, Lincoln & London: The University of Nebraska Press.

_____.(2000), Of Hospitality, (trans.) Rachel Bowlly, Stanford: The Stanford University Press.

Dewey, J.(1899), The School & Society/John Dewey. ed., Jo Ann Boydston, in 1980 Carbondale: Southern Illinois University Press; London: Feffer & Simons.

Drucker, P.(1998), Excellence in Nonprofit Leadership: Facilitator's Guide, New York: The Drucker Foundation; San Francisco: Jossey-Bass Publishers.

Fox, A.(1983), Thomas More, History and Providence, New Haven: Yale University Press.

Fox, R. L.(2006), The Classical World: An Epic History from Homer to Hadrian, New York: Basic Books.

Grant, A.(1885), The Ethics of Aristotle(4th ed.), Vols. I & II, London: Longmans, Green and Co.

Griffin, J. & Murray, O.(eds.)(1986), Greek Myth and Hesiod in the Oxford History of the Classical World, Oxford: Oxford University Press.

Haidt, J.(2006), The Happiness Hypothesis: Finding Modern Truth in Ancient Wisdom, New York: Basic Books.

Handy, C. & Handy, E.(2006), The New Philanthropists, London: William Heinemann.

Hanifan, L. J.(1916), The Rural School Community Center, Annals of the American Academy of Political and Social Science 67, pp.130~138.

Harman, W. W.(1979), An Incomplete Guide to the Future, New York: Norton Publishers.

_____.(2002), The Future of Universities: An Example of the Harman

Fan Scenario Approach, UHCL, Futures Studies Department, http://www.infinitefutures.com/tools/ sbharman.ppt.

Heylighen, F.(1990), Self-Steering and Cognition in Complex Systems: toward a new cybernetics. edit., by Francis Heylighen, Eric Rosseel, and Frank Demeyere, New York: Gorden and Breach Science Publishers.

Johnson, Norman L., et al.(1998), Symbiotic Intelligence: Self-Organizing Knowledge on Distributed Networks Driven by Human Interaction, CA: Santa Fe Institution.

Kaltenmark, M.(1969), Lao Tzu and Taoism, trans., Roger Greaves, Stanford: Stanford University Press.

Leaver, T.(2011), Artificial Culture: identity, technology and bodies, New York: Routledge.

Lee, J. K.(2011), Higher Education and Happiness: In the Internet Age, Higher Education Review, Summer 2011, Volume 43 Number 3, pp.70~79.

Legge, J.(trans.)(1971), Confucius: Confucian Analects, The Great Learning and the Doctrine of the Mean, New York: Dover Publications.

Levinas, E.(1998), Totality and Infinity: An Essay on Exteriority, (trans.) Lingis A., Duquesne University Press, Pittsburgh, PA.

Levy, P.(1997), Collective Intelligence: mankind's emerging world in cyberspace, (trans.) Robert Bononno, New York: Plenum Trade.

Liddell, H. G. & Scott, R.(1995), An Intermediate Greek-English Lexicon, Oxford: Oxford University Press.

Livermore, D. A.(2009), Cultural Intelligence: Improving Your CQ to Engage Our Multicultural World(Youth, Family, and Culture).

Manuel, F. & Manuel, F.(1979), Utopian Thought in the Western World, Oxford: Blackwell.

Mark, W. C.(2011), Spiritual Intelligence: The Symbolic Relationship between Spirit and the Brain: Insights into the Postmodern Journey of Spirituality and Holistic Health.

Matthews, G. B.(2005), Augustine, Oxford: Blackwell.

McCully, G.(2008), Philanthropy Reconsidered: Private Initiatives-Public Good-Quality of Life, Bloomington, IN: AuthorHouse.

More, Thomas(1516a), Utopia(De Optimo Statu Reipublicae Deque Nova Insula

Utopia), the English version, George M. Logan & Robert M. Adams(eds.) in 2002, New York: Cambridge University Press.

_____(1516b), Utopia/by Sir Thomas More, trans., by Ralph Robynson, in 1999; edited by David Harris Sacks, Boston: Bedford/St. Martin's.

Mt. Kohn, L.(ed.)(2000), Daoism Handbook, Leiden: Brill.

Nettleship, R.(2011), The Theory of Education in Plato's Republic, Charleston, SC: Nabu Press.

Nussbaum, M. C.(1997), Kant and Stoic Cosmopolitanism, The Journal of Political Philosophy, 5(1), pp.1~25.

Perkins, D. D., Hughey, J., & Speer, P. W.(2002), Community Psychology Perspectives on Social Capital Theory and Community Development Practice, Journal of the Community Development Society, 33(1), pp.33~52.

Portes, A.(1998), Social Capital: Its Origins and Applications in Modern Sociology, Annual Review of Sociology, 24: pp.1~24.

Putnam, R. D.(2000), Bowling Alone: The Collapse and Revival of American Community, New York: Simon and Schuster.

_____.(2006), E. Pluribus Unim: Diversity and Community in the Twenty-First Century, Nordic Political Science Association.

Rosen, S.(2005), Plato's Republic, New Haven: Yale University Press.

Sandel, M.(2010), Justice: What's the Right Things to Do?, New York: Farrar, Straus & Giroux.

Shah, D. V., Kwak, N., & Holland, R. L.(2001), Connecting and Disconnecting with Civic Life: Patterns of Internet Use and the Production of Social Capital, Political Communication, 18(2), pp.141~162.

Surowiecki, J.(2004), The Wisdom of Crowds: why the many are smarter than the few and how collective wisdom shapes business, economies, societies, and nations, New York: Doubleday.

Tapscott, D.(1998), Growing up Digital: the rise of the net generation, New York: McGraw-Hill.

Thich Nhat Hanh(1987), Being Peace, Berkeley: Parallax.

Weinberg, J.(ed.)(1989), Francis Bacon, New Atlantis and the Great Instauration, Wheeling, IL: Crofts Classics.

〈인터넷 웹사이트〉

http://ebooks.adelaide.edu.au/c/campanella/tommaso/c18c/, 캄파넬라, 『태양의 도
　　　시』(Campanella's The City of the Sun) 영어번역본.

http://la.wikisource.org/wiki/Utopia, 토머스 모어: 『유토피아』, 라틴어본: *Thomas
　　　Morus, De Optimo Statu Reipublicae Deque Nova Insula Utopia*(1516).

http://www.oecd.org/edu/universityfutures, 대학의 미래(University Futures).

http://www.balashon.com/2007/12/pardes-and-paradise.html 파라다이스(Pardes and
　　　Paradise).

http://www.gutenberg.org/ebooks/2130, 토머스 모어: 『유토피아』(Utopia), 영어
　　　번역본: Thomas More: Utopia. Edited by Henry Morley.

:: 책을 마감하면서(結詩)

신(神)이 있는 영성과 신(神)이 없는 지성[5]

-이정규-

태초에
하느님(神)은 사람을 만드셨도다
영혼 정신 육신을 지닌 존재로

영혼(靈魂)이 앞서면 성자를 닮고
정신(精神)이 앞서면 현자를 닮고
육신(肉身)이 앞서면 짐승을 닮는다

영성(靈性)이 있으면 신이 임재(臨齋)하고
지성(知性)이 있으면 학문이 살고
감성(感性)이 있으면 예술이 움직인다

신(神)이 있는 영성은
영생(永生)의 집을 세우고
신(神)이 있는 지성은
진리(眞理)의 탑을 세우고
신(神)이 없는 지성은
바벨탑을 세운다

---

5) 『틔움』지(2012년 2월호) p.29에 게재된 저자의 시를 소개하였음을 밝힌다.

찾아보기

〈주제어〉

(가)

가치 8, 23, 32, 33, 57, 58, 61, 75, 94, 97, 112, 151, 156, 179, 183, 203, 210, 215, 224, 230, 251, 252

가치 있는 삶 8

가톨릭 신학 42, 86

가톨릭교회 14, 42, 79, 82~88, 124, 143, 208~210, 214, 245

가톨릭교회 교리서 79, 83, 84, 143, 145, 209, 210, 245

가톨릭교회 사회교리 84, 209

개방대학(open university) 174, 181, 223

개인 8, 28, 32, 33, 41, 46, 53, 74, 114, 115, 117, 132, 148, 151~153, 179, 182, 183, 193, 196, 200, 201, 203, 207, 209, 223, 224, 230~233, 251, 258

개인의 행복 8, 156, 157, 172, 179, 182, 196, 207, 223, 224, 230, 251

경신덕(敬神德, virtus religionis) 75, 79

경제 22, 30, 71, 126, 151, 198, 232, 255

경제 발전 155

경제협력개발기구(Organization for Economic Co-operation and Development) 22

고등교육 비용 46

고등교육 정책입안자 11

고등교육 행정가 172

고등교육(higher education) 224

고등교육과 행복 171, 177

고등교육기관 8, 25, 26, 29, 49, 59, 113, 127~129, 169, 172, 174, 181~183, 195, 197, 224, 230, 251

고등교육행정 10, 171

고학력자 31, 55

공공 행복학(the science of public happiness) 152

공동선(共同善, The Common Good) 8, 81, 119, 133, 200, 204, 208

공동체주의(Communitarianism) 80, 210

공리주의 80, 81, 90, 172

공생적 지능/지성(Symbiotic Intelligence) 211, 258

공자(孔子) 73

공정한 기회와 경쟁 112, 115, 117, 203, 204, 217

공정한 사회 72, 97, 98, 99

과학논문색인(Science Citation Index: SCI) 26

과학적 견해 149

교수 51, 59, 113, 128, 130, 247

교육 22~24, 28, 53, 54, 100~102, 112, 115, 150, 171, 200, 201, 248, 249

교육 양극화 24, 45, 54, 61, 155

교육경쟁(경쟁교육) 30, 98, 116, 155, 194, 215

교육경쟁력 26, 27, 130

교육과 행복 140

교육과잉 30, 155

교육과학기술부 38, 40, 41, 47, 99, 114, 115, 119, 129, 228

교육열 22, 28, 30, 31, 61, 63, 113, 115, 155, 193, 235

교육의 자본화 23, 30

교육통계연보 25, 28~30, 128

교황 43, 83, 86, 88, 89, 209

교황 회칙 88, 210

구약성경 74, 83, 143, 144, 158, 199, 212, 214, 255

국가 8, 22, 23, 27, 29, 50, 52, 111, 113~115, 200, 205, 209, 217, 223, 224, 228, 230, 231, 233~235, 237, 238, 249, 251~253, 255, 257, 258

국가 발전 27, 53, 96, 99, 132, 169, 179, 181, 183, 193, 223, 227, 231, 233, 234, 237, 252

* 저자 및 저술

이정규(李廷奎: Lee, Jeong-Kyu) 박사는 독일 트리어대학교 (Trier University)와 캐나다 앨버타대학교(The University of Alberta)에서 독일 어 및 고대 서양철학과 교육심리학을 수학하고, 미국 몬태나주립대학교 (The University of Montana)에서 교육행정학을 공부하여 교육학석사(M.Ed.) 학위를 받고, 미국 오스틴 소재 텍사스대학교(The University of Texas at Austin)에서 대학교육행정학을 전공하여 철학박사(Ph.D.) 학위를 받았다. 한국교육개발원 교육정책연구본부 연구위원, 홍익대학교 교육경영관리 대학원 대학행정전공 겸임교수, 브리티시 컬럼비아대학교(The University of British Columbia) 교육대학원 객원교수, 캐나다 센트럴컬리지(Central College) 학 장을 역임하였다. 그리고 국제학술지 Educational Administration and Policy Studies 편집위원, Globalization and Health 외 몇몇 국제학술지 평가위원, 한국대학신문 전문위원 겸 칼럼니스트로 활동하였다. 현재, 국제학술지 『Higher Education』, 『Radical Pedagogy』 외 몇몇 국제학술지 평가위원으로 활동하고 있다.

저자는 고등교육 분야에서 탁월한 학문적 성과를 인정받아 세계 3대 인명사전인 "마르퀴즈 후즈 후(Marquis Who's Who)" in America 2006~ 2007년 판(61st Edition)과 "마르퀴즈 후즈 후(Marquis Who's Who)" in the World 2006~2007년 판(24th Edition), 영국 케임브리지 International Biographical Centre에서 발행하는 "세계인명사전(Dictionary of International Biography)" 2008년 판, 그리고 "ABI(American Biographical Institute)"에서 선 정한 2008년도 "Great Minds of the 21st Century"에 등재되었다.

* **저자의 주요 연구 분야**는 리더십과 조직문화, 사회적/윤리적 가치, 한국의 대학교육, 대학교육 정책(분석) 및 대학평가, 세계화와 대학교육, 대학 교육과 행복, 그리고 대학교육과 사회정의이다.

* **주요 저술**은 「Korean Higher Education: A Confucian Perspective」, 「Historic Factors Influencing Korean Higher Education」, 「한국사회의 학력/학벌주의:

근원과 발달」, 「대학, 행복을 위한 황금열쇠인가?」, 「한국의 고등교육: 종교와 문화의 관점에서」 외 다수의 학술논문과 연구보고서가 있다. 저자의 논문은 한국, 미국, 영국, 캐나다, 멕시코, 스페인, 브라질, 인도, 중국, 호주, 남아프리카, OECD, UN, UNESCO의 저명한 국내외 학술지에 게재 혹은 소개되었으며, 대다수의 학술논문은 영문으로 그리고 일부 논문은 한국어, 프랑스어, 스페인어 및 중국어로 출간되었다.

* E-mail : jeongkyuk@hotmail.com

〈주요 저서〉

한국학술정보㈜: 『대학, 행복을 위한 황금열쇠인가?』, 파주(2010).
한국학술정보㈜: 『한국의 고등교육: 종교와 문화의 관점에서』, 파주(2010).
집문당(한국): 『한국사회의 학력/학벌주의: 기원과 발달』, 서울(2003).
Netbiblio(Spain): *Reformas en los Sistemas Nacionales de Educación Superior*, Book Chapter[English](2002).
Jimoondang International(U. S. & Korea): *Korean Higher Education: A Confucian Perspective*, ISBN 89 – 88095 – 46 – 4; ISBN 0 – 9705481 – 5 – X(2002), Library of Congress Catalog Card Number: 2001135598.
Jimoondang International(U. S. & Korea): *Historic Factors Influencing Korean Higher Education*, ISBN 89 – 88095 – 37 – 5; ISBN 0 – 9705481 – 1 – 7(2000), LCC Number: 00 – 107886.

〈주요 학술논문〉

– Tyrrell Burgess Associates Ltd, *Higher Education and Happiness in the Age of Information*, Higher Education Review, 43(3), 70-79, Summer 2011.
– 한국대학교육협의회, 「미래의 고등교육」, 『대학교육』, 제171호, 2011.
– 한국대학교육협의회, 「미국 고등교육의 세계화」, 『대학교육』, 제159~160호, 2009.
– Wikipedia(Dec, 12, 2008, US): *Education and Happiness: Perspectives of the East and the West*.
  * 국제연합(United Nations, 2008): http://unpan1.un.org/intradoc/groups/public/documents/unpan/unpan034402.pdf.
  * 미국 교육부 교육정보자료실(ERIC): http://www.eric.ed.gov/ ERIC_No:

ED503756.

* Academy(学園)(China): *Education and Happiness: Perspectives of the East and the West,* Academy, 3, pp.47~53, 2009, http://www.cqvip.com/qk/89702X/200903/ 35403573.html.

— 한국대학교육협의회, 「캐나다 고등교육의 세계화」, 『대학교육』, 제156 호, 2008.

— 국제연합(United Nations, 2008): *Is University Education a Golden Key for Happiness?,* http://unpan1.un.org/ intradoc/ groups/public/documents/unpan/unpan036748.pdf.

* 미국 교육부 교육정보자료실(ERIC): *http://www.eric.ed.gov/* ERIC_No: ED504051.

* 한국대학교육협의회, 「대학교육이 행복한 생활을 위한 황금 열쇠인가?」, 『대학교육』, 제155호, 2008.

— Tyrrell Burgess Associates Ltd, *A New Paradigm for Higher Education and Culture in East Asia,* Higher Education Review, 38(3), Summer 2006.

— The Mexican Educational Research Council, *Educational Fever and South Korean Higher Education,* Revista Electronica de Investigacion Educativa, http://redie.ens.uabc.mx/ vol8no1/contenido – lee, 8(1), May 2006.

— International Consortium for Alternative Academic Publication (ICAAP): Korean Higher Education under the United States Military Government: 1945~1948, Radical Pedagogy, 8(1), 2006, http://radicalpedagogy.icaap.org/ content/issue8 – 1/1 – lee.html.

— International Consortium for Alternative Academic Publication (ICAAP): *Asiatic Values in East Asian Higher Education: From a Standpoint of Globalization,* Globalization, 5(1), June 2005,
http://globalization.icaap.org/content/ v5.1/lee.html.

* Academy(学園)(China): *Asiatic Values in East Asian Higher Education: From a Standpoint of Globalization,* Globalization, Academy, 4, 2008.

— International Consortium for Alternative Academic Publication(ICAAP): *Globalization and Higher Education: A South Korean Perspective,* Globalization, 4(1), pp.1 ~14, http://globalization.icaap.org/ content/v4.1/lee.html, (June 2004).

— The University of Northern Iowa(USA): *The Role of Religion in Korean Higher Education,* The Journal of Religion & Education, 29(1), pp.49~65, (Spring 2002).

— Revista de la Educacion Superior[Mexico]: *Impact of Confucian Concepts of Feelings on*

Organizational Culture in Korean Higher Education, 31(121), pp.43~60, (April, 2002).

- Education Policy Analysis Archives(EPAA): *Japanese Higher Education Policy in Korea during the Colonial Period (1910~1945)*, EPAA, 10(14), http://olam.ed.asu.edu/epaa/, (March 2002).

- Taylor & Francis: *Christianity and Korean Higher Education in the Late Choson Kingdom Period*, Christian Higher Education, 1(1), pp.85~99, (January, 2002).

- International Consortium for Alternative Academic Publication(ICAAP): *Confucian Thought Affecting Leadership and Organizational Culture of Korean Higher Education*, Radical Pedagogy, 3(3), http://radicalpedagogy.icaap.org/ content/issue3-3/5-lee.html(December 2001).

* 국제연합(United Nations, 2008): http://unpan1.un.org/intradoc/groups/public/ documents/APCITY/ unpan003631.pdf.

* 미국 교육부 교육정보자료실(ERIC): *http://www.eric.ed.gov* / ERIC_NO: ED504451.

- 서울대학교: *Korean Experience and Achievement in Higher Education*, The SNU Journal of Educational Research, 11, pp.1~23, (December 2001).

- Education Policy Analysis Archives(EPAA): *The Establishment of Modern Universities in Korea and Their Implications for Korean Educational Policies*, EPAA, 9(27), http://olam.ed.asu.edu/epaa/, (July, 2001).

- The University of Calgary(Canada): *Educational Thoughts of Aristotle and Confucius*. The Journal of Educational Thought, 35(2), pp.161~180, (September, 2001).

- International Consortium for Alternative Academic Publication(ICAAP): *Impact of Confucian Concepts of Feelings on Organizational Culture in Korean Higher Education*. Radical Pedagogy, 3(1), 2000, http://radicalpedagogy.icaap.org/content/issue3-1/ 06Lee, html http://www.eric.ed.gov/ERIC_NO: ED453774.

- The Mexican Educational Research Council: *Reforms on Higher Education Systems in Korea*, Revista Electronica de Investigacion Educativa, 2(2), 2000, http://redie.ens.uabc.mx/vol2no2/contenido-lee.

- Organization for Economic Co-operation and Development(OECD): *The Administrative Structure and Systems of Korean Higher Education*, Higher Education Management, 12(2), pp.43~51, 2000, Gestion de l'enseignement superieur, 12, n 2, 2000.

- Tyrrell Burgess Associates Ltd.(UK): *Historic Factors Affecting Educational Administration in Korean Higher Education*. Higher Education Review, 32(1), pp.7~23, 1999, http://www.eric.ed.gov/ERIC_NO: EJ615150.

- 서울대학교: *Religious Factors Historically Affecting Premodern Korean Elite/Higher Education,* The SNU Journal of Educational Research, 8, pp.31～63, December, 1998, http://www.eric.ed.gov/ERIC_NO: ED446492.

- 한국교육행정학회, 「공자와 아리스토텔레스의 사상에 나타난 지도력과 조직문화에 있어서 윤리적 가치에 대한 비교 연구: 교육행정학적 관점에서」, 『교육행정학연구』, 16(2), pp.76～107, 1998.

- 한국교육행정학회, 「*Administrative Bureaucracy and Organizational Culture in Contemporary Korean Higher Education*」, 『교육행정학연구』, 15(3), pp.531～552, 1997.

이정규(李廷奎, Lee, Jeong-Kyu)

독일 트리어 대학교(Trier University)와 캐나다 앨버타 대학교(The University of Alberta)에서 독일어 및 고대 서양철학과 교육심리학을 수학하고, 미국 몬태나주립대학교(The University of Montana)에서 교육 행정학을 공부하여 교육학석사(M.Ed.) 학위를 받고, 미국 오스틴 소재 텍사스 대학교(The University of Texas at Austin)에서 대학교육행정학을 전공하여 철학박사(Ph.D.) 학위를 받았다. 한국교육개발원 교육 정책연구본부 연구위원, 홍익대학교 교육경영관리대학원 대학행정전공 겸임교수, 브리티시 컬럼비아 대학교(The University of British Columbia) 교육대학원 객원교수, 캐나다 센트럴컬리지(Central College) 학장을 역임하였다. 그리고 국제학술지 Educational Administration and Policy Studies 편집위원, Globalization and Health 외 몇몇 국제학술지 평가위원, 한국대학신문 전문위원 겸 칼럼니스트로 활동하였다. 현재, 국제학술지 Higher Education, Radical Pedagogy 외 몇몇 국제학술지 평가위원으로 활동하고 있다.

저자의 주된 연구 분야는 리더십과 조직문화, 사회적 윤리적 가치, 한국의 고등교육, 고등교육 정책(분석) 및 대학평가, 세계화와 고등교육, 그리고 고등교육과 행복이다.

주요 저술은 『Korea Higher Education: A Congucian Perspective』, 『Historic Factor Influencing Korea Higher Education』, 『한국사회의 학력학벌주의: 근원과 발달』, 『대학, 행복을 위한 황금 열쇠인가?』, 『한국의 고등교육 : 종교와 문화의 관점에서』 외 다수의 학술 논문과 연구보고서가 있다.
논문은 한국, 미국, 영국, 캐나다, 호주, 멕시코, 스페인, 브라질, 인도, 중국, 남아프리카, OECD, UN, UNESCO의 저명한 국내외 학술지에 게재 혹은 소개되었으며, 대다수의 학술 논문은 영문으로 그리고 일부 논문은 프랑스어, 스페인어, 중국어로 출간되었다.

E-mail: jeongkyuk@hotmail.com

초판인쇄 | 2012년 5월 31일
초판발행 | 2012년 5월 31일

지 은 이 | 이정규
펴 낸 이 | 채종준
펴 낸 곳 | 한국학술정보㈜
주   소 | 경기도 파주시 문발동 파주출판문화정보산업단지 513-5
전   화 | 031) 908-3181(대표)
팩   스 | 031) 908-3189
홈페이지 | http://ebook.kstudy.com
E-mail | 출판사업부 publish@kstudy.com
등   록 | 제일산-115호(2000. 6. 19)

ISBN   978-89-268-3380-3 93370 (Paper Book)
         978-89-268-3381-0 98370 (e-Book)